Unterricht GESCHICHTE

Themen · Materialien · Medien

Reihe A · Band 4:
Rom

Autorin:
Elisabeth Erdmann

Herausgeber:
Hans Georg Kirchhoff · Klaus Lampe

Aulis Verlag
Deubner & Co KG

Die Deutsche Bibliothek — CIP-Einheitsaufnahme

Elisabeth Erdmann:
Rom / Autorin: Elisabeth Erdmann.
Hrsg.: Hans Georg Kirchhoff ; Klaus Lampe.
– Köln: Aulis-Verl. Deubner, 2000
(Unterricht Geschichte : Reihe A ; Bd. 4)
ISBN 3-7614-2273-3

Unterricht Geschichte · **Reihenübersicht:**

Reihe A
Band 1: Ur- und Frühgeschichte*
Band 2: Frühe Hochkulturen
Band 3: Griechenland*
Band 4: Rom*
Band 5: Spätantike und Frühmittelalter
Band 6: Hoch- und Spätmittelalter
Band 7: Entdeckungen und Kolonialismus*
Band 8: Das Zeitalter der Glaubenskämpfe
Band 9: Absolutismus
Band 10: Französische Revolution
Band 11: Liberalismus und Nationalstaat
Band 12: Imperialismus und Erster Weltkrieg
Band 13: Die Weimarer Republik
Band 14: Nationalsozialismus
Band 15: Bundesrepublik und DDR bis 1990

Reihe B
Band 1: Geschichte des Islams bis zur Türkischen Revolution*
Band 2: Die Vereinigten Staaten von Amerika
Band 3: Russland/Sowjetunion
Band 4: Der Nahe Osten
Band 5: »Dritte Welt«
Band 6: Geschichte der Frau
Band 7: Umweltgeschichte
Band 8: Europa

An der Reihe arbeiten folgende Autoren mit:

Dr. *Maria Blochmann,*
Lehrerin i. R., Marl

Dr. *Rolf Brütting,*
Gymnasium Dortmund

Prof. Dr. *Elisabeth Erdmann,*
Universität Erlangen-Nürnberg

Prof. Dr. *Hans Georg Kirchhoff,*
Universität Dortmund

Priv. Doz. Dr. *Werner Koppe*
Universität Dortmund

Dr. *Herbert Kraume,*
Gymnasium Freiburg

Prof. Dr. *Klaus Lampe,*
Universität Dortmund

Dr. *Erika Münster-Schroer,*
Stadtarchiv Ratingen

Prof. Dr. *Gerhard E. Sollbach,*
Universität Dortmund

Anja Wieber-Scariot,
Universität Bochum

Prof. Dr. *Günter Wied*
Universität Dortmund

Prof. Dr. *Alfons Zettler*
Universität Dortmund

* Bereits erschienen

Best.-Nr. 8314

Umschlaggestaltung: Atelier Warminski, Büdingen
Umschlagbild: Polydus-Mosaik; © Rheinisches Landesmuseum Trier
Satz: Verlag
Druck und Verarbeitung: Hans Kock Buch- und Offsetdruck GmbH, Bielefeld
ISBN 3-7614-2273-3

Inhalt

Vorwort

Zur Reihe

»Unterricht Geschichte« soll helfen, einen lebendigen, schülerorientierten Unterricht zu gestalten.
Die Reihe erleichtert dem Lehrer die Vorbereitung, indem sie
- im Abschnitt »Basiswissen« die wichtigsten Fakten vermittelt,
- didaktische Hinweise und methodische Hilfen bietet und
- Materialien für den Unterricht bereitstellt.

Der Aufbau der Reihe orientiert sich an den in den Bundesländern erschienenen Richtlinien, die trotz aller Unterschiede im einzelnen in zwei didaktischen Entscheidungen übereinstimmen: Grundlage für den Aufbau des Geschichtsunterrichts in der Sekundarstufe I ist die Chronologie, der »Durchgang durch die Geschichte«. Daneben stehen aber auch – je weiter der Geschichtsunterricht fortschreitet, desto mehr – thematische Kapitel.

Dieser Zweiteilung trägt »Unterricht Geschichte« Rechnung: Die Reihe macht die Geschichte »von ihren Anfängen bis zur Gegenwart« zum Inhalt von 15 Bänden, und sie greift wichtige historische Themen in voraussichtlich 8 Bänden auf.

A Einleitung

Die römische Geschichte spielt im heutigen Geschichtsunterricht längst nicht mehr die Rolle, die sie im 19.Jahrhundert und auch noch bis in die sechziger Jahre unseres Jahrhunderts gespielt hat. Das hat mehrere Ursachen.

Zum einen hängt der Bedeutungsverlust der römischen Geschichte damit zusammen, dass Geschichte seit dem 19.Jahrhundert als Wissenschaft betrieben wird, die der historisch-kritischen Methode standhalten muss und somit ihre Funktion als Lehrmeisterin für das Leben (historia vitae magistra) eingebüßt hat. Lucretia und Mucius Scaevola aus der frühen römischen Republik hatten Generationen als hochsinnige Vorbilder gedient. Infolge der Ausbildung der Geschichte zur Wissenschaft wurden sie und ihre Taten als Fiktionen erkannt und als unhistorisch angesehen. Heute kennt kaum jemand ihren Namen, es sei denn, er lese im Lateinunterricht Livius oder Nacherzählungen aus Livius.

Zum anderen kam es in Deutschland im Vergleich zu seinen europäischen Nachbarn zu der Sonderentwicklung des Neuhumanismus. Nach der These von Walter Rüegg war dies der erfolgreiche Versuch, gegenüber der Berufung auf die römische Geschichte wie in Frankreich und in England, im Griechentum ein Gegenbild aufzusuchen, in dem die gebildete Gesellschaft Deutschlands ihre nationale Identität finden konnte.

Weiter leidet der Geschichtsunterricht seit jeher unter Stofffülle. Nach Lehrplanvorgaben wird heute der Zeitgeschichte nach 1945 in der Regel ein ganzes Schuljahr gewidmet. Das bedeutet, dass insbesondere die Behandlung der Epochen, die vor der Französischen Revolution liegen, sehr komprimiert und gekürzt wird. Als Ausweg wird teilweise auch eine Vorverlegung des Beginnes des Geschichtsunterrichts praktiziert. Berücksichtigt man die Lehrpläne der verschiedenen Bundesländer, so wird römische Geschichte je nach Bundesland und Schulart in der 5., in der 6. oder der 7. Jahrgangsstufe behandelt. Es gibt aber auch Fälle, in denen bereits in der Sekundarstufe I ausgewählt werden muss, ob die verfügbaren sieben bis acht Stunden für Ägypten oder Athen oder Rom verwendet werden sollen. Im allgemeinen besteht die Tendenz, den Schwerpunkt auf die Behandlung der römischen Kaiserzeit zu legen, was mit den noch sichtbaren Überresten in den verschiedenen Ländern, dem Reichtum der schriftlichen Quellen und der Tradition bis in unsere Zeit zusammenhängt. Freilich stehen in einigen Bundesländern und Schularten für die Behandlung des römischen Reiches mehr Stunden zur Verfügung. In der Sekundarstufe II gibt es meist nur noch die Möglichkeit, schwerpunktmäßig ein antikes Thema zu behandeln oder ein antikes Thema unter vielen anderen auszuwählen. Es gibt auch Lehrpläne für die Sekundarstufe II, wonach Antike und Mittelalter überhaupt nicht mehr vorgesehen sind.

Die Bedeutung des römischen Weltreiches für heute
Die europäische Einheit soll Wirklichkeit werden. Wie aber ist sie zu gestalten, damit das künftige Europa mehr sein wird als ein wirtschaftlicher Zweckverband und eine politische Notgemeinschaft zur Abwehr von äußeren Bedrohungen? Wie kann die Vielfalt regionaler und nationaler Kulturen erhalten werden? Wie kann die politische Willensbildung auf breiter Basis bewahrt und berücksichtigt werden und zugleich ein effektives politisches Handeln mit dem Ziel gewährleistet werden, demokratische Ordnungen und Frieden nach außen und innen zu bewahren?

Die Beschäftigung mit dem römischen Reich kann auf diese Fragen sicher keine schlüssigen Antworten geben, aber sie kann den kritischen Sinn für Möglichkeiten und Fehlentwicklungen schärfen und so zur historischen Orientierung beitragen.

Selbstverständlich sollen dabei auch neuere Tendenzen der Forschung aufgenommen werden. So stützt man sich heute nicht mehr nur auf die Perspektive stadtrömischer Autoren, wenn es um die Geschichte der Provinzen geht, sondern bezieht die regionalen Quellen mit ein. Der größte Teil Süddeutschlands und der linksrheinische Westen haben unterschiedlich lange zum römischen Reichsgebiet gehört, von da aus gingen Wirkungen vor allem über den Handel ins nichtrömische Gebiet. Insbesondere die Ergebnisse der provinzialrömischen Archäologie haben dazu beigetragen, die Unterschiede innerhalb der vorrömischen Bevölkerung zu erkennen sowie die darauf abgestimmten Maßnahmen der römischen Eroberer und die unterschiedlichen Reaktionen der Betroffenen. Trotz aller Einheitlichkeit gab es im römischen Reich regionale Unterschiede, die heute stärker als früher erkannt werden.

Die römische Herrschaft brachte der unterworfenen Bevölkerung eine lange Friedenszeit, zivilisatorischen Fortschritt, beließ aber religiöse und regionale Besonderheiten und Traditionen. Voraussetzung war allerdings, dass die Bereitschaft zur Einordnung und Integration ins römische Reich vorhanden war. Wo diese grundsätzlich fehlte, kam es zu unausweichlichen Konflikten. Außerdem ist zu fragen, inwieweit der Friede im Innern durch Abgrenzung nach außen bedingt war. Seit dem 2. Jahrhundert n. Chr. kam es zu vermehrten Spannungen, der Druck auf die Grenzen des Reiches nahm zu.

Weiter prägt uns die Kultur des römischen Kaiserreiches sowohl mit ihren griechisch-hellenistischen als auch mit ihren römischen Elementen noch in vieler Hinsicht. Zu den ersteren gehören sicher Philosophie und Wissenschaft, politische Theorie, aber auch Kunst und Literatur, zu den letzteren Recht, Städtewesen, religiöse Toleranz, Verwaltung, Landwirtschaft und Technik.

Zur Anlage dieses Heftes

Basiswissen, Chronik und Glossar

Der Abschnitt „Basiswissen" gibt in knapper Form Informationen zur Entwicklung des römischen Reiches von den Anfängen bis zur Völkerwanderung. Das schien unverzichtbar, auch wenn es sich dabei nur um eine Skizze handeln kann. Im Gegensatz dazu liegt der Schwerpunkt des Materialteils auf der römischen Kaiserzeit. Das hängt mit dem Gegenwartsbezug, aber auch mit der geschilderten Lehrplansituation zusammen.

Chronik und Glossar sollen dem Nachschlagen dienen, enthalten aber auch weitere Zusatzinformationen.

Unterrichtshilfen

In der Regel wird der Lehrer die Materialien zusätzlich zum Geschichtsbuch einsetzen. Deshalb und wegen der geschilderten Lehrplansituation wurde keine durchgängige, mehrere Stunden umfassende Unterrichtseinheit konzipiert.

Gerade Schüler der Jahrgangsstufen 5 bis 7 haben erfahrungsgemäß großes Interesse an dieser Zeit mit ihren vielfachen Überresten, die nicht nur in Süd- und Westdeutschland, sondern auch in der Schweiz, in Frankreich, in Italien, in England, in Spanien, in Nordafrika und in der Türkei zu sehen sind. Zum Teil kennen die Schüler einiges bereits aus eigener Anschauung durch Urlaubsreisen oder weil sie aus den genannten Ländern stammen und wenigstens in den Ferien dahin zurückkehren. Das bedeutet aber auch, dass die methodischen Vorschläge in erster Linie auf die genannte Altersstufe ausgerichtet sind. Der Lehrer kann aber auch aus den Materialien geeignete auswählen, um sie in höheren Klassen einzusetzen. Insbesondere wird auf methodisch abwechslungsreiche und handlungsorientierte Vorschläge Wert gelegt. In Kenntnis seiner Klasse wird der Lehrer entscheiden, welche Materialien er im Unterricht einsetzen kann, inwieweit er die Vorschläge im Unterricht oder eher in einem Projekt oder in einem projektorientierten Unterricht verwirklichen wird.

Planungsfeld

1. Das römische Reich und die Gründungssage Roms
Das römische Reich zur Zeit seiner größten Ausdehnung – Die Sage von der Gründung Roms – Archäologische Zeugnisse

2. Die Expansion Roms und ihre Folgen
Roms schnelle Ausdehnung – Urteile über die Ausdehnung Roms – Folgen der Ausdehnung Roms

3. Von der Republik zum Kaisertum
Machtverhältnisse und Missstände – Augustus – Die Provinzen

4. Der Augustusfriede: Propaganda oder Wirklichkeit?
Augustusfriede – Augustus als Feldherr – Urteile über Augustus

5. Verkehrswege
Römisches Verkehrsnetz – Schiffe – Verkehr über Land

6. Soldaten sichern die Herrschaft
Aufbau des Heeres – Unterkunft der Soldaten – Sold – Arbeit für die Soldaten – Sicherung der Grenze

7. Das Leben in der Stadt
Plan einer Stadt – Wichtige Gebäude – Vergnügungen – Wohnen

8. Das Leben auf dem Land
Römische Gutshöfe – Arbeiten auf dem Lande – Leben auf dem Lande

9. Römische Kleidung
Die einfachste Arbeitskleidung – Die Tunika – Der Mantel – Der Peplos – Kurzer Reise- oder längerer Militärmantel – Die Toga

10. Freizeit und Schule
Baden – Spielen – Schule

11. Viele Götter – oder ein Gott?
Über Religion bei den Römern – Christen in der Verfolgung – Der Sieg des Christentums

12. Die Völkerwanderung und das Ende der römischen Herrschaft im Westen
Bedrohung des römischen Reiches – Die Lage im Reich – Urteile über die anderen Völker

B Basiswissen

„Städte stehen strahlend in Glanz und Anmut, die ganze Erde ist wie ein Paradiesgarten geschmückt: Brandrauch aus den Ebenen und Signale von Freund und Feind sind verschwunden, als hätte sie ein Wind davon getragen, jenseits von Meer und Land. An ihre Stelle traten anmutige Schauspiele aller Art und festliche Wettspiele ohne Zahl. So hören, wie ein heiliges, unauslöschliches Feuer, die festlichen Zusammenkünfte nicht auf, sie gehen von Stadt zu Stadt... Man kann nur die bemitleiden, die außerhalb eures Reiches stehen, wenn es überhaupt noch solche gibt, dass sie von solchen Segnungen ausgenommen sind."
(Aelius Aristides, Die Romrede, 99, übersetzt von R. Klein, Darmstadt 1983, S.61)

Diese Sätze stammen aus der Rede „auf Rom", die der Redner Aelius Aristides im Frühjahr 143 n.Chr. vor dem Kaiser und seinem Gefolge in Rom hielt. Nicht allein ein Zeitgenosse urteilt so überschwänglich. Auch der englische Historiker Edward Gibbon (1737–1797) bezeichnet gerade jene Epoche der römischen Kaiserzeit als die beste und glücklichste der Weltgeschichte.

Die Anfänge

„Sieben-fünf-drei kroch Rom aus dem Ei" lautet ein Merkvers, den Generationen von Schülern einst wiederholten, um sich das Gründungsdatum Roms einzuprägen. Allerdings handelt es sich bei dieser Zahl um das von den Römern im Vergleich und unter Heranziehung der griechischen Chronologie errechnete und für wahr gehaltene Gründungsdatum Roms. Der Sage nach haben die Zwillinge Romulus und Remus, die von väterlicher Seite von dem Kriegsgott Mars abstammten, die Stadt gegründet. Romulus war ihr erster König. Archäologen haben auf dem Palatin, einem der sieben Hügel Roms, Siedlungsspuren entdeckt, die ins 10.Jahrhundert v. Chr. datiert werden. Wann Rom als Stadt gegründet wurde, ist bis heute umstritten. Die Ansätze reichen bis ins sechste Jahrhundert. Jedenfalls erfolgte die Stadtgründung im Zuge der etruskischen Expansion, die zu zahlreichen Städtegründungen führte. Die Etrusker, die vielleicht einem vorindogermanischen Bevölkerungssubstrat angehörten, kannten Stadtkönigtümer. Der jeweilige König stand an der Spitze der Kult- und Wehrgemeinschaft und vertrat sie gegenüber den Göttern

474 v.Chr. brachten die Griechen, die in Unteritalien siedelten, den Etruskern eine vernichtende Niederlage bei. Die Folge war, dass die etruskische Herrschaft in Kampanien und Latium ins Wanken geriet. Nach dieser Niederlage wurde in Rom das Königtum der Tarquinier beseitigt. Dieses Königsgeschlecht stammte offenbar aus dem südetruskischen Tarquinii. Weiter wurden die Etrusker durch die Kelten geschwächt, die gegen Ende des 5. Jahrhunderts von Nordwesten in die Poebene eindrangen, wo sie sich niederließen. Ihre Beutezüge führten sie bis Süditalien. Das früheste sichere Datum der römischen Geschichte – es wird nämlich auch von der griechischen Geschichtsschreibung überliefert – ist die verheerende Niederlage der Römer an der Allia am 18.7.390 v. Chr. Für die Römer war dies ein „schwarzer Tag" (dies ater), ein Unglückstag. Rom wurde daraufhin von den Kelten eingenommen. Lediglich das Kapitol, wo der Tempel für Jupiter, Juno und Minerva stand, soll dank der aufmerksamen Gänse, die der Juno heilig waren, nicht eingenommen worden sein.

Erbe des Königtums war zunächst der Ältestenrat, der sich aus der Adelsreiterei rekrutierte. Daraus, aus den sog. Patriziern, wurden jährlich die militärischen Befehlshaber bestimmt. Allerdings ergaben sich Schwierigkeiten. Die schwerbewaffnete Infanterie, die die Römer vermutlich durch Vermittlung der Etrusker von den Griechen übernommen hatten, war der Kavallerie überlegen. Die Bauern stellten die Infanterie, während die Führungspositionen den Patriziern vorbehalten waren. Die große Masse der römischen Bürger, die nicht aus den patrizischen Familien stammten und keine Privilegien besaßen, wurden Plebejer genannt. Aus dieser Spannung entstanden die sog. „Ständekämpfe". Nach mehreren Anläufen kam es im 2. Drittel des 4. Jahrhunderts dazu, dass die oberste Befehlsgewalt auf zwei Konsuln überging. Dem Praetor wurde die Schlichtung der Rechtsstreitigkeiten übertragen. Im Laufe der Zeit wurden führende Plebejer bei der Besetzung der obersten Stellen mitberücksichtigt. Vergleichbares geschah auch bei der Besetzung der Priesterkollegien.

Das Recht wurde bald als Mittel verstanden, den inneren Frieden zu wahren. Im Anschluss an die Kodifikation des Rechtes bei den Griechen wurde auch das für die Römer geltende Recht auf zwölf Tafeln aufgezeichnet. Soziale Probleme wie Landnot und Verschuldung der Kleinbauern waren die Auslöser für die Aufzeichnung des Rechtes. Das Zwölftafelgesetz begünstigte nicht die Amtsinhaber, es unterschied auch nicht zwischen Patriziern und Plebejern. Doch die sozialen Probleme waren damit nicht gelöst. Nach dem Schuldrecht haftete der Schuldner für ein Darlehen mit seiner Person, er konnte bei Zahlungsunfähigkeit in Schuldknechtschaft geraten oder als Sklave nach außerhalb verkauft werden.

Erst die im 4. Jahrhundert einsetzende römische Expansion brachte die Lösung dieser Probleme. Landzuweisungen und Städtegründungen (Kolonien) brachten Erleichterung. Gegen Ende des 4. Jahrhunderts wurde die Schuldknechtschaft durch Gesetz aufgehoben. Diese Änderung steht im Zusammenhang mit der Beilegung der Ständekämpfe.

Die republikanische Staatsform

Mit dem Ausgleich zwischen Patriziern und Plebejern wurde die republikanische Staatsform geschaffen. Die Plebejer wurden in den Senat, die Ratsversammlung, aufgenommen. Es wurde üblich, alle, die ein Amt bekleidet hatten, in den Senat aufzunehmen. Somit bildete sich eine neue politische Führungsschicht. Freilich waren alle Ämter Ehrenämter, was bedeutete, dass sich lediglich Vermögende zur Wahl stellen konnten. Das Einschreiben in die Senatsliste erfolgte durch die sog. Zensoren. Die Ergänzung des Senats war also gesteuert. Nicht allein Emporkömmlinge (homines novi), die ein Amt bekleidet hatten, sondern auch die Oberhäupter führender Familien von außerhalb wurden in den Senat aufgenommen. Seit Mitte des 4. Jahrhunderts finden sich in den Konsullisten Männer latinischer, sabinischer, kampanischer und etruskischer Herkunft. Damit gelang die Integration der Führungsschicht der Gemeinden, die infolge der römischen Expansion unter römische Herrschaft gekommen waren. Die Plebejer konnten jetzt neben den politisch-militärischen auch die religiösen Funktionen ausüben. Bezeichnend war, dass das Volkstribunat und die Versammlung der Plebs (concilium plebis), die als Mittel, den Willen der Plebs durchzusetzen, geschaffen worden waren, nicht nur erhalten blieben, sondern gestärkt wurden. Die lex Hortensia von 287 v.Chr. bestimmte, dass die Beschlüsse dieser von den Volkstribunen geleiteten Versammlung für alle gelten sollten. Hierin zeigt sich ein erstaunlicher Grundkonsens der politisch führenden Schicht. Der griechische Historiker Polybios, der im 2. Jahrhundert als Geisel in Rom die politische Ordnung beobachten konnte, beschrieb sie als eine Mischung monarchischer (Magistrate), aristokratischer (Senat) und demokratischer (Volksversammlungen) Elemente. In dieser „gemischten Verfassung" sah Polybios die politische Stabilität verankert.

Der Aufstieg Roms zur Vorherrschaft in Italien

Trotz der Niederlage der Etrusker von 474 und dem Zusammenbruch ihrer Herrschaft in Rom und in anderen Gemeinden blieben die etruskischen Städte nördlich des Tibers eine Bedrohung für Rom. 396 vernichtete Rom Veji und verdoppelte damit sein Staatsgebiet. Andererseits waren Rom und seine latinischen Nachbarn in den Küstenebenen durch das Vordringen der italischen Bergvölker bedroht. Im sog. latinischen Bund vereinbarten Rom und die Latiner, gleichberechtigt militärisch zusammenzuarbeiten. In der Mitte des 4. Jahrhunderts kontrollierte der latinische Bund das Gebiet vom südlichen Etrurien bis zum Rand von Kampanien. Im Laufe des 4. Jahrhunderts verschob sich das Gleichgewicht zwischen den Verbündeten zugunsten Roms. Es kam zwischen den Verbündeten zu einem erbitterten Krieg (340–338), Rom löste an dessen Ende den latinischen Bund auf. Lediglich wenige Städte wie Tibur und Praeneste, die sich nicht gegen Rom gestellt hatten, behielten ihre Selbständigkeit; die anderen verloren einen Teil ihres Gebietes und ihre Militärhoheit. Damit hatte Rom in Mittelitalien eine Vormachtstellung erlangt. Alle, die von der Expansion der Samniten, so der gemeinsame Name verschiedener Bergvölker im Apennin, betroffen waren, wandten sich in der folgenden Zeit an Rom.

Von 326–272 dauerten mit Unterbrechungen die Samnitenkriege. Zeitweise sah es so aus, als würde Rom alles bisher Erreichte wieder verlieren. Allerdings waren die Römer den nur lose organisierten Samniten überlegen, nachdem sie ihre Kampfesweise an die bewegliche der Samniten angeglichen hatten. Ferner schloss Rom Bündnisse mit den bedrohten Städten und Stämmen und gründete befestigte Kolonien in strategisch günstiger Lage. Auch das Eingreifen des hellenistischen Königs Pyrrhos von Epirus , das ungefähr dem heutige Albanien entspricht, brachte keine Entscheidung zugunsten der Gegner Roms.

Das Ergebnis war, dass Rom siegte und sein Staatsgebiet auf ca. 29.000 qkm wuchs. Das Gebiet der Bundesgenossen war zwar größer, doch die zahlreichen Städte und Stämme waren nicht untereinander, sondern ausschließlich mit Rom ohne zeitliche Beschränkung verbunden. Nach ihrer Niederlage mussten die fremden Städte und Stämme Teile ihres Siedlungsgebietes an Rom abtreten. Darauf wurden römische Bürgerkolonien errichtet.

Roms Ausgreifen in die Mittelmeerwelt

Rom und Karthago
264 v.Chr. brach der 1. Punische Krieg zwischen den beiden Mächten aus. Die Römer nannten die Karthager Punier. Karthago war um 800 v.Chr. als Kolonie der phönikischen Stadt Tyros gegründet worden und umfasste im 6. Jahrhundert phönikische Städte und Handelsstützpunkte in Nordafrika, im Westteil Siziliens, auf Sardinien und Korsika, in Spanien und auf den Balearen. Die Karthager versuchten ihre Konkurrenz durch Verträge, notfalls durch militärische Gewalt auszuschließen. Auf Sizilien war der griechisch-karthagische Gegensatz bestimmend.

Der griechische Historiker Polybios hat zwei Verträge zwischen Karthago und Rom im Wortlaut überliefert. In ihnen ging es vor allem um die Abgrenzung der Einflusssphären, Verzicht auf Seeraub und Kolonisation in bestimmten Gebieten.

Ein Konflikt auf Sizilien war der Anlass für den Krieg. Oskische Söldner aus Kampanien, die sich den Namen Mamertiner, Männer des Mars, beigelegt hatten, hatten sich in den Besitz der Stadt Messana gesetzt und von dort aus das östliche Sizilien durch ihre Raubzüge terrorisiert. Hieron II., Herrscher und König von Syrakus, belagerte schließlich Messana. Die Mamertiner riefen Rom zu Hilfe. Messana wurde in das römische Bundesgenossensystem aufgenommen. Doch die Mamertiner hatten auch die Karthager zu Hilfe gerufen. Aus diesen Verwicklungen entstand der Krieg, der bis 241 dauerte. Er verlangte von beiden Seiten sehr viele Opfer: Rom musste eine Flotte schaffen, Karthago auf Sizilien große Söldnerheere unterhalten. Hamilkar Barkas, der karthagische Feldherr und Vater Hannibals, leistete zähen Widerstand auf Sizilien. Karthago musste erst aufgeben, als eine neue, mit privaten Spenden finanzierte römische Flotte die karthagische vernichtet hatte und das karthagische Landheer von der Versorgung auf dem Seeweg abgeschnitten war.

Im Friedensvertrag wurde festgelegt, dass Karthago Sizilien und alle Inseln zwischen Sizilien und Italien räumen und eine hohe Kriegsentschädigung zahlen musste. Drei Jahre später nützte Rom die Notlage Karthagos wegen eines Söldneraufstands aus und erzwang die Räumung Sardiniens und Korsikas.

218 entzündete sich der 2. Punische Krieg in Spanien. Hamilkar Barkas hatte begonnen, in Spanien neue Einnahmequellen und den Söldnern ein neues Betätigungsfeld zu erschließen. Nach seinem Tod setzte Hasdrubal das Werk seines Schwagers fort. Er schloss mit Rom einen Vertrag, wonach der Ebro die Grenze zwischen karthagischem und römischem Einflussgebiet war. Hannibal, der 221 Nachfolger seines Onkels wurde, griff 219 Sagunt an, das südwestlich des Ebro und somit im karthagischen Einflussgebiet lag. Diese Stadt stand seit längerem mit Rom in freundschaftlichen Beziehungen. Rom, das in Illyrien und in Norditalien militärisch gebunden war, unternahm nichts. Im Frühjahr 218 überschritt Hannibal den Ebro und begann mit der Unterwerfung der Stämme südlich der Pyrenäen. Daraufhin erklärte Rom den Krieg.

Beide Seiten wollten den Gegner im eigenen Land treffen. Die Römer landeten in Spanien, Hannibal überschritt die Alpen und fiel in Italien ein. Anfänglich versuchten beide Seiten, den Gegner in großen Schlachten zu bezwingen. 216 errang Hannibal den Sieg in der Schlacht von Cannae, die bei den Römern als dies ater galt. Danach ging Rom in Italien zur Ermattungsstrategie über. Hannibal versuchte, das römische Bündnissystem in Süditalien aufzulösen. Doch der von ihm erhoffte allgemeine Abfall von Rom blieb aus. Hannibal schloss nach Cannae ein Abkommen mit Philipp V. von Makedonien. Rom trat darauf in den Krieg ein, den die nordwestgriechischen Ätoler gegen Philipp führten (212 – 205).

Im Frieden von 201 fiel Spanien den Römern zu. Zwar konnte Karthago seinen afrikanischen Besitz behalten, doch musste es Rüstungsbeschränkungen und Einschränkungen in seiner Souveränität hinnehmen. Hinzu kamen immense Kriegsentschädigungen, zahlbar in 50 Jahresraten. Außerdem hatten die Karthager mit dem numidischen König Massinissa, der römischer Bundesgenosse war, einen unangenehmen Nachbarn.

Die hellenistischen Staaten

Bereits während des Kampfes mit Hannibal war Rom mit den Nachfolgestaaten des Alexanderreiches in Berührung gekommen. Der Seleukide Antiochos III. und Philipp V. von Makedonien wollten die Schwäche des Ptolemäerreiches in Ägypten ausnutzen und ihr Gebiet ausweiten. Philipp V. begann in der Ägäis und im Westen Kleinasiens, vor allem im Bereich der Meerengen, seine Herrschaft auszudehnen. Gegen diese Bestrebungen bildete sich eine Koalition unter Führung des Königs Attalos I. von Pergamon und der See- und Handelsmacht Rhodos. Sie wandten sich an Rom. Führende Kräfte im Senat beabsichtigten in den Krieg einzutreten, wohl um einen ehemaligen Verbündeten Hannibals zu bestrafen und Makedonien auf den Rang einer Mittelmacht zu verweisen. Allerdings waren zwei Volksversammlungen notwendig, um die Zustimmung zu diesem Krieg zu erlangen. 197 konnten die Römer unter Flamininus den entscheidenden Sieg erringen. Der Feldherr setzte schließlich durch, dass alle griechischen Stadtstaaten auch in Kleinasien für frei erklärt wurden.

Damit waren die Probleme jedoch nicht gelöst. Abgesehen davon, dass es zwischen den griechischen Stadtstaaten Streitigkeiten und lokale Konflikte gab, benutzte Antiochos III. die Niederlage Makedoniens, um die griechischen Städte in Kleinasien und im Bereich der Meerengen in seine Gewalt zu bringen. Rom griff zu den Waffen (191–188). Nach dem römischen Sieg wurde eine ähnliche Regelung wie bereits für Griechenland getroffen. Somit waren die ehemaligen Großmächte stark eingeschränkt. Die römische Politik war aber den auftretenden Schwierigkeiten nicht gewachsen, denn sie versuchte, die militärisch eroberten Gebiete indirekt, d. h. mit den Mitteln der stadtstaatlich-aristokratischen Ordnung zu beherrschen, was für die Beherrschten ein Unglück war. Das führte schließlich zu Erhebungen, auf die Rom militärisch reagierte: daher kam es zur Vernichtung der makedonischen Monarchie (168) und Karthagos (146). Eine Aufstandsbewegung in Makedonien und Griechenland führte zur Zerstörung Korinths (ebenfalls 146). Rom war damit aber auch verpflichtet, in die Nachfolge der zerstörten Mächte einzutreten und auch den Schutz der Städte und Stadtstaaten zu übernehmen. Hellenistische Herrscher vermachten ihre Reiche den Römern, um klare Verhältnisse zu schaffen: Attalos III. Pergamon (133), Ptolemaios Apion die Kyrenaika (96) und Nikomedes IV. Bithynien (74).

Mithradates VI. von Pontus im Nordosten Kleinasiens konnte sich auf den Hass gegen die römische Herrschaft in Kleinasien und Griechenland stützen. Es kam zu drei Kriegen zwischen 88 und 64/63 v. Chr., die Roms Stellung gefährdeten. Sulla konnte zwar 85 den alten Zustand wiederherstellen, doch erst Pompeius gelang es, das Chaos zu beseitigen und militärisch klare Verhältnisse zu schaffen. Das Gebiet östlich des Euphrat fiel dem Partherreich zu, das westliche Gebiet den Römern. Nicht alle Gebiete wurden römische Provinzen, sondern es gab noch eine Reihe von sog. Klientelstaaten, d. h. von Rom abhängiger Herrschaften.

Die Entstehung des römischen Reiches war nicht von Anfang an geplant, darin ist sich die Forschung einig. Die Römer haben auf Herausforderungen reagiert, wobei sich freilich im Laufe der Zeit die Zielsetzungen verschoben und ausweiteten. Zuerst ging es um die Sicherung Italiens und die Kontrolle des Vorfeldes, d. h. der vorgelagerten Inseln und der gegenüberliegenden Küsten, dann führten die Erfahrungen des 2. Punischen Krieges dazu, die Souveränität der gegnerischen Großmächte zu beschränken. Als dieses Konzept versagte, wurden Makedonien und Karthago vernichtet. Danach kam es zur Errichtung des römischen Reiches (imperium Romanum). Diese Entwicklung verlief allerdings nicht geradlinig und konsequent, außerdem hatte sie zerstörerische Auswirkungen auf das innere Gefüge der römischen Republik und ihre Gesellschaft.

Die innere Krise der Republik

Seit dem 3. vorchristlichen Jahrhundert wurden die Römer von der hellenistischen Welt beeinflusst. Freilich bedeutete die Begegnung nicht nur eine Bereicherung und Herausforderung wie in der nun entstehenden lateinischen Literatur und Geschichtsschreibung, sondern auch eine Gefährdung. Die traditionellen Werte der Römer (mores maiorum) waren bedroht vor allem durch eine sorglose Übernahme bestimmter griechischer Lebensgewohnheiten. Bezeichnenderweise heißt das lateinische Wort für „in Saus und Braus leben" pergraecari, was wörtlich „auf griechische Art leben" bedeutet.

An der reichen Kriegsbeute hatten Feldherrn und Soldaten teil, aber vor allem profitierte die politische Führungsschicht von den Kriegen und der Provinzverwaltung. Erworbenes Geld wurde häufig in Landbesitz investiert. 218 v. Chr. versuchte man per Gesetz, die Senatoren auf ihre Erträge aus der Landwirtschaft festzulegen und aus standesethischen Rücksichten sie vom gewinnbringenden Handel abzuhalten. Die Kriege hatten Geld und Sklaven nach Italien gebracht. Das alles förderte die Entstehung eines Großgrundbesitzes. Die Kleinbauern produzierten höchstens am Rande für den Markt. Sie konnten meist nur so viel Boden bearbeiten, wie zum Unterhalt der Familie nötig war. Aufgrund der Erbteilung reichte den Kindern der ererbte Besitz nicht aus. Das bedeutete, dass Teile der Kleinbauern aus der Liste der Wehrfähigen gestrichen werden mussten. Bereits im 2. Punischen Krieg wurde das Mindestvermögen der Wehrfähigen gesenkt, um genügend Soldaten zu bekommen. Nach dem Krieg wurden in Süd- und Norditalien Kolonien gegründet und für die Veteranen gab es Landanweisungen. Doch das hörte nach 170 auf. Das Ausgreifen Roms über Italien hinaus belastete in erster Linie die Bauern, weil große Heere und oft jahrelange Abwesenheit von zu Hause erforderlich waren. Mit der Beendigung des 2. punischen Krieges war der karthagische Teil Spaniens römischer Besitz. Nicht alle Statthalter hatten dort so segensreich gewirkt wie Tiberius Sempronius Gracchus 179/78, der Vater der beiden Gracchen. Seine Nachfolger hatten in der spanischen Provinz wohl eher ein Objekt der Ausbeutung gesehen. 154 brach der spanische Krieg aus, der bis 133 dauerte und verlustreich war. Für die Soldaten bedeutete er jahrelange Abwesenheit von zu Hause. Außerdem gab es dort weder reiche Beute noch die Aussicht auf Landzuweisungen in Italien. Das führte zum Widerstand gegen die notwendigen Aushebungen.

140 planten einige Senatoren eine Agrarreform. Bereits 180 war in Italien Land für diejenigen, die es bewirtschaften konnten, zur Okkupation freigegeben worden. Vorgesehen war nun die Einziehung des okkupierten Landes, wenn es die Höchstgrenze von 500 bzw. 1000 Morgen Land überschritt. Die Befürworter dieser Landverteilungen ließen den Plan aber wieder fallen.
Tiberius Gracchus, aus der vornehmen Familie der Sempronier, wurde 133 Volkstribun. Er hatte selbst am spanischen Krieg teilgenommen und griff auf den Reformplan von 140 zurück. Dem Widerstand der Großgrundbesitzer, die Land abgeben mussten, versuchte er zu begegnen, indem er die Verteilungskommission, die aus Reformanhängern bestand, mit richterlichen Funktionen ausstatten wollte. Gegen dieses Reformgesetz legte ein Kollege des Tiberius sein Veto ein. Tiberius griff daraufhin zu einem unerhörten Mittel: Mit Zustimmung der Volksversammlung setzte er den Kollegen ab. Als Begründung führte er an, dieser habe nicht im Interesse des Volkes gehandelt. Tiberius hatte dem Senat die politische Entscheidung genommen, und damit war die herkömmliche politische Ordnung in Frage gestellt. Er ging sogar noch weiter und ließ die Volksversammlung, die kein Initiativrecht hatte, beschließen, die Erbschaft des Königs Attalos zur Finanzierung der Reform zu verwenden. Weiter betrieb Tiberius entgegen dem Herkommen seine Wiederwahl, um einer Anklage nach Ablauf seines Amtsjahres zu entgehen. Doch bevor er wiedergewählt wurde, kam es zu einem von seinen Gegnern geschürten Tumult; dabei wurde er mit vielen seiner Anhänger erschlagen. Der Senat setzte ein Sondergericht zur Verfolgung weiterer Anhänger des Tiberius ein. Die Ackerkommission blieb zwar bestehen, doch auf Betreiben der Bundesgenossen wurde ihr die richterliche Funktion entzogen.

Bereits in dieser Zeit zeigte sich, wie sich die Ausnutzung der Sklaven als Arbeitskräfte auf dem Großgrundbesitz auswirkte. 136/5–132 und 104-101 kam es auf Sizilien zu regelrechten Sklavenkriegen, nach 133 wurde Pergamon, das als Erbschaft an Rom gefallen war, durch Sklavenaufstände erschüttert. Schließlich erhoben sich 73–71 unter Führung des Spartakus in Italien Zehntausende von Sklaven. Sie errichteten z. T. eigene Königreiche, wie in Sizilien oder in Pergamon, oder es entstand der – bei seinen Anhängern nicht durchsetzbare – Plan des Spartacus, aus dem römischen Gebiet auszubrechen. Trotz mancher militärischer Erfolge der Sklavenheere wurden am Ende alle Aufstände blutig niedergeschlagen.

123 wurde Gaius Gracchus, der jüngere Bruder des Tiberius, zum Volkstribun gewählt. Ebenso wie sein Bruder versuchte er, Politik ohne den Senat zu machen. Aus dem Schicksal seines Bruders hatte er gelernt; deshalb suchte er als Verbündete die städtische Bevölkerung zu gewinnen, vor allem die wohlhabende Schicht, die mit den Senatoren in der Heeresversammlung die Hundertschaften der Ritter (centuriae equitatum) bildete, und die Bundesgenossen in Italien. Die städtische Bevölkerung gewann er durch ein Gesetz, das den Getreidepreis stark senkte. Die Ritter machte er zu Richtern in den Gerichten, die Erpressungsfälle abzuurteilen hatten. Da vor allem senatorische Statthalter zur Rechenschaft gezogen wurden, war der Streit zwischen den Ständen vorauszusehen. Ferner erweiterte er die Steuerpacht auf die Provinz Asia, was ebenfalls den Rittern zugute kam. In seiner Agrargesetzgebung nahm er die seines Bruders wieder auf, sah aber auch wegen Landmangels in Italien die Gründung von Kolonien vor allem in Afrika vor. Auch dem Italikerproblem wandte er sich zu. So sollte den Latinern das römische Bürgerrecht, den Bundesgenossen zumindest das Stimmrecht in der Volksversammlung gegeben werden. Für das Jahr 122 war Gaius Gracchus wieder zum Volkstribun gewählt worden. Die Senatsmehrheit verstand es, ihm durch demagogische Überbietung seiner Vorhaben seine Anhänger zu entfremden: Dem Plan, in Afrika Kolonien zu gründen, stellte sie das Vorhaben einer groß

angelegten Kolonisation in Italien entgegen. Fundiert war dieser Plan nicht, aber populär. In der Frage des Stimmrechts der Bundesgenossen appellierten die Gegner des Gaius Gracchus mit Erfolg an den Egoismus der Bürger. Die Volksversammlung versagte dem Tribun die Unterstützung. Es kam zu einer gewaltsamen Konfrontation, bei der Gaius Gracchus den Tod fand.

Der Streit zwischen Senatoren und Rittern, die Schwierigkeit mit der Gleichstellung der Bundesgenossen und die Frage der Landanweisungen blieben als ungelöste Probleme bestehen, sie wurden in der Folgezeit noch verstärkt. 112–105 wurde Krieg gegen König Jugurtha von Numidien geführt, zwischen 113 und 101 bedrohten die germanischen Stammesverbände der Kimbern und Teutonen römisches Gebiet. Die Senatoren, die an der tradierten Ordnung festhielten und Optimaten genannt wurden, versagten in beiden Fällen. So brachte es Gaius Marius, ein homo novus, zum Konsulat. Er hatte Besitzlose als Freiwillige ins Heer aufgenommen. Diese Soldaten, die vom Land kamen, erwarteten als Lohn die Versorgung mit Land. Das bedeutete, dass sich Marius, nachdem er erfolgreich den jugurthinischen Krieg beendet und die Kimbern und Teutonen vernichtet hatte, um die Landanweisungen für seine Soldaten kümmern musste.

Dazu brauchte er einen Helfer, den er in dem Volkstribunen Saturninus (103 und 100) fand. Nach dem Siedlungsgesetz von 103 sollten die Veteranen aus dem jugurthinischen Krieg in der Provinz Africa Land erhalten. Nach dem Sieg über die Kimbern und Teutonen waren Koloniegründungen in Sizilien, Griechenland und Makedonien vorgesehen. Zugleich sollte Marius die Möglichkeit erhalten, einigen bundesgenössischen Veteranen das römische Bürgerrecht zu verleihen. Allerdings stellte sich der Widerstand der Optimaten gegen die sogenannten Popularen wie zur Zeit der Gracchen ein. Es kam zu gewalttätigen Ausschreitungen. Marius gab den Optimaten nach und opferte seine Verbündeten. Das Ansiedlungsgesetz wurde vom Senat aufgehoben.

Es gab freilich auch Optimaten, die einsahen, dass gewisse Reformen durchgeführt werden mussten. Ihr Vertreter war M. Livius Drusus, der für 91 zum Volkstribun gewählt worden war. Er plante, das von Bundesgenossen okkupierte Staatsland an mittellose Bürger zu verteilen. Die Bundesgenossen sollten dafür das römische Bürgerrecht erhalten. Die Ritter sollten ihre richterliche Funktion verlieren, als Kompensation sollten 300 Ritter in den Senat aufgenommen werden. Doch dazu kam es nicht. Bevor die Volksversammlung entscheiden konnte, wurde Livius Drusus ermordet.

Darauf brach der Bundesgenossenkrieg aus, weil die Bundesgenossen keinen anderen Weg sahen, die rechtliche Gleichstellung mit den römischen Bürgern zu erreichen. Der Krieg stellte eine schwere Bedrohung für Rom dar. Erst das Angebot, wer die Waffen niederlege, erhalte das Bürgerrecht, dämpfte den Widerstandswillen. Doch die Regelung, die Neubürger sollten lediglich auf acht der insgesamt 35 Stimmbezirke verteilt werden, stellte die Lösung wieder in Frage. Der Volkstribun C. Sulpicius Rufus verbündete sich in dieser Frage mit Marius, indem er ihm den Oberbefehl in dem bevorstehenden Krieg gegen Mithradates versprach. Dem Konsul L. Cornelius Sulla, der bereits über ein Heer verfügte, wurde der Oberbefehl entzogen. Daraufhin marschierte Sulla an der Spitze seines Heeres nach Rom, ließ seine Gegner ächten und ihre Maßnahmen aufheben. Sullas Marsch auf Rom war die erste Machtübernahme in Rom mit Hilfe des Heeres. Es war der Beginn der Bürgerkriege.

Das Zeitalter der Bürgerkriege

Während Sulla gegen Mithradates im Osten Krieg führte, etablierten sich die Gegner wieder in Rom. Die Neubürger wurden auf 35 Stimmbezirke verteilt. Bei Sullas Rückkehr 83 kam es zu einem Bürgerkrieg. Sulla besetzte nach siegreichen Kämpfen in Italien Rom und ließ sich zum Diktator ernennen. Seine Gegner ließ er durch eine öffentlich ausgehängte Liste ächten (Proskriptionen). Wer auf der Liste stand, wurde umgebracht, sein Vermögen eingezogen. Die Städte Italiens, die Sulla Widerstand geleistet hatten, verloren ihr Territorium. Auf diese Weise wurden die Mittel für eine Ansiedlung der Veteranen in Kolonien gewonnen, zugleich konnten Sullas Anhänger und Günstlinge Vermögen anhäufen. Sullas Ziel war es außerdem, die Stellung des Senats neu zu festigen. Durch Aufnahme von Rittern in den Senat erweiterte er ihn auf 600 Mitglieder. Zugleich wurde den Rittern ihre richterliche Funktion entzogen. Hatte Sulla damit auf Vorhaben des Livius Drusus zurückgegriffen, so war die Entmachtung des Volkstribunats ohne Vorbild. Gesetzesinitiativen der Volkstribunen bedurften künftig der Zustimmung des Senats; wer ein Volkstribunat bekleidet hatte, konnte sich nicht mehr um höhere Ämter bewerben. Sulla war jedoch klug genug, die Verteilung der Neubürger auf alle Stimmbezirke nicht wieder rückgängig zu machen. Ganz Italien bis zum Po war nun römisches Bürgergebiet.

Obgleich die Stellung des Senats so mächtig war, brach sie bereits 70 wieder zusammen. Das sullanische Vorgehen, besonders die Proskriptionen, hatte starke Opposition hervorgerufen. Die Entmachtung des Volkstribunats war alles andere als populär. Dazu kam, dass auch Nutznießer der sullanischen Maßnahmen sich zu persönlichen Zwecken der Opposition gegen die neue Ordnung bedienten.

Cn. Pompeius hatte sich ohne Amt Sulla bei seiner Rückkehr aus dem Osten als Feldherr zur Verfügung gestellt. Nach Sullas Rücktritt und Tod hatte er die Marianer, die unter Sertorius in Spanien zusammen mit den Lusitaniern kämpften, geschlagen. Als er siegreich aus Spanien zurückkehrte, vernichtete er noch die letzten nach Norden fliehenden Reste des Spartakusheeres. Marcus Crassus, der durch die Vermögen der Proscribierten zu großem Reichtum gelangt war, hatte das Sklavenheer unter Spartacus entscheidend schlagen können. Im Jahre 70 wurden Pompeius und Crassus zu Konsuln gewählt. Sie stellten nun das Volkstribunat wieder her, und auch die Ritter bekamen wieder Anteil an den Richterstellen. Beide verfolgten persönliche Machtansprüche. Pompeius war der Nutznießer. Zuerst ließ er sich außerordentliche Machtbefugnisse zur Beseitigung der Seeräuberplage übertragen. Da er ein glänzender Organisator und Feldherr war, gelang ihm in erstaunlich kurzer Zeit diese Aufgabe, dann ließ er sich das Oberkommando gegen Mithridates übertragen. Als er Anfang 62 mit seinem Heer siegreich aus dem Osten zurückkam, musste er sich seine Anordnungen im Osten vom Senat bestätigen lassen und seine Veteranen mit Land versorgen. Der Widerstand des Senats war vorauszusehen. Allgemein befürchtete man, er werde dem Beispiel Sullas folgen und mit seinem Heer nach Rom ziehen. Doch er entließ seine Soldaten.

Da der Senat bei seiner Obstruktionspolitik blieb, ging Pompeius bereitwillig auf ein Bündnis mit Crassus und C. Julius Caesar ein, das dieser vermittelte. Caesar stammte aus einer vornehmen Familie, die mit Marius verschwägert war. Er galt als Haupt der Popularen, wollte für 59 zum Konsul gewählt werden und brauchte gegen seine optimatischen Gegner im Senat Unterstützung. Es wurde in einer privaten Absprache zwischen den drei Beteiligten verabredet, dass die Anordnungen des Pompeius ratifiziert und seine Veteranen mit Land versorgt werden sollten. Allgemein einigten sie sich darauf, dass keiner von ihnen gegen die Interessen eines der Beteiligten verstoßen dürfe. Diese Absprache, häufig „erstes Triumvirat“ genannt, zeigte das Ende der Republik an: Die traditionellen Formen der politischen Willensbildung sollten durch außerordentliche politische und militärische Gewalt ersetzt werden.

Caesar brachte in seinem Konsulat mit massiver Gewaltanwendung die Wünsche des Pompeius durch. Neben den Veteranen des Pompeius sollten auch mittellose Bürger berücksichtigt werden. Schließlich wurde Caesar die auf fünf Jahre angelegte Statthalterschaft über das diesseitige Gallien (Norditalien), das jenseitige Gallien, ungefähr dem heutigen Südfrankreich gleichzusetzen, und das Illyricum, die dalmatinische Küste, mit dem Kommando über insgesamt vier Legionen übertragen. Sowohl im Illyricum wie im jenseitigen Gallien konnte mit militärischen Verwicklungen gerechnet werden. Tatsächlich war aber die Armee als Rückhalt für die drei Verbündeten gedacht. Außerdem erhielt Caesar Gelegenheit, mit kriegerischen Mitteln zu Macht und Geld zu kommen, was er auch benötigte, denn er war infolge der üblichen Wahlbestechungen hoch verschuldet und hatte sich infolge seiner Amtsführung viele Feinde geschaffen. Caesar gelang es, innerhalb von acht Jahren das nicht römische Gallien zu unterwerfen und damit die römische Herrschaft weiter auszudehnen. Wegen Caesars Methoden der Kriegführung, insbesondere wegen Völkerrechtsverletzung, gab es im Senat Einwände. Die Feldzüge waren im übrigen sehr lukrativ, da Kriegsgefangene als Sklaven verkauft und Heiligtümer geplündert wurden. Im Frühjahr 56 wurde der Dreibund erneuert. Crassus und Pompeius erhielten das Konsulat für 55. Caesar sollte seine Provinzen behalten, für Pompeius war Spanien, für Crassus war Syrien bestimmt, wobei alle Provinzen für die Dauer von fünf Jahren vergeben werden sollten.

Crassus hatte von Syrien aus einen Krieg gegen die Parther begonnen und war nach seiner Niederlage bei Carrhae bei Verhandlungen umgekommen.

In Rom herrschten chaotische Zustände, weil die Triumvirn zwar die Macht hatten, aber die Illusion nährten, alles ginge wie gewohnt weiter. Schließlich beauftragte der Senat Pompeius als Konsul ohne Kollegen, die anarchischen Zustände zu beseitigen. Allmählich gelang es dem Senat, einen Keil zwischen Pompeius und Caesar zu treiben. Pompeius erhielt endlich die Anerkennung der Optimaten, die er wünschte, Caesars Erfolge ließen ihn um seinen Ruhm fürchten. Außerdem gab es niemanden mehr, der zwischen Caesar und Pompeius hätte vermitteln können. Caesars Tochter Julia, die Frau des Pompeius, war bereits gestorben, auch Crassus war tot.

Caesars Feinde hatten keinen Zweifel daran gelassen, dass sie ihn anklagen würden, sobald er nicht mehr durch sein Amt geschützt war und damit gerichtlich verfolgt werden konnte. Caesar ging davon aus, dass er sich in Abwesenheit um sein zweites Konsulat bewerben könne, so hätte er ohne Unterbrechung direkt von seiner Statthalterschaft aus das Konsulat antreten können. Doch gestützt auf Pompeius setzten seine Feinde durch, dass er laut Senatsbeschluss vom 7. Januar 49 abberufen wurde. Am gleichen Tag wurde auch der Staatsnotstand ausgerufen. Auf die Nachricht hiervon überschritt Caesar, der darauf vorbereitet war, mit seinen Truppen den Rubikon, einen kleinen Grenzfluss in Norditalien, der Italien von dem dieseitigen Gallien trennte. Damit hatte der Bürgerkrieg begonnen.

Die Gegenseite verfügte zwar über die größeren Mittel, war aber nicht gerüstet. Caesar setzte auf seine Schnelligkeit. Pompeius räumte ganz Italien und ging nach Griechenland. Mit ihm zogen zahlreiche Senatoren und bildeten im Osten einen Gegensenat. Caesar konnte kampflos in Rom einziehen. Pompeius war zwar nach Osten gegangen, doch seit 55 hatte er in Spanien sieben Legionen stehen. Caesar marschierte noch 49 mit seinen Truppen nach Spanien und besiegte dort die Feldherren des Pompeius. Darauf fiel ihm ganz Spanien zu. 48 landete Caesar dann an der Nordwestküste Griechenlands. Anfänglich musste er Misserfolge hinnehmen, doch dann schlug er bei Pharsalus Pompeius trotz dessen zahlenmäßiger Überlegenheit vernichtend. Pompeius, der nach Ägypten flüchtete, wurde dort ermordet. Caesar folgte ihm und verstrickte sich in Alexandria in Streitigkeiten der ptolemäischen Dynastie. Der Widerstand der Optimaten und Pompeianer war aber noch nicht gebrochen. In Nordafrika stellten sie eine neue Armee auf. Caesar konnte sie bei Thapsus im Februar 48 schlagen. Doch eine Reihe von Anhängern des Pompeius, insbesondere die Söhne des Pompeius, floh nach Spanien und bildete dort eine neue Armee. Es gelang Caesar, sie im Winter 46/45 bei Munda zu besiegen. Damit war Caesar unbestritten der mächtigste Mann im römischen Reich, aber er war formal nicht der Herrscher, denn die alten Institutionen bestanden weiter, auch wenn sie weniger Macht hatten als zuvor.

Nach seinem Sieg in Afrika wurde Caesar zum Diktator auf zehn Jahre, nach seiner Rückkehr aus Spanien sogar zum Diktator auf Lebenszeit (dictator perpetuus) ernannt. Er ließ sich für 48 und 46, dann auch für 45 und 44 zum Konsul wählen, blieb also im traditionellen Rahmen der

Ämter. Er scheint auch kein Programm zur Neugestaltung des Staates gehabt zu haben, obgleich er eine Flut von Gesetzen erließ. Die Transpadaner, die Bewohner des diesseitigen Galliens zwischen Po und Alpenrand, hatten Caesar treu gedient. Sie erhielten jetzt das römische Bürgerrecht. Die Versorgung der stadtrömischen Bevölkerung wurde neu geregelt. Die Kalenderreform, die das Sonnenjahr anstelle des Mondjahres setzte, brachte Ordnung in den durcheinandergeratenen Jahresablauf. Für Veteranen und mittellose Bewohner Roms wurden Städte z. T. in weit entfernten Provinzen gegründet.

Die politische Ordnung wurde belassen, aber ausgehöhlt. Im übrigen vermied Caesar Ächtungen und Enteignungen, sondern war bereit, seine Gegner zu begnadigen. Die Milde Caesars (clementia Caesaris) hatte programmatische Funktion. Einerseits hatte Caesar eine große Anhängerschaft, andererseits wusste er, dass er sich Todfeinde geschaffen hatte. Er enttäuschte außerdem alle Hoffnungen auf eine Wiederherstellung der Republik, d. h. der Senatsherrschaft, obgleich der Senat ihn mit Ehrenbezeugungen überhäufte. Caesar lehnte zwar den ihm angebotenen Königstitel ab, doch er suchte offenbar nach Formen der Legitimierung seiner Machtstellung.

Caesar wollte erneut einen Feldzug unternehmen, diesmal gegen die Parther, die Crassus bei Carrhae eine vernichtende Niederlage beigebracht hatten. Dass Caesar sich damit der letztlich unausgeglichenen Lage zwischen seinen Ansprüchen und Zielen und denen der Senatsaristokratie entziehen wollte, ist wahrscheinlich. Doch in der letzten Senatssitzung vor dem Aufbruch in den Feldzug wurde er an den Iden des März (15.3.44) ermordet.

Marcus Junius Brutus war wohl der Kopf der Verschwörung von ungefähr 60 Senatoren. Er glaubte, mit der Beseitigung des Diktators werde die alte republikanische Ordnung wieder in Kraft treten. Doch es zeigte sich, dass die libera res publica so ausgehöhlt und zerstört war, dass sie nicht mehr hergestellt werden konnte. Nun trat ein Machtvakuum ein. Caesars Mitkonsul Marcus Antonius gelang es, zwei Tage nach Caesars Tod einen Ausgleich zwischen Caesaranhängern und Caesarmördern zustande zu bringen: Amnestie für die Mörder und zugleich Garantie, dass alle Amtshandlungen Caesars gültig seien und Bestand haben sollten. Die Stimmung in Rom war explosiv, da die Veteranen Caesars herbeiströmten. Marcus Antonius verstand es, Stimmung gegen die Caesarmörder zu machen, die dann auch möglichst rasch Rom verließen. Doch Marcus Antonius wurde mit einem Rivalen um die Macht konfrontiert. C. Octavius, der 19jährige Großneffe Caesars, war testamentarisch zum Haupterben Caesars bestimmt und adoptiert worden. Er nahm sein Erbe an und nannte sich von nun an C. Julius Caesar Octavianus. Die Veteranen Caesars und die Bevölkerung der Hauptstadt strömten ihm zu. Octavian warb unter den Veteranen für eine Privatarmee, zwei reguläre Legionen brachte er auf seine Seite. Da er sein illegales Vorgehen legitimieren lassen musste, suchte er einen Ausgleich mit dem Senat. Cicero, der 63 als Konsul die Catilinarische Verschwörung aufgedeckt hatte, versuchte nach Caesars Ermordung, die traditionelle Ordnung wiederherzustellen. Im Senat setzte er ein außerordentliches Kommando für den jungen Octavian durch, ebenso für die Caesarmörder M. Brutus und C. Cassius, die den Osten des Reiches für ihre Sache gewonnen hatten. Cicero hoffte, so den Antonius bekämpfen zu können. Es kam zum Bürgerkrieg. Antonius wurde zwar geschlagen, doch Octavian erschien an der Spitze seiner Soldaten in Rom und forderte das Konsulat für sich, das er auch erhielt. Sofort setzte er einen Gerichtshof zur Verfolgung der Caesarmörder ein. Dann verbündete er sich mit Marcus Antonius und den anderen Caesarianern. Für den bevorstehenden Krieg gegen die Caesarmörder im Osten wurde zwischen Marcus Antonius, Octavianus und M. Lepidus eine Vereinbarung geschlossen: Sie sollten auf fünf Jahre gemeinsam eine Gewalt ausüben, die der Caesars entsprach, außerdem sollten sie das Recht haben, alle gemeinsamen Gegner zu ächten und ihr Vermögen einzuziehen (2. Triumvirat). Ungefähr 300 Senatoren und 2000 Ritter fanden dabei den Tod, unter ihnen auch Cicero.

Bereits im Herbst 42 fand der Krieg gegen die Caesarmörder in der Doppelschlacht bei Philippi in Nordgriechenland ein Ende. Die Sieger Marcus Antonius und Octavianus teilten sich das römische Reich, den Osten erhielt Antonius, den Westen Octavianus, Lepidus wurde mit Africa und den Italien vorgelagerten Inseln abgefunden. Octavian hatte die Verpflichtung, den Veteranen in Italien Land zuzuweisen, was wiederum Enteignungen bedeutete. Außerdem beherrschte der Sohn des Pompeius, Sextus Pompeius, die See und behinderte so die Getreideversorgung Roms. Antonius hatte sich im Osten mit einem Parthereinfall auseinanderzusetzen. So konnte er seinen Einfluss im Westen nicht aufrechterhalten. Nachdem 33 v.Chr. die verlängerte gemeinsame Herrschaft zu Ende ging, war die Verbindung zwischen Octavianus und Marcus Antonius engültig beendet. Lepidus war bereits zuvor ausgeschaltet worden. Da Marcus Antonius mit Kleopatra, der Königin Ägyptens liiert war, bot sich die Gelegenheit, den beginnenden Bürgerkrieg als auswärtigen und gerechten Krieg darzustellen. Am 2. September 31 fand bei Actium die letzte große Seeschlacht der Antike statt. Mit der Einnahme von Alexandria durch den siegreichen Octavianus wurde die Auseinandersetzung beendet. Kleopatra folgte Antonius in den Tod. Octavianus war nun Alleinherrscher.
Er hatte eine loyale Armee und er hatte auch verstanden, seine Sache zu der ganz Italiens zu machen. Doch seine Stellung beruhte nur auf Ausnahmeregelungen. Er benötigte eine Form der Macht, die für die Angehörigen der Senatorenschicht annehmbar war. Schließlich schreckte das Schicksal Caesars

Am 13. Januar 27 gab Octavianus in der Senatssitzung alle außerordentlichen Vollmachten zurück. Jedoch zog er sich nicht aus dem politischen Leben zurück, sondern behielt das Konsulat bei, außerdem die Befehlsgewalt über die noch nicht befriedeten Grenzprovinzen, in denen das Heer stand, und die befristete tribunizische Gewalt.

Die Kaiserzeit

Die Neuordnung des Augustus
Für diese Regelung erhielt Octavianus vom Senat den Ehrennamen Augustus, „der Erhabene". Freilich war mit der

Regelung vom Januar 27 noch nicht die endgültige Form der Herrschaft gefunden. Sie wurde im Laufe der Jahre noch modifiziert. So verzichtete Augustus 23 auf das Konsulat. Denn solange er jährlich das Amt bekleidete, war der Nobilität der Zugang dazu erschwert. Dafür wurde ihm die vom Amt gelöste tribunizische Gewalt zunächst für fünf Jahre gegeben. Einige Jahre später wurden ihm auch noch die Befugnisse des Konsulats übertragen. Die Teilgewalten, die aus den verschiedenen republikanischen Ämtern ausgegliedert wurden, bildeten die Grundlage des Kaisertums. Damit verfügte Augustus über mehr Machtbefugnisse als jeder republikanische Beamte, der zudem noch immer einen Kollegen neben sich hatte und in der Regel das Amt nur für ein Jahr bekleiden durfte. Der Oberbefehl über das Heer stand dem Kaiser darüber hinaus zu. Daneben schien das republikanische Regierungssystem wiederhergestellt. Freilich war diese Sichtweise nur dann richtig, wenn man die Institutionen betrachtete, aber nicht die wirklichen Machtverhältnisse.

Doch die Zufriedenheit aller Schichten über das Ende der Bürgerkriege ließ kaum Kritik an der Machtfülle des Augustus aufkommen. Im Gegenteil, Augustus wurde von vielen als göttlich betrachtet. Im Osten des Reiches, aber auch in den noch nicht völlig befriedeten Provinzen des Westens wurde er zusammen mit der Göttin Roma verehrt. In Rom und in Italien wurde sein genius oder sein numen, die in ihm wirkende übermenschliche Kraft, als göttlich verehrt, aber nicht seine Person. Als Retter aus den Bürgerkriegen erhielt Augustus seine Autorität und kultische Verehrung, was er durch Bauten und Statuen, die nicht nur in Rom aufgestellt wurden, nach Kräften förderte. Darauf gestützt konnte er wichtige Reformen durchführen und den Staat den Bedürfnissen eines Weltreiches anpassen. So wurden in der Provinzial-, Finanz- und Heeresverwaltung Neuordnungen geschaffen, die Missstände beseitigten.

In republikanischer Zeit waren die Provinzen sowohl von den Steuerpächtern als auch von den Statthaltern ausgebeutet worden. Das hatte daran gelegen, dass die Steuer nicht von staatlicher Seite eingezogen wurde, sondern sich private Steuerpachtgesellschaften zusammenschlossen, die dem Staat den Steuereingang garantierten. Sicher mussten sie auch Verluste tragen, doch sie versuchten verständlicherweise über die Summe, die sie dem Staat garantiert hatten, Zuschläge zu bekommen, nicht allein um ihre Kosten zu decken, sondern um Gewinn zu machen. Weiter benutzten die Statthalter ihr Amt zur Auffrischung ihrer Finanzen, die durch die Aufwendungen für die Ämterlaufbahn in der Regel zerrüttet waren. Das wurde als völlig berechtigt angesehen. Zum Beispiel war Caesar, als er im Jahre 61 in seine Provinz Hispania ulterior abreisen wollte, so hoch verschuldet, dass seine Gläubiger versuchten, ihn zurückzuhalten. Erst eine Bürgschaft des Crassus erlaubte ihm die Abreise. Als er nach einem Jahr zurückkehrte, waren seine Vermögensverhältnisse bereinigt, und er konnte sich um das Konsulat bewerben.

Die Neuordnung sah folgendermaßen aus: In die senatorischen Provinzen wurden nur noch Prokonsuln gesandt. Die Statthalter erhielten jetzt ein sehr hohes Jahresgehalt, nämlich bis zu einer Million Sesterzen – zum Vergleich: Ein einfacher Legionär hatte ein Jahrsgehalt von 900 Sesterzen. Damit sollten unerlaubte Erpressungen verhindert werden, was weitgehend gelang, auch wenn es in Zukunft immer wieder zu Prozessen gegen erpresserische Statthalter kam. Für die kaiserlichen Provinzen, in denen das Heer stand, wurden neue Beamtenränge geschaffen: die vom Herrscher ernannten Stellvertreter, Legaten des Kaisers im prätorischen Rang für die Provinz. Häufig waren es Leute ritterlicher Herkunft, weniger Senatoren. Damit schuf sich Augustus eine zuverlässige Anhängerschaft, indem er den Stand, der zuvor politisch weitgehend bedeutungslos gewesen war, zum Staatsdienst heranzog. Ägypten nahm unter den Provinzen eine Sonderstellung ein. Dort blieb die effiziente Verwaltung der Ptolemäer unverändert. Das war vor allem wegen der Nilschwelle und der Bewässerung notwendig. Denn Ägypten war der wichtigste Getreidelieferant Roms. An die Spitze der Verwaltung wurde ein Praefekt gestellt, der immer aus dem Ritterstand stammen musste. Die enge Verbindung Ägyptens zur kaiserlichen Verwaltung wurde dadurch unterstrichen, dass Senatoren das Betreten Ägyptens verboten war.

Bereits Pompeius hatte im Osten viele Städte gegründet und ihnen weitgehende Selbstverwaltung gegeben. Diese Ordnung blieb erhalten und wurde auch auf andere Städte übertragen. In der Regel wurden die Städte von einem Gemeinderat verwaltet, der aus 100 Mitgliedern, den Decurionen, bestand. Jeder Gemeinderat wählte aus seiner Mitte jährlich zwei oberste Beamte (duumviri). In der Regel betrug das Mindestvermögen eines Decurio 100 000 Sesterzen, in Kleinstädten konnte es auch niedriger sein. Das Mindestvermögen eines Gemeinderats war erforderlich, weil er verpflichtet war, für öffentliche Ausgaben der Stadt zu bezahlen.

Das Steuereinzugssystem wurde unter Augustus ebenfalls geändert. Überall in den Provinzen wurden kaiserliche Finanzprocuratoren eingesetzt, die ein festes Gehalt bezogen und die direkten Steuern wie Grundsteuer und Personalsteuer einzogen und den Eingang der indirekten Steuern überwachten. Die Finanzprocuratoren stammten meist aus dem Ritterstand, es fanden sich jedoch auch kaiserliche Sklaven und Freigelassene unter ihnen. Die Bewohner bezahlten die Steuern an ihre Gemeinde, von dort aus wurden sie an den Procurator weitergeleitet. Die Einnahmen flossen nicht alle in die Staatskasse, sondern auch in verschiedene kaiserliche Kassen, denn der Kaiser übernahm auch gewisse Versorgungsverpflichtungen, wie z. B. die Altersversorgung für die Soldaten.

Nach den Entlassungen und Landzuweisungen nach Actium war das Heer als Berufsarmee organisiert worden, die in den noch nicht befriedeten Provinzen stand. Damit hatte Augustus die Konsequenz gezogen, die sich aus der Entwicklung des Heeres seit Marius ergab. Die Berufsarmee bestand aus Legionen, deren Zahl im Laufe der Kaiserzeit auf 30 erhöht wurde. Das waren ca. 150.000 Mann, die in der Regel 20 Jahre Dienst taten. Dazu kamen die Hilfstruppen, die aus Provinzialen bestanden und auch die zahlenmäßige Stärke der Legionen erreichten. Diese Soldaten leisteten 25 Jahre lang Dienst und erhielten bei der Entlassung das römische Bürgerrecht.

Augustus konnte gestützt auf das Berufsheer und befreit von den Bürgerkriegen daran gehen, das Gebiet des römischen Reiches abzurunden. Der aristokratischen Senatsherrschaft hatte es entsprochen, Formen der direkten Herrschaft, sofern sie nicht dringend erforderlich waren, eher zu meiden. Außerdem war das römische Reich nicht nach einem einheitlichen Plan entstanden; so kam es, dass es keine festen Grenzen besaß, die leicht zu verteidigen waren.

Gallien war von Caesar unterworfen worden. Doch es kam zu Aufständen. Erst eine neue Einteilung und Verwaltung, die Gallien in drei Provinzen gliederte, brachte die völlige Befriedung. In Spanien wurden die Landschaften Kantabrien und Asturien, die sich bislang der römischen Herrschaft entzogen hatten, unterworfen. Auch hier wurde wegen Aufständen eine Dreiteilung der Provinz vorgenommen. Die Alpenregion wurde unterworfen. Der Voralpenraum wurde in die römische Herrschaft einbezogen. Ferner wurde der Balkan bis zur Donaugrenze unterworfen. Nach einem Germaneneinfall in Gallien, bei dem eine Legion verlorenging, wurde der Rhein als Grenze für nicht ausreichend erachtet. Es wurde der Plan gefasst, das rechtsrheinische Vorfeld zu besetzen und die Einfallsstraßen entlang der Flüsse zu kontrollieren. Aber es kam zu keiner Unterwerfung des Gebietes bis zur Elbe. Die Niederlage des Varus 9 n.Chr., bei der drei Legionen aufgerieben wurden, führte letztlich zum Verzicht, das Gebiet bis zur Elbe einer direkten Herrschaft zu unterwerfen.

Mit dem Partherreich wurde eine diplomatische Vereinbarung getroffen. Nach parthischen Thronstreitigkeiten erkannte Augustus den neuen Herrscher gegen die Herausgabe der Kriegsgefangenen und Feldzeichen aus der Schlacht von Carrhae (53 v.Chr.) und der Niederlage des Marcus Antonius (36 v.Chr.) an. Sonst wurde die Grenze mit Hilfe von Königreichen gesichert, die vor dem römischen Reichsgebiet lagen und von Rom abhängig waren. Lediglich Armenien stand zeitweise eher unter römischem, dann wieder unter parthischem Einfluss.

Vor seinem Tod (14 n.Chr.) warnte Augustus vor einer weiteren Expansion und empfahl seinem Nachfolger, die Grenzen von Rhein, Donau und Euphrat zu wahren. Infolge seiner langen Regierungszeit – er starb im 76. Lebensjahr – konnte Augustus seine Refomvorhaben, aber auch seine zahlreichen Bauvorhaben, nicht nur in die Wege leiten, sondern auch ausführen.

In der Zeit des 2. Triumvirats war die Zahl der Senatoren auf über 1000 angestiegen, Augustus setzte die Zahl der Senatsmitglieder auf 600 fest. Das erforderliche Mindestvermögen betrug jetzt eine Million Sesterzen. Die Söhne von Senatoren, die früher grundsätzlich den Rang eines Ritters besessen hatten, wurden nun formell in den Senatorenstand miteinbezogen und dadurch von den Rittern getrennt.

Im Gegensatz zum Senatorenstand war die Zugehörigkeit zum Ritterstand nicht erblich, auch wenn viele Söhne von Rittern später ebenfalls in diesen Stand aufgenommen wurden. Die Aufnahme erfolgte durch eine Rangerhöhung von Einzelpersonen, nicht von Familien. Für eine Aufnahme in den Ritterstand war ein Mindestvermögen von 400.000 Sesterzen erforderlich. Die Verleihung von Pferd und Titel erfolgte durch den Kaiser. Von daher ist verständlich, dass die Ritter in einem besonders engen Verhältnis zum Kaiser standen. Der jeweilige Präfekt an der Spitze der Verwaltung Ägyptens musste, wie schon erwähnt, immer aus dem Ritterstand kommen, ebenso die beiden Praetorianerpräfekten, die Kommandeure der kaiserlichen Leibwache, und der für die Getreideversorgung in Rom zuständige Beamte. Freilich standen nicht alle Ritter im Dienste des Staates. Ihre Zahl unter Augustus wird auf ca. 20.000 geschätzt, im Laufe der Kaiserzeit dürfte sie noch zugenommen haben. Die Ritter waren nach Herkunft, Reichtum und Funktionsrecht unterschiedlich zusammengesetzt. Ihr Stand war nicht so abgeschlossen wie der der Senatoren. Im übrigen griff Augustus bei höheren Verwaltungsdiensten auf eigene, d. h. kaiserliche Sklaven und Freigelassene zurück.

Die Nachfolge des Augustus war prekär. Einerseits konnte er sein Amt nicht vererben, weil er offiziell die Republik wiederhergestellt hatte und die republikanischen Formen gewahrt wurden. Andererseits war Augustus als Erbe Caesars der Patron einer mächtigen Klientel, in erster Linie des Heeres. Aufgrund dieser sozialen Bindung wäre das dynastische Prinzip in Frage gekommen. In seiner Familie hatte Augustus eine Reihe von Schicksalsschlägen hinzunehmen. Dazu gehörte auch, dass sein ältester Enkel Gaius, den er bereits adoptiert hatte, 4 n. Chr. starb. Daher trat sein Stiefsohn Tiberius an diese Stelle, er wurde ebenfalls adoptiert. Somit war er Erbe des Vermögens und der Klientel des Augustus. Außerdem erhielt er bereits zu Lebzeiten des Augustus die tribunizische und die prokonsularische Gewalt. Damit war die Lösung der Nachfolgefrage gefunden.

Die Zeit von der julisch-claudischen Epoche bis zum Ende des 2. Jh. n.Chr.

Auch wenn die Grundlagen, die Augustus gelegt hatte, in der Folgezeit modifiziert und z.T. erst vollends ausgebildet wurden, so hat er doch durch seine Ordnung den Weg für seine Nachfolger gewiesen. Es gab freilich auch Krisen und Katastrophen als Folge der schwierigen Nachfolgeregelung. So kam es am Ende der julisch-claudischen Dynastie (68 n.Chr.) zum Ausbruch eines Bürgerkrieges, ebenso nach der Ermordung des Commodus (192 n.Chr.), insbesondere da das Heer eingriff. Die prekäre Nachfolgeregelung war durch die Spannung zwischen der Machtfülle des Kaisers und den republikanischen Formen bedingt, doch diese Spannung zeigte sich auch bei der Amtsausübung der Kaiser. Tiberius war gegenüber dem Senat in vielem zu zurückhaltend und verunsicherte ihn dadurch. Andere Kaiser wie Caligula, Nero, Domitian und Commodus betonten dagegen ihre Machtfülle und Gewalt. Beides hatte verheerende Auswirkungen auf den jeweiligen Kaiser wie auf die Senatoren.

Nach Domitians Ermordung (96 n.Chr.) wurde der Senator Nerva von den Praetorianerpräfekten und einigen Senatoren als Kaiser eingesetzt. Er adoptierte bald Trajan, den Statthalter Obergermaniens, der aufgrund seiner langen militärischen Laufbahn beim Heer sehr angesehen war. Die Wissenschaft bezeichnet die Periode, die auf die Adoption Trajans durch Nerva folgt und bis zu Mark Aurel reicht (96–180), als „humanitäres" oder Adoptivkaisertum. Die Adoption bildete aber lediglich den Ersatz für den fehlenden leiblichen Nachwuchs des Kaisers. Die Senatoren sahen das anders: Ihrer Auffassung nach gaben der Konsens zwischen Senat und Volk und die Tüchtigkeit des Adoptierten allein den Ausschlag. Mark Aurel, „der Philosoph auf dem Kaiserthron", zeigte, dass die Adoption eben immer ein Ersatz war; sein leiblicher Sohn Commodus wurde sein Nachfolger. Die Ideologie des Adoptivkaisertums hatte den Anspruch, den Besten und zugleich den siegreichen Herrscher an die Spitze des Staates zu stellen. Im gesamten römischen Reich fand diese Vorstellung begeisterte Zustimmung, wie die Rede des Aelius Aristides zeigt. Aber auch in der Neuzeit war man der Meinung, diese Zeit sei die glücklichste der Weltgeschichte gewesen – wie etwa *Edward Gibbon* und ähnlich auch *Theodor Mommsen.*

Die Zustimmung der Bewohner des Reiches hatte mehrere Ursachen: zum einen war es der äußere Friede, der eine lange Periode der gedeihlichen Entwicklung im römischen Reich ermöglichte, zum anderen war es der innere Friede, die Aufrechterhaltung von Ruhe und Ordnung, und schließlich die Wahrung des Rechtsfriedens.

Der äußere Friede wurde dadurch gewahrt, dass die Kaiser versuchten, die im Vorfeld gelegenen Gebiete mit diplomatischen Mitteln, in der Regel mit Verträgen und bestimmten Leistungen, zu kontrollieren oder die direkte Herrschaft auszudehnen. Befestigte Grenzlinien wie der Hadrianswall bzw. der Wall des Antonius Pius in England oder der obergermanisch-rätische Limes in Deutschland wurden gezogen, wobei es mehrere Etappen gab. Trajan erreichte die größte Ausdehnung des römischen Reiches durch die Eroberung Armeniens und Mesopotamiens (114–116). Doch damit waren die Kräfte des Reiches überzogen, Hadrian gab folgerichtig 117 diese Eroberungen wieder auf. Insgesamt waren die Grenzlinien des Reiches zu lang. Doch im 2. Jahrhundert war die Bedrohung des Reiches von außen noch nicht so groß. Daher reichten die Kräfte zur Abwehr aus.

Im Innern des Reiches kam es zwar immer wieder zu gewalttätigen Ausschreitungen oder Unruhen. Vor allem die jüdischen Aufstände von 66–70/73, von 116/117 und 132-135 sind in diesem Zusammenhang zu nennen. Widersetzlichkeiten wurden nicht geduldet. Wer das römische Bürgerrecht besaß, konnte in der Regel mit einem ordentlichen Verfahren rechnen. Das erklärt auch, weshalb sich der Apostel Paulus in einer schwierigen Situation als römischer Bürger zu erkennen gab und somit seinen Anspruch auf ein ordentliches Gerichtsverfahren anmeldete. Provinzbewohner konnten dagegen vom Statthalter abgeurteilt und mit dem Tode bestraft werden.

In der Kaiserzeit, insbesondere in der Zeit des „humanitären" Kaisertums, hatten die Vorstellungen römischer Rechtsgelehrter großen Einfluss. Nicht allein Privatpersonen, soweit sie das römische Bürgerrecht besaßen, wandten sich an den Kaiser. Auch Städte, Provinziallandtage und Statthalter taten das, denn sie hatten die Gewissheit, dass ihre Anliegen dort nicht nur gehört, sondern auch gemäß dem geltenden Recht entschieden wurden.

Die Einwohnerzahl des römischen Reiches betrug nach moderner Schätzung um 14 n. Chr. wohl über 60 Millionen. Ungefähr 80–90% der Bevölkerung lebten auf dem Land. Dennoch erschienen die Städte als charakteristisch. Die Bezeichnung „das Reich der tausend Städte" ist keine Übertreibung, in Wirklichkeit lag die Zahl der Städte noch höher. Freilich hing es auch von der Dichte der Besiedlung und dem Entwicklungsstand der einheimischen Bevölkerung ab, wieviel Städte in einem Gebiet zu finden waren. So gab es z. B. in Nordafrika, im südlichen Spanien und im südlichen Gallien weit mehr Städte als im nördlichen Gallien, in Britannien oder in den beiden germanischen Provinzen. Freilich gab es Städte unterschiedlicher Rechtsstellung: colonia, die eine Ansiedlung römischer Bürger war, und municipium, was ursprünglich „Bundesstadt" bedeutete. Beide Typen verwiesen auf römisches bzw. latinisches Bürgerrecht. Dazwischen konnte es weitere Abstufungen geben. Diese Unterschiede verwischten sich im Laufe der Kaiserzeit. Die meisten Städte waren Kleinstädte mit einer Einwohnerzahl zwischen 2.000 und 15.000, dann gab es mittelgroße Städte mit 15.000 bis 25.000 Bewohnern; wichtige Hafen- und Handelsstädte hatten bis zu 50.000 Bewohner wie z. B. Ostia oder Köln, die Colonia Claudia Ara Agrippinensium. Relativ wenige Städte hatten eine Einwohnerzahl, die einer heutigen Großstadt vergleichbar ist wie z. B. Alexandria oder Rom selbst. Für Rom liegen die modernen Schätzungen bei ca. 1 Million Bewohner.

Trotz aller Unterschiede waren die Städte in zweierlei Hinsicht einheitlich geprägt: zum einen durch die Bauten, insbesondere die Mittelpunkte städtischen Lebens wie Forum, Basiliken, Thermen, Theater, Amphitheater und Wasserversorgung, zum anderen durch eine ähnliche gesellschaftliche Struktur.

Der Kaiser, die Senatoren, die Ritter und die Gemeinderäte einer Stadt (decuriones) hatten die Möglichkeit, politischen Einfluss auszuüben. Daher nennt man diese Stände auch die Oberschichten des Reiches. Zusammen mit ihren Frauen und Kindern erreichte ihre Zahl wohl kaum 1% der Gesamtbevölkerung des Reiches. Da von den Decurionen ja erwartet wurde, dass sie Kosten für die Errichtung öffentlicher Bauwerke übernahmen oder immer wieder wohltätige Stiftungen machten, war auf diese Weise z. B. der Eintritt in die Thermenanlagen einer Stadt sehr billig oder auch zeitweise kostenlos. Zum anderen waren die Decurionen verpflichtet, für das Reich Verwaltungsaufgaben zu übernehmen, insbesondere den Einzug von Steuern. Die übrigen Bewohner einer Stadt gehörten, auch wenn sie sich in der Rechtsstellung und im Besitz stark voneinander unterschieden, zu den Unterschichten.

Die Sklaven waren im Altertum und gerade auch in der Kaiserzeit keine einheitliche Schicht. Ihnen gemeinsam war, dass sie unfrei waren. Doch konnte ein Arzt oder ein Kassenbeamter der kaiserlichen Finanzverwaltung ebenso Sklave sein wie ein Landarbeiter oder ein Arbeiter im Bergwerk. Außer der Unfreiheit gab es zwischen ihnen keine Gemeinsamkeit. Die Sklaverei war auch nicht in allen Teilen des römisches Reiches gleichermaßen verbreitet. Es gab große regionale Unterschiede. Gerade Sklaven in der Stadt konnten mit ihrem 30. Lebensjahr auf Freilassung hoffen. Häufig war der soziale Unterschied zwischen einem Sklaven und einem freien kleinen Handwerker kaum spürbar. Größer war die Kluft zwischen einem solchen Handwerker und einem freien oder freigelassenen und zu Geld gekommenen Kaufmann. Die Stadt bot mit ihrem differenzierten Handwerk und den vielfältigen Handelsbeziehungen die Möglichkeit, durch Geschick und Glück bei wirtschaftlichen Unternehmungen die eigene Lage zu verbessern.

Das römische Reich besaß ein Straßensystem, das unter Kaiser Trajan ungefähr 80.000 km Fernstraßen (viae publicae) umfasste. In erster Linie war dieses Straßennetz für die Bedürfnisse des Militärs und der Reichsverwaltung geschaffen, doch wurden dadurch auch der Gütertransport und Geschäftsreisen gefördert und erleichtert. Reisen zu Lande und auf dem Wasser waren in der Kaiserzeit sicherer als in der Republik, auch wenn dafür kein moderner Maßstab angelegt werden darf. Außerdem war das Reisen viel beschwerlicher als heute. Für Gütertransporte wurden, soweit es ging, die Wasserwege genutzt. Mit der schwierigen Transportfrage mag es unter anderem auch zusammenhängen, dass sich die Produktionsstätten der roten reliefverzierten Keramik mit glänzendem Überzug, der Terra sigillata, immer näher an die Absatzgebiete heran schoben.

Die Landwirtschaft blieb aber die wirtschaftliche Grundlage des römischen Reiches. Man hat errechnet, dass eine kleinbäuerliche Familie lediglich Subsistenzwirtschaft betreiben konnte, da die Landwirtschaft trotz hoher Arbeitsintensität im Durchschnitt eher geringe Erträge abwarf. Damit war kein großes Vermögen anzuhäufen, wie es die gesellschaftliche Differenzierung und das Städtewesen erforderten. Lediglich der Großgrundbesitz konnte Überschüsse erwirtschaften. Allerdings musste die Möglichkeit gegeben sein, die Produkte zu vermarkten. Insofern spielte das Umland der Städte eine wichtige Rolle für ihre Versorgung. Zugleich produzierte das städtische Handwerk für die Bedürfnisse der landwirtschaftlichen Umgebung. Die landwirtschaftliche Produktion wurde fast ausschließlich auf Einzelhöfen unterschiedlicher Größe betrieben, denen häufig auch ein Handwerksbetrieb wie eine Kalkbrennerei, eine Schmiede oder ähnliches angefügt war. Große Einzelhöfe wurden häufig zum Teil von Sklaven, aber auch von freien Pächtern, den Kolonen, bewirtschaftet. Es gab auch kaiserliche Domänen, denen ein Ritter als Verwalter vorstand; die einheimische Bevölkerung arbeitete als Pächter. Außer den Städten und den Gutshöfen gab es civitates (Gebietskörperschaften), die üblicherweise aus einem größeren Gebiet bestanden und einen Hauptort hatten. Diese Hauptorte ähnelten Kleinstädten, besaßen aber kein Stadtrecht. Daneben gab es noch eine Reihe von kleineren Siedlungen, die sogenannten vici (Dörfer). Sie wirkten jedoch städtischer als ein heutiges Bauerndorf und besaßen in der Regel Marktrecht.

Überall waren Zeugnisse der Götterverehrung, sei es als Tempel, als Bild oder als Statue zu sehen. Die Römer kannten und verehrten eine Vielzahl von Göttern. Sie waren überzeugt davon, dass der ganze Kosmos von Göttern und göttlichen Wesen wie Fluss- und Baumnymphen erfüllt sei. Innerhalb dieser Vielfalt wurde Jupiter als der höchste Gott verehrt. Es gehörte zum Wesen der römischen Religion, alle Riten sorgfältig zu beachten, um keine Gottheit zu vernachlässigen. Damit war nach römischer Auffassung gewährleistet, dass die Götter den Menschen gewogen waren. Aus dieser Haltung erklärt sich die Aufgeschlossenheit der Römer, nicht nur unterworfenen Völkern ihre Art der Götterverehrung zu belassen, sondern auch selbst fremde Gottheiten aufzunehmen und falls möglich, sie den eigenen gleichzusetzen (interpretatio Romana). Bereits Augustus war im Osten des Reiches und in den noch nicht befriedeten westlichen Provinzen als Gott verehrt worden. Im letzteren Fall wurde der Kaiserkult als Mittel der Gewinnung von Zustimmung zum Imperium und zum Herrscher eingesetzt. Seit flavischer Zeit (69–96) diente der Kaiserkult dann überall als der Rahmen, dem Kaiser und dem Reich gegenüber seine Loyalität zu bezeugen. Der Kaiserkult ordnete sich in die religiöse Tradition der Römer ein, er war aber nicht dazu bestimmt, religiöse Gefühle der Menschen zu binden.

Die Krise im 3. Jahrhundert

Nach der Ermordung des Commodus (192) kam es infolge der Rivalitäten der Armeen wie bereits nach Neros Ende zu einem Bürgerkrieg. Septimius Severus, der Legat von Oberpannonien, konnte sich als Kaiser durchsetzen (193–211). Die von ihm begründete severische Dynastie herrschte bis 235. Im Innern war die Lage insgesamt gesehen noch stabil, auch wenn die Klagen der Armen zunahmen, Decurionen zur Erfüllung ihrer Pflichten gedrängt werden mussten und der Metallwert der Münzen sank. Die äußere Lage des Reiches hatte sich bereits seit dem Ende des 2. Jahrhunderts verschlechtert. Den sog. Soldatenkaisern (235–285) gelang es nicht mehr, das Reich zu stabilisieren. Usurpationen und Bürgerkriege wechselten sich ab. Kaiser und Gegenkaiser waren in der Regel Berufssoldaten, sie stammten vor allem aus den ländlichen Rekrutierungsgebieten des Balkan. Kaum einer dieser Kaiser starb eines natürlichen Todes.

Die desolate Lage, die die nachseverischen Kaiser für ein halbes Jahrhundert nicht ändern konnten, hing in erster Linie mit den Veränderungen der äußeren Lage des Reiches zusammen. Durch die Westbewegung der mongolischen Hunnen wurden andere, vor allem germanische Stämme, in Bewegung versetzt. Gegen die Markomannen an der mittleren Donau hatte bereits Mark Aurel gekämpft. Sie stellten im 3. Jahrhundert eine noch größere Bedrohung dar. Weiter schlossen sich die Westgermanen, die in zahlreiche Stämme aufgespalten waren, zu locker organisierten, größeren Stammesverbänden zusammen wie z. B. Alemannen, Franken und Sachsen. Im Osten begann mit der Krönung Ardaschirs (224) der Aufstieg des Sassanidenreiches, das sich auf das alte persische Großreich berief, die römischen Ostprovinzen beanspruchte und sogar den Anspruch auf die Weltherrschaft erhob.

An Rhein, Donau und Euphrat konnten die römischen Heere dem Druck nicht mehr standhalten. Aber auch Ägypten, die syrisch-arabische Grenze und Nordafrika waren nicht mehr vor Einfällen sicher. Zwischen 250 und 275 musste die Provinz Dacia aufgegeben werden. Gallien, z. T. auch Italien und Spanien erlitten germanische Plünderungen. Aber auch die Balkanhalbinsel und Kleinasien wurden von Germanen heimgesucht. Kaiser Decius fiel 251 im Kampf gegen die Goten. 260 geriet Kaiser Valerianus in persische Gefangenschaft. Die desolate Lage des Reiches, dessen Grenzen trotz aller Anstrengungen nicht mehr gehalten werden konnten, begünstigte die Erhebung zahlreicher Kaiser und Gegenkaiser. Allerdings waren die Angriffe von außen nicht koordiniert. Sie wollten auch das Reich nicht zerstören, sondern glichen großen Plünderungszügen. Doch sie brachten Rom einer Katastrophe nahe. Insbesondere die wirtschaftliche Lage verschlechterte sich, was zu einer Geldentwertung und zu einem Ausweichen auf Naturalwirtschaft führte. Freilich wirkte sich das nicht auf alle Reichsteile gleichmäßig aus. Die Gebiete, die von Krieg und Truppenbewegungen verschont blieben, erfreuten sich immer noch ihres Wohlstandes. Die anderen litten umso mehr.

Der Verlust der Stabilität führte zu einer Rückbesinnung auf die traditionellen religiösen Vorstellungen. Das bedeutete keinen Konflikt zwischen der überlieferten römischen Religion und den übrigen polytheistischen Kulten, sondern einen Konflikt mit dem Christentum. Es war wie das Judentum, aus dem es hervorgegangen war, eine monotheistische Religion. Freilich genoß das Judentum den Schutz des Staates. Es war mit dem Volk der Juden verbunden. Zwar lebten die Juden nicht nur in Palästina, sondern auch in der Diaspora. Aber sie konnten nach ihren Geboten in ihren Gemeinschaften leben und waren vom Opfer für den Kaiser, das ja eine Loyalitätsbezeugung war, befreit. Anders verhielt es sich mit den Christen. Das Christentum hatte sich vom Judentum gelöst und sich die Heidenmission zum Ziel gesetzt. Als „Feinde des Menschengeschlechts“ standen die Christen unter dem Verdacht geheimer Ritualverbrechen. Kaiser Nero verfolgte sie in Rom als Brandstifter, um den Verdacht, er habe Rom angezündet, von sich abzulenken. Kaiser Trajan ordnete an, anonyme Anzeigen gegen Christen seien nicht anzunehmen. Nur wenn sie ordnungsgemäß angeklagt würden und sie sich weigerten zu opfern, sollten sie verurteilt werden. Erst unter dem Druck der desolaten Lage des Reiches im 3. Jahrhundert kam es unter den Kaisern Decius und Valerianus zur Christenverfolgung im gesamten römischen Reich, während es sich zuvor um lokale bzw. regionale Verfolgungen gehandelt hatte.

Bis zum Untergang des weströmischen Reiches

Diocletian (284–305) und Constantin (306–337) waren als Kaiser ungleich bedeutender als ihre Vorgänger. Sie waren fest entschlossen, die Einheit und Organisation des römischen Reiches zu bewahren und zu erneuern. Vielfach ist es kaum möglich, bestimmte Maßnahmen mit Sicherheit auf Diocletian oder Constantin zurückzuführen.

Der Erfahrung, wie schwierig der Abwehrkampf an verschiedenen Fronten war, setzte Diocletian das System der Tetrarchie, der Viererherrschaft, entgegen. Die einzelnen Kaiser waren für bestimmte Teile des Reiches zuständig: Diocletian für den Osten und die Euphratgrenze, Galerius für den Balkan, Maximian für Italien, Nordafrika und die obere Donau und Constantius für den Westen mit Gallien und der Rheingrenze. Diocletian und Maximian waren als Augusti den Caesares Galerius und Constantius übergeordnet. Die Caesares waren als Nachfolger der Augusti vorgesehen. Die Eintracht der vier Herrscher war durch Diocletians unbestrittene Autorität gesichert. Nach seinem und Maxentius' Rücktritt (305) kam es zu erneuten Bürgerkriegen. Ihr Ende fanden sie erst, als Constantin der Große, der Sohn des Constantius, Alleinherrscher wurde. Constantin festigte seine Herrschaft, indem er seine Söhne zu Mitkaisern und Nachfolgern erhob.

Einigermaßen erfolgreich war Diocletian bei der Sicherung der Reichsgrenzen, aber die Ansätze zu einer mobilen Feldarmee wurden erst unter Constantin ausgebaut. Die Masse des Heeres stand weiterhin in den Grenzzonen. Zur Finanzierung der Reichsverteidigung wurden die Provinzen geteilt. Dabei verlor Italien seinen Sonderstatus. Das Währungssystem wurde erst unter Constantin auf eine tragfähige Grundlage gestellt, indem er eine neue Goldmünze, den solidus, einführte.

Unter Diocletian wurde das Steuersystem reformiert. Land und Arbeitskräfte, worunter Menschen und Tiere zu verstehen sind, wurden zusammen veranlagt. Diese Organisation erlaubte ein besseres Abschöpfen der vorhandenen Steuerkraft. Zugleich wurde eine Erhöhung der Steuerlast erleichtert, sobald die Ausgaben für Heer und Verwaltung das erforderten. Militärisches Kommando und zivile Verwaltung hatten bislang beim Statthalter in einer Hand gelegen. Das wurde nun geändert. Neben den militärischen Befehlshabern, den Heermeistern (magistri militum), erhielten die Leiter der zentralen Verwaltungsstäbe in der jeweiligen Kaiserresidenz (magistri officiorum) erhebliche Macht.

Die Flut kaiserlicher Verordnungen erweckt den Eindruck einer allumfassenden Reglementierung. In Wirklichkeit konnte wohl vieles nicht durchgesetzt werden, darauf verweist u. a. die häufige Wiederholung von Vorschriften.

Diocletian war von der Unvereinbarkeit des Christentums mit dem römischen Staatswesen überzeugt. Unter ihm kam es zu blutiger Verfolgung der Christen (303–304). Vor allem im Osten des Reiches, wo das Christentum am stärksten war, wurde die Verfolgung durch den Nachfolger Diocletians, Galerius, energisch fortgeführt, während sie im Westen unblutig verlief und wieder eingestellt wurde. In seinem Toleranzedikt von 311 gestand Galerius jedoch sein Scheitern ein und gewährte den Christen Duldung.

Die entscheidende Wende brachte Kaiser Constantin, der im Bürgerkrieg gegen Maxentius 312 den Westen des Reiches gewonnen hatte. Er vereinbarte mit seinem Mitkaiser Licinius im Mailänder Edikt von 313, dass das Christentum gleichberechtigt mit den übrigen Religionen sein sollte. Damit wurde das Christentum noch nicht bevorzugt, aber es ist klar, dass sich das Christentum auf Dauer von seinem Anspruch her mit dieser Regelung nicht zufrieden geben konnte. Kaiser und christliche Kirche gingen ein Bündnis ein. Zwar gewann die Kirche neben der Sicherheit auch materielle Förderung, aber sie musste die Mitsprache des Kaisers auch bei dogmatischen Fragen dulden. Der Kaiser gewann an sakraler Weihe, wurde aber auch in die zahlreichen religiösen Spaltungen und Streitigkeiten mit hineingezogen. Lediglich Kaiser Julianus (361–363) versuchte letztlich erfolglos eine Restauration des Heidentums.

Schließlich verbot Kaiser Theodosius (379–395) heidnische Kulte und Opferriten. Das Christentum wurde Staatsreligion. Doch die traditionellen polytheistischen Kulte besaßen bei den Angehörigen der Oberschicht sowie bei der Landbevölkerung (pagani) immer noch zahlreiche Anhänger, wenn auch nur im Verborgenen.

382 gelang es Kaiser Theodosius nach schweren Kämpfen, mit den Westgoten einen Frieden zu schließen, indem er sie völkerrechtlich anerkannte und sie an der unteren Donau auf Reichsgebiet ansiedelte. Sie konnten dort nach ihren Gesetzen und steuerfrei leben.
Theodosius hatte noch vor seinem Tod 395 bestimmt, dass seine beiden noch minderjährigen Söhne die Herrschaft übernehmen sollten, einer im Osten, der andere im Westen. Ihnen zur Seite standen zwei magistri militum, im Osten war es der Gote Gainas, im Westen der Vandale Stilicho. Zwischen den Höfen der beiden Herrscher brach bald ein Konflikt aus. Ob mehr Einigkeit die Flut der Völkerwanderung zumindest aufgehalten hätte, ist fraglich. Im ersten Viertel des 5. Jahrhunderts brachen germanische Stämme über die westlichen Provinzen herein, bedingt durch die Stoßrichtung der Hunnen. Im Dezember 406 fiel die Rheingrenze: Vandalen, Alanen und Sueben strömten nach Gallien, die fränkischen foederati konnten die Eindringlinge nicht mehr aufhalten. Im Norden allerdings bildete der Rhein noch ungefähr eine Generation lang die Grenze. 410 nahmen die Westgoten unter ihrem König Alarich Rom ein und plünderten es. Germanen nahmen Spanien in Besitz, von Spanien aus fielen die Vandalen in Nordafrika ein. 451 besiegte der Reichsfeldherr Aetius mit Hilfe westgotischer und anderer germanischer Verbündeter die Hunnen, dennoch war das Auseinanderfallen des weströmischen Reiches nicht mehr aufzuhalten. Schließlich blieb das weströmische Kaisertum ein Spielball verschiedener germanischer Heermeister, bis schließlich einer von ihnen, Odoaker, den letzten Kaiser Romulus Augustulus – ein Kind – 476 absetzte und von seinen germanischen Truppen zum König ausgerufen wurde. Aber da war Westrom beinahe nur noch auf Italien beschränkt. Dem oströmischen Reich dagegen gelang die Abwehr der Völkerwanderung, auch indem z. B. die Westgoten nach Italien abgelenkt wurden.

C Chronik

seit dem 10. Jh.v.Chr.	Kontinuierliche Siedlungsspuren auf dem Palatin
753	Von den Römern errechnetes Gründungsdatum Roms
7./6.Jh.?	Gründung der Stadt Rom

Republikanische Zeit

um 470?	Ende des etruskischen Stadtkönigtums
um 450	Kodifikation des geltenden Rechts (Zwölftafelgesetz)
390	Niederlage der Römer durch die Kelten an der Allia
ca. 470–300	Ständekämpfe zwischen Patriziern und Plebejern
340–338	Latinerkrieg
zwischen 326 und 290	Samnitenkriege (mit Unterbrechungen)
280–272	Krieg gegen Pyrrhos von Epirus, gegen Samniten und Lukaner: Unterwerfung Süditaliens
264–241	Erster Punischer Krieg
237	Sardinien und Korsika von Rom annektiert
229/8 und 219	Illyrische Kriege
225–222	Krieg gegen die Kelten Oberitaliens
218	Verbot von Handelsgeschäften für Senatoren
218–201	Zweiter Punischer Krieg
200–197	Krieg gegen Philipp V. von Makedonien
191–188	Krieg gegen Antiochos III.
171–168	Krieg gegen Perseus von Makedonien: Ende der makedonischen Monarchie
154–133	Spanischer Krieg: 133 Zerstörung Numantias
149–146	Dritter Punischer Krieg: Zerstörung Karthagos
146	Zerstörung Korinths
136/5–132	Erster Sklavenkrieg auf Sizilien
133	Pergamon fällt als Erbschaft an Rom
133 u. 123/22	Reformversuche des Tiberius und des Gaius Gracchus
112–105	Jugurthinischer Krieg in Afrika
104–101	Zweiter Sklavenkrieg auf Sizilien
102/01	Vernichtung der Kimbern und Teutonen
91	Reformversuch des Livius Drusus
91–89	Bundesgenossenkrieg
87–83 und 74–64	Kriege gegen Mithradates von Pontus
83–80	Bürgerkrieg und Neuordnung des Staates durch Sulla
73–71	Spartakusaufstand
63	Neuordnung des Ostens durch Pompeius
60	Bündnis zwischen Pompeius, Caesar und Crassus, um ihre politischen Interessen durchzusetzen (1. Triumvirat)
58–50	Eroberung Galliens durch Caesar
49–45	Bürgerkrieg zwischen den Pompeius und seinen Anhängern und Caesar
44	Caesars Ermordung
43/42	2. Triumvirat und Niederlage der Republikaner
31/30	Sieg Octavians über Marcus Antonius und Annexion des ptolemäischen Ägypten

Kaiserzeit

27 v. Chr. – 14 n. Chr.	**Augustus**
15–12 v.Chr.	Unterwerfung des Alpenraums
12 v.Chr. – 9 n.Chr.	Unterwerfung der Balkanhalbinsel und Feldzüge in Germanien
14–68	**Die julisch-claudische Dynastie** Tiberius 14–37; Gaius (Caligula) 37–41; Claudius 41–54; Nero 54–68.
68/69	Vierkaiserjahr, Bürgerkrieg
69–96	**Die flavische Dynastie** Vespasian 69–79; Titus 79–81; Domitian 81–96
96–180	**Das „humanitäre" oder „Adoptiv"kaisertum** Nerva 96–98; Trajan 98–117; Hadrian 117–138; Antoninus Pius 138–161; Mark Aurel 161–180
43–84	Unterwerfung Britanniens
66–70	Erster jüdischer Aufstand, Zerstörung Jerusalems
106–116	Errichtung der Provinzen Arabia, Dacia, Armenia, Mesopotamia und Assyria
132–135	Zweiter jüdischer (Bar Kochba-)Aufstand
180–192	Commodus
193/94	Bürgerkrieg, Fünfkaiserjahr
193–235	**Die severische Dynastie** Septimius Severus 193–211; Caracalla 211–217; Elagabal 218–222; Severus Alexander 222–235
212	Verleihung des römischen Bürgerrechts an alle freien Reichsbewohner durch Kaiser Caracalla
224	Aufstieg des Sassanidenreiches (Ardaschir)
235–284	**Das Zeitalter der Soldatenkaiser**
250/51 und 258/59	Reichsweite Christenverfolgungen
260	Gefangennahme des Kaisers Valerian durch Schapur I. von Persien
258/60–273	Sonderreiche in Gallien und im Orient (Palmyra)
285–305	**Kaiser Diocletian und die Tetrarchie**
303–311	Christenverfolgung, vor allem im Osten
306–337	**Kaiser Konstantin der Große**
311	Toleranzedikt des Galerius
313	Gleichberechtigung des Christentums mit den übrigen Religionen, Mailänder Edikt
361–363	Kaiser Julianus versucht eine Restauration des Heidentums
376/78	Beginn der Völkerwanderung
379–395	**Kaiser Theodosius** Das Christentum wird Staatsreligion. Nach seinem Tod Teilung des Reiches unter die Söhne.
410	Roms Einnahme durch die Westgoten
476	Absetzung des letzten weströmischen Kaisers Romulus Augustulus

D Glossar

Amphitheater
Um den meist ovalen Spielplatz herumgeführte, stufenweise ansteigende Sitzreihen. Hier wurden meist Schaukämpfe, Tierhetzen und Gladiatorenkämpfe aufgeführt.

Augustus
Der Erhabene. Dieser Name wurde dem Adoptivsohn Caesars, C. Julius Caesar Octavianus, 27 v. Chr. vom Senat verliehen.

Basilica
Eine überdeckte, meist mehrschiffige Halle mit ausgeprägter Längsachse. Diese Bauten konnten verschiedene Zwecke erfüllen, z. B. wurden darin Gericht und Markt abgehalten, später diente ihre Bauform als Vorbild für den Kirchenbau.

Bundesgenossen
Rom hatte während seiner Expansion in Italien viele unterworfene Stämme zu Bundesgenossen erklärt. Sie behielten ihre innerpolitische, wirtschaftliche und kulturelle Freiheit, mussten aber Kontingente für das römische Heer stellen und römische Kolonien (s. d.) dulden.

Circus
Eine langgestreckte Arena (ca. 600 x 100 m) für Wagenrennen, manchmal auch für Pferderennen. Auf den beiden Längsseiten befanden sich parallele, auf einer Schmalseite halbkreisförmige, übereinander gestufte Zuschauerreihen, auf der anderen Seite ein großes Eingangstor sowie die Sitze für die Veranstalter und die Preisrichter. Die Arena wurde in der Längsachse geteilt durch die zu umfahrende spina („Rückgrat"), an deren Enden Säulchen standen, um die Kurve zu markieren.

Civitas
Gebietskörperschaft. Ein städtischer Hauptort, jedoch ohne Stadtrecht, mit mehreren kleineren städtisch wirkenden Siedlungen (s. vicus)

Dekurionen
Im zivilen Bereich: Mitglieder des Stadtrates; im militärischen Bereich: Kommandeure von Reitereinheiten (turmae)

Diktator
Ein außerordentlicher Magistrat mit höchster Befehlsgewalt, der bei einem Staatsnotstand von einem Konsul für höchstens sechs Monate ernannt wurde. In seiner ursprünglichen Gestalt ist das Amt seit 202 v. Chr. nicht mehr bezeugt. Sulla benützte die Diktatur zur Neuordnung des Staates, Caesar versuchte das Amt zur Grundlage seiner Alleinherrschaft zu machen.

Duumviri
Die beiden höchsten Magistrate in den Städten innerhalb und außerhalb Italiens, aber nicht in Rom, die in der Regel für ein Jahr aus dem Kreise der Dekurionen (s. d.) gewählt wurden.

Fiscus
Urspr. Korb zur Geldaufbewahrung. Augustus nannte seine verschiedenen Einzelkassen fisci.

Foederati
Die Verbündeten. In der Spätantike handelte es sich um Angehörige von Stämmen wie die Franken, mit denen Rom einen Vertrag geschlossen hatte.

Forum
Marktplatz, später häufiger politischer Repräsentationsplatz

Homo novus
„Neuling", Emporkömmling, der als erster seines Geschlechts in den Senat eintritt, insbesondere Konsul wird.

Iden
Die Monatsmitte, der 15. Tag im März, Mai, Juli und Oktober, sonst der 13. Tag im römischen Kalender

Interpretatio Romana
Diese Formel bezeichnet die Gewohnheit der Römer, den fremden Göttern die Namen ihrer eigenen Götter zu geben oder voranzustellen, wenn irgendeine Wesensähnlichkeit oder -gleichheit dazu Anlass gab.

Jupiter, Juno und Minerva
Jupiter war der höchste römische Gott. Er galt als Beherrscher des Himmels, Schützer von Recht und Wahrheit. Juno war die Schutzgöttin der Frauen sowie Stadtherrin, Minerva wurde als Schutzgöttin Roms und der Handwerker verehrt. Diese drei Götter wurden als kapitolinische Trias in einem großen Tempel auf dem Kapitol (s. d.) verehrt.

Kapitol
Einer der sieben Hügel Roms. Wegen des großen Tempels für die kapitolinische Trias (s. Jupiter, Juno und Minerva) und anderer Kultstätten galt er als Sinnbild der Größe und Macht des römischen Staates.

Klientel
Ein Klient ist dem ursprünglichen Wortsinn nach der „Hörende", „Gehorchende". Das Verhältnis zwischen Herrn und Klienten wandelte sich im Laufe der Zeit, doch bis zum Ausgang der römischen Republik war die Klientel entscheidendes Strukturelement des politischen und sozialen Lebens. Der Klient hatte das Prestige seines Schutzherrn zu stärken, er erhielt dafür wirtschaftliche Vorteile und Rechtsschutz. Die Klientel bestand auch in der Kaiserzeit, allerdings hatte sie ihre politische Bedeutung für den Schutzherrn verloren.

Kolonen
Pächter. Die großen Güter wurden nicht nur von Sklaven, sondern auch von freien Pächtern bewirtschaftet, insbesondere als sich ein Mangel an Sklaven abzeichnete. Seit 332 . Chr. wurden die Kolonen an die Scholle gebunden, um möglichst die Arbeitskraft und die Übersicht über die Steuerkraft zu sichern.

Kolonien
Ursprünglich waren Kolonien Ansiedlungen von Römern oder Latinern in erobertem Gebiet in Italien. Einerseits sollten diese Siedlungen den besiegten Feind niederhalten, andererseits dienten sie der Versorgung der ausgedienten Soldaten. Erst seit Caesar treten Kolonien in den Provinzen hervor. In der Kaiserzeit wurde der Titel Colonia auch als Ehrung oder Belohnung verliehen.

Limes
Erst seit Ende des 1. Jhs.n.Chr. bedeutet das Wort Reichsgrenze. Das Aussehen der Grenzen des römischen Reiches hing von den örtlichen Gegebenheiten ab und wandelte sich im Laufe der Zeit.

Nobilität
Zur Nobilität gehörten alle Familien, deren Angehörige zum obersten Staatsamt, dem Konsulat, aufgestiegen waren.

Optimaten
„Die Besten". Bezeichnung für die Nobilität (s. d.). Seit der späten Republik bezeichnen sich die Verfechter der Senatspolitik als Optimaten (vgl. Popularen).

Patrizier
Angehörige der Adelsgeschlechter, deren Familienoberhäupter im Senat saßen

Plebejer
Die Masse der römischen Bürger im Gegensatz zu den Patriziern (s. d.)

Popularen
„Volksmänner". In der späten Republik werden damit die Politiker bezeichnet, die, gestützt auf die Volksversammlung, gegen die Senatsmehrheit agitierten. Das Wort bezeichnet nur die Methode, nicht eine Partei.

Praefekt
Der Vorgesetzte, der an die Spitze eines Amtes gesetzte

Procurator
Titel der von Augustus für die Aufgaben der Finanzverwaltung eingesetzten Beamten.

Proskriptionen
Eigentl. die Bekanntmachung, dann das „Schreckenswort" in der späten Republik. Sulla ließ 82 v. Chr. die Namen der Geächteten auf Tafeln veröffentlichen. Sie waren vogelfrei, ihr Vermögen fiel an den Staat; wer einen Proskribierten tötete, erhielt eine Prämie. 43 n. Chr. veröffentlichten Antonius, Lepidus und Octavianus abermals Listen geächteter Gegncr.

Provinz
Verwaltungsbezirk außerhalb Italiens in unterworfenen Gebieten. Sizilien wurde 241 v. Chr. die erste Provinz.

Res publica
Öffentliche Angelegenheit, Sache des Volkes. Die Römer kannten kein Wort, das unseren Begriff „Staat" völlig deckt. Die res publica ist nicht Trägerin staatsrechtlicher Funktionen. So wurden Verträge nur von Vertretern des senatus populusque Romanus abgeschlossen.

Ritter
Angehöriger des Ritterstandes. Um Ritter zu werden, war ein Mindestvermögen erforderlich. Der Rang war nicht vererblich.

Senat
In der Königszeit Rat der Alten, in dem die Häupter der patrizischen Geschlechter saßen. In der Republik gewann der Senat den entscheidenden Einfluss auf die Politik. Seine Zusammensetzung änderte sich. So wurden angesehene Plebejer in den Senat aufgenommen, seit 200 v.Chr. auch gewesene Magistrate. Die Senatoren trugen einen breiten Purpurstreifen an ihrer Toga. In der Kaiserzeit verlor der Senat seinen Einfluss auf die Politik.

Ständekämpfe
Moderne Bezeichnung des Kampfes der Plebejer um die politische Gleichberechtigung mit den Patriziern, insbesondere um den Zugang zu Staatsämtern, ca. 500–287 v. Chr. Im 5. Jh. erhielten sie das Recht, zur Vertretung ihrer Interessen zwei Volkstribunen (s. d.) zu wählen. Deren Zahl wurde später auf zehn erhöht.

Steuerpacht
Staatliche Einkünfte wie Steuern und Zölle wurden im Auktionsverfahren dem meistbietenden publicanus oder einer Gesellschaft von publicani vergeben. Die publicani mussten der Staatskasse einen Vorschuss zahlen, Sicherheiten stellen und jährlich eine festgelegte Summe entrichten. Somit konnte der Staat mit einem festen Einkommen rechnen und ersparte sich die Kosten der Steuerverwaltung. Die Nachteile waren, daß die publicani die Provinzen aussaugten und schädlichen Einfluss auf auf das öffentliche Leben ausübten. Unter Augustus wurden für die Finanzverwaltung eigene Beamten eingesetzt (vgl. procurator).

Terra sigillata
Gutes römisches Geschirr der Kaiserzeit mit stark glänzender rot gebrannter Glasur

Tetrarchie
Viererherrschaft

Theater
Die Sitzreihen steigen im Halbrund auf, die Rückwand der Bühne ist im Gegensatz zum griechischen Theater als hochragende Architekturfront ausgebildet.

Thermen
Mit Heizung ausgestattete, weiträumige öffentliche Badeanlagen der Kaiserzeit

Tribus
Abteilung der römischen Bürgerschaft. Im 5. Jh. v. Chr. erfolgte eine Neueinteilung nach Wohnsitzen. Unabhängig von ihrer Stärke hatten die Tribus in der Volksversammlung (s.d.) gleiches Stimmrecht.

Vicus
1. Innerhalb einer Gebietskörperschaft mit Hauptort (civitas s. d.) eine kleinere Siedlung, meist mit Marktrecht. 2. Lagerdorf bei einem Kastell, das unter militärischer Verwaltung stand.

Volkstribunat
Plebejisches Amt, das in den Ständekämpfen (s. d.) den Plebejern von den Patriziern zugestanden wurde. Die Macht der Volkstribunen beruhte auf der Unverletzlichkeit ihrer Person und dem Recht, ihr Veto gegen jede Handlung des Magistrats oder einen Senatsbeschluss einzulegen.

Volksversammlung
Die römische Volksversammlung (comitium) war, sofern sie abstimmte, nach Curien, Centurien und Tribus gegliedert. Ihre Beschlüsse ergaben sich aus der Abstimmung der Gruppen, nicht aus der Mehrheit der abgegebenen Einzelstimmen. Die aus der Königszeit stammende Versammlung der Curien hatte wenig politischen Einfluss. In den comitia centuriata, die in Anlehnung an die Gliederung im Heer geordnet waren, hatten die Wohlhabenden immer starkes Übergewicht. Sie stimmten über Krieg und Frieden ab und wählten die wichtigsten Magistrate. Die comitia tributa (vgl. tribus) waren nach Wohngebieten gegliedert. Die Reihenfolge der Abstimmung wurde jeweils vom Los bestimmt. Sie wählten die Volkstribunen und die niederen Magistrate. Den Comitien ging regelmäßig eine Versammlung (contio) voraus, in der diskutiert werden konnte. In den Comitien konnte nur abgestimmt werden.

Zwölftafelgesetz
Aus sozialen und politischen Spannungen zwischen Patriziern und Plebejern und dem Bedürfnis nach Rechtssicherheit kam es wohl um die Mitte des 5. vorchristlichen Jahrhunderts zu einer Kodifizierung des Rechtes. Die originalen Zwölftafeln sind nicht mehr vorhanden, doch der Text ist in literarischen Quellen überliefert.

E Unterrichtshilfen

1. Das römische Reich und die Gründungssage Roms

Einführung (vgl. Basiswissen S. 7)
Über die römische Frühzeit ist relativ wenig bekannt. Die Gründungssage wird heute als spätere historiographische Konstruktion bezeichnet, bei der wahrscheinlich Griechen beteiligt waren. Nachdem die Römer griechische Bildung angenommen hatten, haben sie diese Erzählungen aufgegriffen und an ihnen weitergearbeitet. Von der politischen Geschichte Roms während der Königszeit ist wenig bekannt. Archäologische Ausgrabungen auf dem Palatin reichen bis ins 10. Jahrhundert v. Chr. Der Kapitolshügel dürfte den sakralen Mittelpunkt der verstreut liegenden Siedlungen gebildet haben. Ab wann diese Streusiedlungen als Stadt bezeichnet werden können, ist ungewiß. Sicher kann die Stadt nicht ohne die Hilfe der Etrusker entstanden sein, und Rom hat während der Königszeit noch nicht, wie die Tradition behauptet, eine führende Rolle gespielt.

Didaktische Hinweise
Die Karte, die die verschiedenen Phasen der Expansion Roms verdeutlicht, wurde an den Anfang gestellt, um die geographische Lage und die Ausdehnung des römischen Reiches zu verdeutlichen. An ihr lässt sich ablesen, wie lange es dauerte, bis Rom über Italien hinaus griff; zum anderen wird die rasche Expansion im 2. und 1. Jahrhundert v. Chr. vor Augen geführt. Dieses Wissen ist die notwendige Grundlage, um die Rückwirkungen der raschen Expansion auf die römische Gesellschaft und somit die Krise der späten Republik verstehen zu können. Eine Sage spricht die Schüler erfahrungsgemäß an. Ein weiterer Vorteil ist, dass den Schülern Sagen im allgemeinen bekannt sind, dass sie auch wissen, dass der Blickwinkel der Sage nicht der einzige ist. Von daher sind sie auch bereit, nachzufragen, herauszufinden, was der historische oder sachliche Hintergrund ist, was man aus der jahrhundertelangen Tradition der Sage schließen kann. Durch das Nacherzählen der Sage und zugleich durch die Wahl, ob sie nur eine oder beide Versionen vom Ende des Remus erzählen wollen, merken die Schüler, wie wichtig die Entscheidung des Erzählers ist. Zugleich müssen sie aufgrund der ihnen zugewiesenen Rolle überlegen, was sie für adressatengerecht halten.

Zu den Materialien

Übersicht

Themen	Methoden	Materialien
Das Römische Reich zur Zeit seiner größten Ausdehnung	Kartenarbeit, Arbeitsblatt Aufgaben	M 1.1
Die Sage von der Gründung Roms	Textarbeit, Nacherzählung, Aufgaben Bildarbeit, Aufgaben Bildarbeit, Aufgabe	M 1.2 M 1.3 M 1.4
Archäologische Zeugnisse	Bildarbeit, Aufgaben	M 1.5

M 1.1 Das römische Reich zur Zeit seiner größten Ausdehnung
Die geforderte Kartenarbeit soll die Verbindung von unserer Gegenwart zur römischen Vergangenheit herstellen. Zugleich werden auf diese Weise klare geographische Vorstellungen von der Größe des römischen Reiches vermittelt; darüber hinaus erhalten die Schüler einen guten Einblick in die zeitliche Dimension der römischen Expansion.

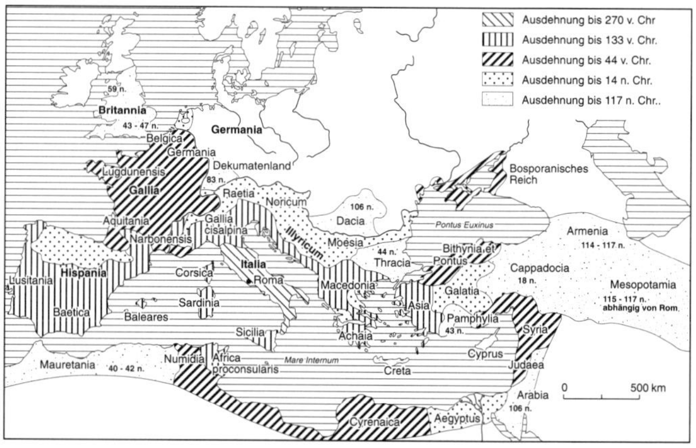

Lösung der Aufgaben
a) England (großenteils), Portugal, Spanien, Frankreich, Belgien, Niederlande, Luxemburg, Schweiz, Liechtenstein, Teile Deutschlands, Österreichs, Ungarns, Rumä-

niens, Italien, Slowenien, Kroatien, Jugoslawien, Bulgarien, Albanien, Griechenland, Teile Marokkos, Algeriens, Tunesiens und Libyens, Türkei, Gebiete von Rußland, Ägypten, Teile Syriens, Libanon, Israel, Jordanien, Teile des Iran, Irak.
b) um 270 v. Chr. Italia
um 133 v. Chr. Hispania, Narbonennsis, Corsica, Sardinia, Sicilia, Africa proconsularis, Gallia cisalpina, Dalmatia, Macedonia, Achaia, Asia
um 44 v. Chr. Gallia, Numidia, Cyrenaica, Bithynia et Pontus, Bosporanisches Reich, Cilicia, Syria, Judaea
um 14 n. Chr. Nordspanien, Gebiet östlich der Rheinmündung, Raetia, Noricum, Pannonia, Illyricum, Moesia, Gebiete Griechenlands, Galatia, Aegyptus
um 117 n.Chr. Britannia, Dekumatland, Mauretania, Dacia, Thracia, Pamphylia et Lycia, Cappadocia, Armenia, Mesopotamia, Arabia

M 1.2 Die Sage von der Gründung Roms
Die Sage von der Abstammung der Römer von Aeneas und der Gründung Roms ist wohl eine Konstruktion, die von Griechen beeinflusst wurde und die die Römer dann weitererzählt und ergänzt haben. Für die Römer war sie jedoch die Geschichte der Gründung Roms. Das zeigen nicht nur die Überlieferung bei Livius, sondern auch die zahlreichen Statuen, Münzen und Reliefs.

Lösung der Aufgaben
a) Die Schüler sollen die Sage nacherzählen.
b) Der Trojanische Krieg wird in dem Epos Ilias von Homer überliefert. Zehn Jahre lang sollen die Griechen gegen Troja gekämpft haben, bis es eingenommen war. Die Sage dürfte einen historischen Kern besitzen, wie auch die Ausgrabungen in Troja zeigen.
c) Bei vielen Völkern hat der erstgeborene bzw. der ältere Sohn mehr Rechte als der jüngere.
d) Die Mauer sollte zeigen, wieweit das Gebiet der Stadt reichte.
e) Die Aufgabe ist je nach lokaler Gegebenheit zu lösen.

M 1.3 Altar aus dem 2. Jahrhundert n. Chr.
Altar aus Ostia mit Darstellungen aus der römischen Sage, Marmor, Nationalmuseum, Rom.
Der Altar ist reich verziert. An den vier Ecken befinden sich Ziegenköpfe, von denen Girlanden herabhängen. Die abgebildete Seite zeigt die Zwillinge Romulus und Remus, die in einer Höhle von einer Wölfin gesäugt werden. In der Nähe lehnt sich eine männliche Gestalt zurück, die Personifikation des Tiberflusses. Auf der Höhle sitzt ein Adler, auf dem Berg ein Mann, der einen Baum umfasst. Er wird als Personifikation des Palatin-Hügels aufgefasst. Zwei Hirten, an ihrem Krummstab zu erkennen, betrachten die außergewöhnliche Szene.
Die hier nicht sichtbare Gegenseite zeigt den Kriegsgott Mars und Rhea Sivia, die Eltern der Zwillinge. Auf den Seiten sind Symbole des Mars und Amoretten, die Begleiter der Venus, zu sehen.

Lösung der Aufgaben
a) Die Beschreibung, ohne Deutung, ist von den Schülern zu leisten.

b) Der Altar zeigt, dass noch im 2. Jahrhundert n. Chr. die Sage von Romulus und Remus nicht nur bekannt, sondern auch beliebt war.

M 1.4 Die Kapitolinische Wölfin

a

b

Zur Bronzefigur: Die Wölfin war dem Kriegsgott Mars heilig. Aus dem 1. Jahrhundert v. Chr. wird überliefert, ein Blitz habe ein ehernes Standbild der Wölfin getroffen und von seiner Basis herabgeworfen. Ob es sich um die hier abgebildete Skulptur handelt, die heute im Konservatorenpalast in Rom steht, ist nicht gesichert.
Zur Silbermünze: Im 3. Jh. v. Chr. ging Rom vom Kupfergeld zur Silberwährung über. Das hatte nicht nur den Vorteil, dass die Münzen handlicher wurden, sondern man paßte sich der griechischen Silberwährung an, was den Handel mit dem griechischen Bereich erleichterte. Anfänglich prägte man diese Münzen nicht in Rom, sondern in Kampanien, das seit 338 v. Chr. unter römischer Oberhoheit stand. Wann genau die Münzprägung nach Rom verlegt wurde, ist umstritten. In der Forschung werden verschiedene Ansätze von 269 v. Chr. bis 187 v.Chr. diskutiert.

Lösung der Aufgabe
– Die Römer waren überzeugt, dass ihre Stadt ohne die Wölfin, die die zukünftigen Stadtgründer rettete, nicht gegründet worden wäre. Daher bildeten sie die Wölfin häufig ab.

M 1.5 Archäologische Zeugnisse: Hüttenboden auf dem Palatin und Begräbnisurne
Die Stadtgründung Roms erfolgte sicher nicht ohne die Etrusker. Interessant ist, dass die Römer vieles, insbesondere auch die Beobachtung des Vogelflugs, der Blitze und die Eingeweideschau, um den Willen der Götter festzustellen, von den Etruskern übernahmen. In der lateinischen Sprache, die zu der indogermanischen Sprachgruppe gehört, erhielten sich jedoch nur wenige etruskische Wörter.
Obgleich die ersten Siedlungsspuren auf dem Palatin ins 10. Jahrhundert zurückgehen, gehören die abgebildeten

aus dem Tuff gehauenen Hüttenböden nur ins 8. Jahrhundert v. Chr. Es handelt sich um rechteckige oder ovale Hütten. Pfosten wurden durch Löcher im Tuffboden besser verankert. Außerhalb der Hüttenwand war im Abstand von ca. 50 cm ein Abflusskanal für das Regenwasser angelegt. Der Aufbau dieser Hütten lässt sich an den Hausurnen erkennen. Die Wände bestanden vermutlich aus Rohrgeflecht oder Zweigen, die mit Lehm verschmiert waren. Das mit Stroh gedeckte Dach wies Öffnungen für den Rauchabzug auf. Es handelte sich um eine kleine, nicht sehr wohlhabende Siedlung.

Lösung der Aufgaben
a) Es handelt sich um Pfostenlöcher.
b) Wenn die Asche des Toten in einer Hausurne bestattet wurde, ist das ein Zeichen dafür, dass man wünschte, der Tote möge auch nach seinem Tode so wie zu Lebzeiten wohnen.
c) Toscana
d) Die Sprache des Aeneas war sicher eher dem Griechischen verwandt.

2. Die Expansion Roms und ihre Folgen

Einführung (vgl. Basiswissen S. 8 f.)
Die rasche Expansion Roms seit dem 3. Jahrhundert v. Chr. ist nicht das Ergebnis eines römischen „Imperialismus“, ein Wort, das erst im 19. Jahrhundert entstanden ist und auch die Entwicklungen der Industriellen Revolution mit einbezieht. Die Römer reagierten zunächst auf Herausforderungen, wobei sich im Laufe der Zeit ihre Zielsetzungen verschoben und ausweiteten. Es wurde immer deutlicher, dass die zunehmenden Aufgaben, die die enorme Ausdehnung des römischen Herrschaftsgebietes mit sich brachten, nicht mehr mit den gewohnten Mitteln einer aristokratisch geprägten stadtstaatlichen Verwaltung zu lösen waren. Insbesondere die herausragende Stellung einzelner Senatoren, die notgedrungen mit langen auswärtigen Militärkommandos betraut werden mussten, zerstörten den Konsens innerhalb der Senatsaristokratie. Dazu belasteten die Verarmung der Kleinbauern als Folge der langen auswärtigen Kriege, der Überfluss an Sklaven vor allem durch die Kriegsgefangenen sowie die Herausbildung des Großgrundbesitzes das römische Gemeinwesen immer stärker, ohne dass eine wirksame Abhilfe geschaffen wurde bzw. aufgrund der Struktur möglich war. Eine weitere Belastung war, dass aufgrund dieser aristokratisch geprägten Struktur von den Amtsinhabern verlangt wurde, aus eigenen Mitteln ohne formelle Bezahlung ihre Ämter auszuüben. Das musste zur Suche nach Möglichkeiten der Bereicherung führen, was insbesondere die Provinzbewohner zu spüren bekamen.

Didaktische Hinweise
Es wird von der Alterstufe der Schüler abhängen, mit welcher Ausführlichkeit die Expansion Roms und ihre Folgen behandelt werden können. In der Sekundarstufe II bestehen keine Schwierigkeiten, die Texte und die Hintergründe ausführlich zu behandeln. Bei Schülern der Sekundarstufe I hängt es auch davon ab, ob es sich um Schüler der 5. oder der 7. Jahrgangsstufe handelt. Gegebenenfalls wird man lediglich einige Aspekte der Thematik behandeln. Wichtig ist jedenfalls, dass auf die Karte (s. M 1.1) erneut Bezug genommen wird. Zudem muss der Lehrer durch Hintergrundinformationen die Texte auf ihren jeweiligen historischen Zusammenhang beziehen, damit sie in ihrer Bedeutung von den Schülern richtig erfasst und eingeordnet werden können.

Zu den Materialien

Übersicht

Themen	Methoden	Materialien
Roms schnelle Ausdehnung	Kartenarbeit, Wiederholung	M 1.1
Urteile über die Ausdehnung Roms	Textarbeit Textarbeit, Kartenarbeit Textarbeit Textarbeit	M 2.1 M 2.2 M 2.3 M 2.4
Folgen der Ausdehnung Roms	Textarbeit Textarbeit	M 2.5 M 2.6

M 2.1 Sallust: Ein Brief des Königs Mithradates von Pontos

Der Brief des Königs Mithradates von Pontos ist vermutlich eine Erfindung des römischen Schriftstellers Sallust und nicht eine Originalquelle. Er ist somit in erster Linie Zeugnis für die Beurteilung der Ereignisse durch Sallust. Die Kindheit und Jugend des Schriftstellers fielen in die Zeit der Mithradatischen Kriege. Andererseits konnte sich Mithradates von Pontos auf die den Römern feindliche Stimmung der Bevölkerung Kleinasiens stützen. Sonst hätte sein Blutbefehl von Ephesus (88 v. Chr.), in einer einzigen Nacht alle Römer und Italiker in Kleinasien zu ermorden, nicht so viele Todesopfer, etwa. 80.000 Menschen, gefordert.

M 2.2 Diodor über die Ausdehnung Roms

Diodor unterscheidet zwischen der anfänglichen Expansion, bei der sich die Römer gegenüber den Besiegten maßvoll und politisch weitblickend verhielten, und der Expansion im 2. Jh. v. Chr. Hier bietet es sich an, die Karte mit den Phasen der römischen Expansion (M 1.1) und die im Anschluss daran erstellte Liste wieder heranzuziehen und auf die strukturellen Schwächen des auf stadtstaat liche Verhältnisse zugeschnittenen römischen Gemeinwesens zu verweisen.

M 2.3 Pausanias über die Zerstörung Korinths

Pausanias schrieb erst in der 2. Hälfte des 2. nachchristlichen Jahrhunderts. Sein Bericht verdeutlicht das von Diodor geschilderte Vorgehen und zeigt zugleich, wie lebendig die Erinnerung an diese Taten auch noch nach Jahrhunderten war.

M 2.4 Vergil über die Bestimmung der Römer

Die Verse Vergils stammen aus dem 6. Buch der Aeneis. Aeneas wird von der Seherin Sybille in die Unterwelt geführt, wo er seinen verstorbenen Vater Anchises sprechen kann. Der gibt ihm einen Ausblick auf das künftige Schicksal Roms. In diesen Zusammenhang gehören die Verse über die Bestimmung der Griechen und der Römer.

Lösung der Aufgaben

a) Der Brief spiegelt in erster Linie die Auffassung Sallusts über die römische Expansion wider.

b) Während Sallust den Aufstieg Roms lediglich auf die Raubgier der Römer zurückführt, urteilt Diodor differenzierter, indem er den Römern je nach Zeit unterschiedliches Verhalten gegenüber den Besiegten unterstellt. Vergil dagegen bringt in Form einer Mahnung die Aufforderung an die Römer, Frieden zu schaffen. Dabei sollen die Völker, die besiegt wurden, mit Milde behandelt werden, die, die sich nicht der römischen Herrschaft fügen wollen, sollen besiegt werden.

c) Die unterschiedlichen Urteile hängen vom Blickwinkel des jeweiligen Autors ab. Dazu ist noch der Dichter Vergil von den Geschichtsschreibern zu unterscheiden, denn er bringt seine Auffassung in Form einer Mahnung vor.

d) Vergil spricht die bildende Kunst der Griechen, ihr rhetorisches Können und ihre Leistungen in der Wissenschaft an. Die Stärken der Römer liegen nicht auf diesen Gebieten, sondern in der Ausübung und Erhaltung ihrer Herrschaft, die aber keineswegs als Gewaltherrschaft gesehen wird.

M 2.5 Auswirkungen der Expansion auf die römische Gesellschaft

Cato der Ältere stieg aus dem Ritterstand in den senatorischen Rang auf und bekleidete die höchsten Ämter. Nicht untypisch für einen Aufsteiger wollte er gerade die altehrwürdigen Werte verkörpern, die den Aufstieg Roms ermöglicht hatten. Cato wird häufig als jemand gesehen, der starr an dem Althergebrachten festhielt und den griechischen Einfluss für verderblich hielt. Die neuere Forschung hat jedoch gezeigt, dass er eher widersprüchlich in seinem Verhältnis zu den Griechen war. So sind von ihm Worte des Hasses gegen die Griechen überliefert; andererseits lernte er noch im Alter Griechisch.

Lösung der Aufgaben

a) Wahlbestechung, Ausbeutung bzw. Ausplünderung der Untertanen, Bevorzugung von Freunden bei der Verteilung von Beute, unerlaubte Vergabe von Staatsreisen an Freunde, Geldgeschenke aus Staatsmitteln an Freunde und Amtsdiener

b) Korruption

M 2.6 Weitere Folgen der Kriege Roms
Bereits 140 v. Chr. hatte es den Versuch des Konsuls C. Laelius und einiger anderer Senatoren gegeben, den ehemaligen Kleinbauern, die besitzlos geworden waren, wieder zu Land zu verhelfen. Doch der Widerstand im Senat gegen eine solche Maßnahme war so groß, dass der Konsul sein Reformgesetz zurückzog. Erst Tiberius Gracchus, der von weiten Kreisen der Senatsaristokratie unterstützt wurde, trieb die Reform energisch voran. Er ließ sich für 133 v.Chr. zum Volkstribunen wählen. Um Land zur Verteilung zu bekommen, berief sich Tiberius auf ein altes Gesetz, das das Okkupationsrecht am Staatsland (ager publicus) beschränkte. Der abgedruckte Auszug aus seiner Rede ist bei Plutarch überliefert und dürfte aus einer von Tiberius gehaltenen Rede stammen.

Lösung der Aufgaben
a) Tiberius argumentiert, indem er das Leben der Tiere mit dem der Soldaten vergleicht. Die Rede war sicher für die Senatoren provozierend, die nicht auf seiner Seite standen. Die Besitzlosen erhofften sich aufgrund dieser Rede eine Verbesserung ihrer Lage.
b) Es konnte zu weiteren sozialen Unruhen in Rom kommen.

3. Von der Republik zum Kaisertum

Einführung (vgl. Basiswissen S. 10 ff.)
Probleme wie Landanweisungen für die Soldaten, die Frage, ob den Bundesgenossen in Italien das römische Bürgerrecht zugestanden werden sollte, die Sklavenaufstände und die Eingliederung mächtiger Einzelner in das bestehende staatliche System ziehen sich durch die Zeit der späten Republik. Es gab eine Reihe von Reformansätzen und -versuchen. Doch letztlich blieben sie erfolglos. Der Althistoriker Christian Meier hat die bestechende These von der „Krise ohne Alternative" aufgestellt. Allerdings wäre, so modifiziert Meier seine These, vieles anders verlaufen, wenn nicht bestimmte Personen in bestimmten Situationen aufgetreten wären oder gefehlt hätten und nicht verschiedene Ereignisketten zuweilen recht zufällig aufeinandergestoßen wären. Schließlich war es auch Caesar, der nach seinen Siegen eine nie gekannte Machtfülle besaß, nicht möglich, eine grundlegend neue Ordnung zu schaffen, sein Streben nach Macht endete damit in einer Militärdiktatur.
Erst Augustus gelang es, eine Staatsform zu schaffen, die jahrhundertelang Bestand hatte. Augustus sprach von Wiederherstellung der Republik, andere sahen darin die Aufrichtung einer absoluten Monarchie und interpretierten die republikanischen Formen seiner staatlichen Ordnung als Heuchelei. Für viele Untertanen, insbesondere für die Provinzbewohner bedeutete die neue Herrschaftsform Frieden und Wohlstand.

Didaktische Hinweise
Heute ist Republik eine uns geläufige Staatsform. Für die Schüler ist es wichtig, die Unterschiede zwischen der römischen Bezeichnung und unseren heutigen Vorstellungen in Ansätzen zu erfassen. Am Beispiel des Missbrauchs der Provinzialverwaltung in der späten Republik und der Provinzverwaltung in der Kaiserzeit sollen sie verstehen, weshalb die Neuordnung des Augustus gerade von den Provinzbewohnern freudig begrüßt wurde. Andererseits sollen sie die Ambivalenz dieser Herrschaftsform erkennen. Das Beispiel der Provinzverwaltung ist so anschaulich, dass es von Schülern der Sekundarstufe I durchaus erfasst werden kann.

Zu den Materialien

Übersicht

Themen	Methoden	Materialien
Machtverhältnisse und Missstände	Textarbeit, Gegenwartsbezug, Aufgabe Textarbeit, Kartenarbeit, Aufgaben Textarbeit, Aufgaben	M 3.1 M 3.2 M 3.3
Augustus	Textarbeit Textarbeit, Aufgaben	M 3.4 M 3.5
Die Provinzen	Textarbeit, Aufgaben Kartenarbeit, Aufgaben Textarbeit, Aufgabe	M 3.6 M 3.7 M 3.8

M 3.1 Wer herrschte ursprünglich in Rom?
Lösung der Aufgabe
– Der Senat in Rom und der Bundestag besitzen große Macht. Im Gegensatz zu den alle vier Jahre gewählten Bundestagsabgeordneten gehörte man dem Senat kraft seiner Herkunft an. Die Senatoren, aber auch die Magistrate erhielten kein Gehalt. Heute bekommen die Abgeordneten Diäten, die Beamten Gehälter. Es gab in Rom zwei oberste Beamte, die Konsuln, die jeweils für ein Jahr gewählt wurden. Heute haben wir als Spitze der Regierung den Bundeskanzler, der für vier Jahre gewählt ist.

M 3.2 Missstände in der späten römischen Republik
Lösung der Aufgaben
a) Ausbeutung der Provinzen, schlechte Behandlung der Sklaven, Streben einzelner Senatoren nach Alleinherrschaft, Bürgerkriege
b) Seit 270 v.Chr., insbesondere seit 133 v.Chr. hatte sich das Gebiet des römischen Reiches sehr schnell ausgebreitet. Daher ergaben sich auch die genannten Probleme.

M 3.3 Die Behandlung der eroberten Gebiete
Die Bewohner Siziliens hatten sich an Cicero gewandt, der sie als Rechtsanwalt vor Gericht in der Klage gegen Verres vertreten sollte. Es war äußerst selten, dass sich ein Statthalter in diesem Ausmaß bereicherte, so dass die Provinzbewohner Klage erhoben. Andererseits war es durchaus üblich, dass sich die Statthalter einer Provinz bereicherten und somit das Vermögen, das sie für die Ämterlaufbahn aufgebracht hatten, wieder gewannen.

Lösung der Aufgaben
a) Korruption
b) Verres hatte, wie jeder Magistrat, viel Geld für seine Karriere aufbringen müssen, daher versuchte er sich zu entschädigen.
c) Nein. Allerdings ging die Bereicherung des Verres über das übliche Maß hinaus.
d) Cicero wollte nicht nur die Verurteilung des Verres erreichen, sondern insgesamt eine bessere Behandlung der Provinzen.

M 3.4 Wie kam Augustus an die Macht?
Augustus hat kurz vor seinem Tode seinen sogenannten Tatenbericht verfasst, der nach seinem Willen auf ehernen Pfeilern vor seinem Mausoleum auf dem Marsfeld dem Volk zugänglich gemacht werden sollte. Diese Pfeiler sind heute verschwunden. Doch Kopien des Berichtes wurden in den Osten des Reiches gesandt. In Ancyra, dem heutigen Ankara, wurde im Tempel der Roma und des Augustus der Bericht an den Innenwänden in lateinischer Sprache, an der Außenseite des Tempels in griechischer Sprache eingraviert. In weiteren Städten Kleinasiens wurden ebenfalls Fragmente gefunden. Somit blieb der Text erhalten.
Im lateinischen Text lautet die entscheidende Stelle: „Post id tempus auctoritate omnibus praestiti, potestatis autem nihilo amplius habui quam ceteri, qui mihi quoque in magistratu conlegae fuerunt."

M 3.5 Eine andere Schilderung der Vorgänge
Aus dem Bericht des Cassius Dio geht hervor, dass die Senatoren keine andere Möglichkeit sahen als Augustus die Alleinherrschaft anzutragen. Cassius Dio schildert, wie die Provinzen in kaiserliche und senatorische aufgeteilt wurden, womit sich Augustus die Verfügung über das Heer und somit die Macht sicherte.

Lösung der Aufgaben
a) Augustus verschleiert mit seinem Bericht, dass er die absolute Macht besitzt. Ausführlich nennt er die verschiedenen Ehrungen, die der Senat ihm zukommen ließ. Cassius Dio dagegen enthüllt mit seinem Bericht die eigentliche Machtgrundlage des Augustus, das Heer.
b) Vordergründig wurde die Republik wiederhergestellt, in Wirklichkeit handelte es sich um die Alleinherrschaft des Augustus.
c) Damit erhielt Augustus die absolute Macht im Staate.

M 3.6 Die Verwaltung der Provinzen
Lösung der Aufgaben
a) Weil die Statthalter und Steuerbeamten ein hohes Gehalt bekamen, konnte der Kaiser gegen sie vorgehen, wenn sie sich bestechen ließen oder höhere Steuern als festgesetzt von der Provinzbevölkerung verlangten.
b) Damit besserten sich die Verhältnisse im Gegensatz zur Republik.
c) Die Provinzbewohner waren froh, dass die Zeit der Ausbeutung vorbei war.

M 3.7 Die senatorischen Provinzen

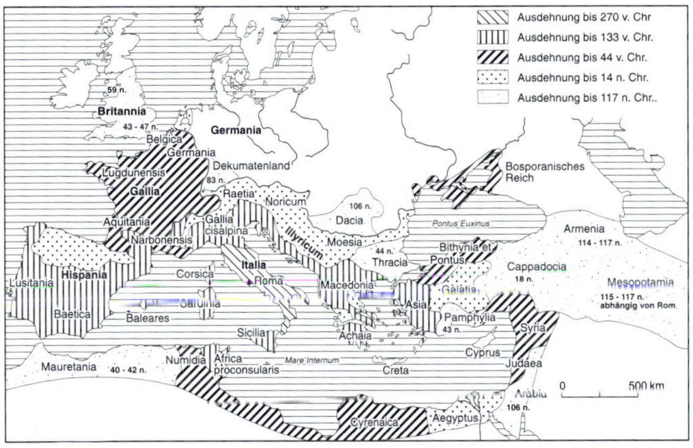

Mit Hilfe der Karte und der farblichen Kennzeichnung der senatorischen Provinzen sollen die Schüler erkennen, dass diese Provinzen meist schon längere Zeit zum römischen Reich gehörten und nicht durch äußere Feinde gefährdet waren.

Lösung der Aufgaben
a) –
b) Weil sie weniger wichtig waren; um den Senat zu besänftigen

M 3.8 Die Haltung der Provinzbewohner
Lösung der Aufgabe
- Die Provinzbewohner sahen in Augustus den Schöpfer und Garanten von Frieden und Wohlstand.

4. Der Augustusfriede: Propaganda oder Wirklichkeit?

Einführung (vgl. Basiswissen S. 13 ff.)
Im ersten Jahrhundert v. Chr. kam es in Rom immer wieder zu Bürgerkriegen. Zu erinnern ist in diesem Zusammenhang an die Bundesgenossenkriege, an Sullas Marsch auf Rom und die folgenden blutigen Auseinandersetzungen, an den Bürgerkrieg zwischen Caesar auf der einen und Pompeius und dem Senat auf der anderen Seite. Caesars Alleinherrschaft brachte nur eine kurze Pause. Nach seiner Ermordung kam es rasch wieder zu blutigen Auseinandersetzungen. Insofern ist verständlich, dass die Friedenszeit, die mit Augustus Alleinherrschaft begann, von vielen begrüßt wurde. Andererseits war Augustus alles daran gelegen, deutlich zu machen, dass er es gewesen war, der die Friedenszeit herbeigeführt hatte. So betonte er in seinem Tatenbericht, dass unter seiner Herrschaft das Janus-Quirinus-Tor dreimal geschlossen wurde, weil im ganzen römischen Machtbereich ein durch Siege errungener Friede herrschte. Der Archäologe Paul Zanker hat darauf verwiesen, dass Augustus ein breit angelegtes Kulturprogramm verfolgte, das eine umfassende moralische Erneuerung zum Ziel hatte und tatsächlich einen Umschwung der allgemeinen Mentalität erreichte. Das war nur durch eine neue Bildersprache möglich. Selbstverständlich warben die Bilder für die neue Monarchie. Allerdings war das, wie Zanker betont, beim Volk kaum nötig, bei den aristokratischen Gegnern hingegen wirkungslos. Doch durch die Bilder konnte sich ein Kaiser- und Staatsmythos etablieren, der schließlich die Wirklichkeit in einer bestimmten Weise gefiltert erleben ließ und so über Generationen hin das Gefühl vermittelte, man lebe im bestmöglichen Staat.

Didaktische Hinweise
Geschichtsunterricht kann und soll nicht mit den modernen Medien und ihrer Bilderflut konkurrieren. Andererseits sind Bilder Quellen und müssen genauso ernst genommen werden wie schriftliche Quellen. Dazu gehört, dass angegeben wird, wer das Bild wann und in welcher Absicht hergestellt hat, wo es sich heute befindet etc. In Anlehnung an den Kunsthistoriker Erwin Panofsky (1892–1968) empfiehlt es sich, bei einer Bildinterpretation stufenweise vorzugehen. So sollten die Schüler zuerst einmal beschreiben, was sie auf dem Bild erkennen können und welchen Eindruck das Bild auf sie macht. Das entspricht der von Panofsky sogenannten vorikonographischen Beschreibung. Daran schließt sich die ikonographische Analyse an, die das Thema aus historisch vermittelten Motiven ableitet. Dafür ist Vertrautheit mit bestimmten Themen und Vorstellungen ebenso wie die Kenntnis schriftlicher Quellen erforderlich. Als dritte Stufe nennt Panofsky die ikonologische Interpretation. Hier soll das Kunstwerk als Ausdruck der jeweiligen politischen und sozialen, geistigen, religiösen und kulturellen Bedingungen und Ideen seiner Entstehungszeit interpretiert werden. Gerade bei Stufe zwei und drei, die unter Umständen auch nicht immer scharf voneinander getrennt werden können, muss der Lehrer nicht allein Informationen geben, sondern auch schriftliche Quellen vorlegen.

Zu den Materialien

Übersicht

Themen	Methoden	Materialien
Augustusfriede	Textarbeit, Aufgaben Bildarbeit, Aufgaben	M 4.1 M 4.2
Augustus als Feldherr	Bildarbeit, Aufgaben	M 4.3
Urteile über Augustus	Textarbeit, Aufgabe Textarbeit, Aufgaben	M 4.4 M 4.5

M 4.1 Ein Gedicht des römischen Dichters Horaz
Quintus Horatius Flaccus (65–8 v.Chr.) verbrachte seine Studienjahre wie viele der gebildeten jungen Römer in Athen. Wenige Monate nach Caesars Ermordung erschienen Brutus und Cassius im August 44 in Athen und riefen die dort studierenden jungen Römer zum Kampf für die Wiederherstellung der Republik. Horaz schloss sich Brutus an und wurde Kriegstribun. Aus der Schlacht von Philippi 42 v.Chr. konnte er sich gerade noch retten, doch er verlor seinen vom Vater ererbten Besitz infolge der Veteranenansiedlungen. Außerdem war er der Parteigänger der verlorenen Sache. Das hier auszugsweise wiedergegebene Gedicht (epode 7) gehört zu seinen frühesten Gedichten und entstand wohl Anfang 38 v. Chr., nachdem trotz des Vertrages von Misenum der Kampf zwischen Oktavian und Sextus Pompeius erneut ausgebrochen war.

Lösung der Aufgaben
a) Horaz begründet den Bürgerkrieg mit dem Fluch, der seit dem Brudermord des Romulus an Remus auf den Römern lastet.
b) Horaz ist niedergeschlagen und hoffnungslos. Er sieht, so die Aussage des Gedichtes, kein Ende der verhängnisvollen Bürgerkriege.

M 4.2 Relief vom Altar des Augustusfriedens

16 bis 13 v.Chr. war Augustus in Gallien und in Spanien, wo er die Verwaltung neu ordnete. Am 4. Juli 13 v.Chr. kehrte er nach Rom zurück. Aus diesem Anlass stiftete der Senat einen Altar des Augustus-Friedens (Ara pacis Augusti) auf dem Marsfeld. Der fertiggestellte Altar wurde am 30. Januar 9 v.Chr. geweiht.
Das Bildprogramm bestellte und billigte eine Senatskommission. Das hier abgebildete Relief stammt von der Ostseite der Ara Pacis und ist 1,62 m hoch und 2,40 m breit. Eine mütterliche Gottheit sitzt auf einem Felsen. Sie hält zwei spielende Säuglinge im Arm. In ihrem Schoß liegen Früchte. Hinter ihr wachsen Mohn, Weizen und andere Pflanzen. Unter dem Sitz der Frau sind in kleinerem Maßstab ein ruhendes Rind und ein weidendes Schaf abgebildet. Zu ihren Seiten sieht man die Verkörperungen der Land- und Seewinde. Die Verkörperung der Landwinde fliegt auf einem Schwan über einem schilfbewachsenen Wasserlauf, der durch einen Krug, aus dem Wasser fließt, symbolisiert ist. Die Verkörperung der Seewinde sitzt auf einem Meerungeheuer. Die Winde bringen Regen und günstiges Wetter und befördern somit die Fruchtbarkeit.
Paul Zanker hat gezeigt, dass die mütterliche Gottheit vielfältige Assoziationen hervorruft: Man kann anhand der Haltung und der verschiedenen Attribute an die Erdgöttin (Tellus), an die Göttin der Fruchtbarkeit (Ceres), an Venus oder an die Verkörperung des Friedens (Pax) oder Italiens denken. Auf alle Fälle wurde aus dem Bild verständlich, dass dieser Gottheit Fruchtbarkeit und Gedeihen verdankt wurde.

Lösung der Aufgaben
a) Das Bild erweckt den Eindruck von Fruchtbarkeit, Gedeihen und Frieden.
b) Die Mutter kann für das Land Italien, für die gesamte Erde oder für Fruchtbarkeit und Gedeihen stehen.
c) Der Unterschied zwischen der Verzweiflung des Gedichtes und der Zuversicht des Reliefs ist sehr groß.

M 4.3 Brustpanzer und Schema des Brustpanzers einer Statue des Augustus (Folie, schwarz-weiß)

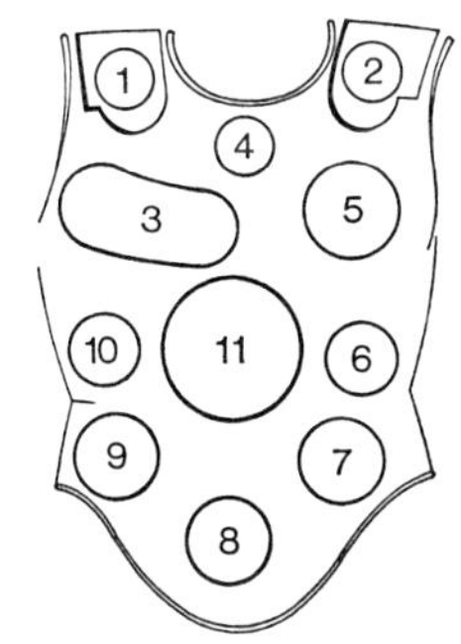

Die 2,04 m hohe Marmorstatue des Augustus, deren Brustpanzer hier abgebildet ist, wurde auf einer Gartenterrasse der Villa der Livia in Primaporta gefunden. Sie steht heute in den Vatikanischen Museen. Sie zeigt Augustus als Feldherrn. Es handelt sich um die Marmorkopie einer Bronzestatue, die wohl 17 v.Chr. oder bald darauf entstand.

Das Schema des Panzers soll bei der Orientierung helfen.
- 1,2 Auf jeder Achselklappe sitzt eine Sphinx, nach der griechischen Mythologie ein geflügelter Löwe mit Frauenkopf.
- 3 Der Sonnengott führt mit seinem Viergespann einen neuen Tag am Himmel empor.
- 5 Ihm voraus eilt Aurora, die Göttin der Morgenröte mit ihrer tauspendenden Kanne. Hinter ihr befindet sich eine Göttin mit Fackel, wohl die Mondgöttin Luna.
- 4 Diese Szene wird vom weit ausgespannten Mantel des bärtigen Himmelsgottes überwölbt.
- 6,10 Die sitzenden Frauen stellen besiegte Provinzen dar, vielleicht Gallien und Spanien, die Augustus endgültig unter römische Herrschaft gebracht und denen er eine neue Verwaltungsstruktur gegeben hatte.
- 7,9 Apoll mit der Leier auf einem Greifen und Diana auf dem Hirsch. Beide sind Schutzgötter des Kaisers.
- 8 Die Erdgöttin mit ihren Kindern und einem großen Füllhorn.
- 11 Von einem bärtigen Mann in Ärmelrock und Reiterhosen wird ein römischer Legionsadler an einen Mann in römischer Rüstung übergeben.

Lösung der Aufgaben
a) Die Wiedergewinnung der Feldzeichen, die schon Caesar geplant hatte, wird als großer Erfolg dargestellt, der nicht mit kriegerischen, sondern mit diplomatischen Mitteln errungen wurde.
b) –
c) Fahne, Wappen, Nationalhymne
d) –

M 4.4 Eine Lücke im Tatenbericht des Augustus

Lösung der Aufgabe
– Eine solche Niederlage passte nicht in das Bild vom siegreichen und Frieden bringenden Kaisertum.

M 4.5 Das Urteil des Tacitus

Cornelius Tacitus war Senator und bekleidete hohe Ämter. Er ist der größte römische Geschichtsschreiber, dessen Werk den Schlusspunkt einer dreihundertjährigen senatorischen Geschichtsschreibung bildet. Er hat sich nicht nur deren Formen, sondern auch deren Maßstäbe zu eigen gemacht. So ist er ein Anhänger der untergegangenen römischen Republik. Er weiß, dass die Monarchie zu den Notwendigkeiten in der Geschichte gehört, die nicht mehr zu ändern sind. Doch die Unvereinbarkeit von Kaisertum und republikanischer Gesinnung hat dazu beigetragen, dass sein Werk ein negatives, düsteres Bild der geschilderten Zeit vermittelt.

Lösung der Aufgaben
a) Im ganzen ein negatives Urteil, auch wenn er die Schwächen der Republik schildert.
b) Tacitus wertet diese Maßnahmen als Bestechung.
c) Die Provinzen waren nach anderen Zeugnissen noch zufriedener mit ihrer Lage, als Tacitus zugibt.
d) Tacitus beurteilt die Kaiserherrschaft aus der Sicht eines Senators, der zur Zeit der römischen Republik lebte.

5. Verkehrswege

Einführung (vgl. Basiswissen S. 17)
Für das römische Reich mit seiner großen Fläche war ein ausgebautes Straßennetz wichtig. Es gab Straßen unterschiedlicher Ordnung. Öffentliche Straßen oder Reichsstraßen (viae publicae) waren dadurch charakterisiert, dass sie über öffentlichen Grund und Boden verliefen und auf beiden Seiten neben der Trasse auch Randstreifen umfassten. Im Gegensatz dazu führten die Privatstraßen (viae privatae) über nicht öffentlichen Grund und Boden. Der Praetor legte das Wegerecht fest. Da eine Privatstraße in bestimmten Fällen auch öffentlich werden konnte, lässt sie sich schwer von der dritten Gruppe, den viae vicinales, trennen. Diese Straßen durchquerten eine Siedlung (vicus) oder verbanden zwei Siedlungen oder zwei Reichsstraßen. Ihre staatsrechtliche Einordnung konnte als via publica oder als via privata erfolgen. Diese Straßen stellten das Nahverkehrsnetz dar.

Didaktische Hinweise
Verkehr und Reisen gehören zur unmittelbaren Erfahrungswelt der Schüler. Wichtig ist, darauf zu verweisen, dass es in römischer Zeit keinen Massentourismus gab. Das vorliegende Material soll auch ermöglichen, die andere Geschwindigkeit des Reisens im Gegensatz zu heute kennenzulernen.

Zu den Materialien

Übersicht

Themen	Methoden	Materialien
Römisches Verkehrsnetz	Kartenarbeit, Aufgaben	M 5.1
Schiffe	Bildarbeit Textarbeit, Aufgaben	M 5.2 M 5.3
Verkehr über Land	Textarbeit Bildarbeit Bildarbeit, Aufgaben Bildarbeit, Aufgaben Bild- und Textarbeit, Aufgaben Kartenarbeit, Aufgaben	M 5.4 M 5.5 M 5.6 M 5.7 M 5.8 M 5.9

M 5.1 Das römische Straßennetz und die Schifffahrtslinien
Auf der Karte sind lediglich öffentliche Straßen eingezeichnet.

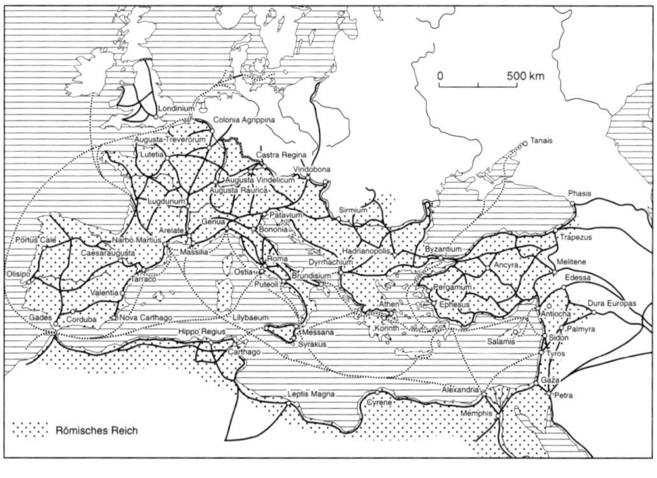

Lösung der Aufgaben
a) Es ist zwischen der Bequemlichkeit einer Schiffsreise, gerade auch für den Warentransport, und der Unsicherheit wegen der Witterung abzuwägen und dann eine Entscheidung zu fällen.
b) Von Rom nach Nordspanien beträgt die Entfernung nach den gängigen Schifffahrtslinien ca. 2.500 km. Dauert die Fahrt fünf Tage, legt das Schiff täglich ca. 512 km zurück. Die Entfernung Alexandria–Rom beträgt ca. 2.500 km. Dauert die Fahrt 9 Tage, beträgt die tägliche Fahrtleistung ca. 277 km.
c) Die Antwort hängt vom jeweiligen Wohnort ab.

M 5.2 Römische Schiffe

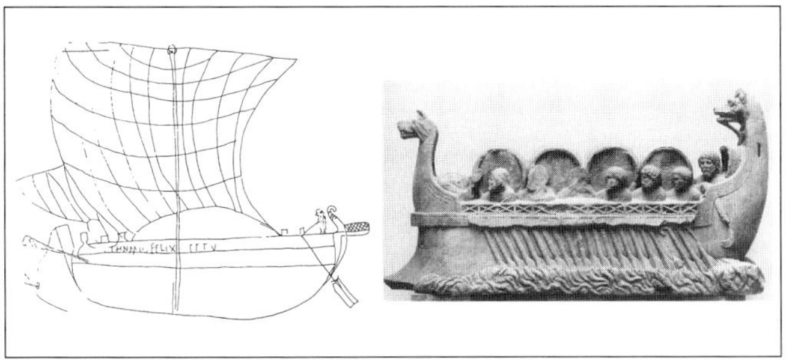

Die Fahrt zu Schiff war weitaus bequemer, gerade auch für den Lasttransport, als die Reise auf dem Landweg. Allerdings waren die Römer ursprünglich keine Seefahrer. Erst im 3. vorchristlichen Jahrhundert bauten sie ihre erste Kriegsflotte. Außerdem war die Seefahrt in hohem Maße von der Witterung abhängig. Oft musste ein Segelschiff Tage oder gar Wochen auf günstige Winde warten. In den Wintermonaten, von November bis Anfang März, war aus klimatischen Gründen die Schifffahrt fast ganz eingestellt. Das Relief stammt vom Grabmal eines Weinhändlers und wurde in Neumagen gefunden. Schiffe dieser Art waren in der Flussschiffahrt üblich.

M 5.3 Ein Schiffsfund

Immer wieder gibt es aus ehemaligen Römerstädten sensationelle Fundmeldungen wie die hier vorliegende aus Mainz. Die Schiffe sind in der Zwischenzeit geborgen und in einem eigenen Museum in Mainz untergebracht. Es bietet sich an, die Schüler eine Zeitungsmeldung über den Fund schreiben zu lassen.

Lösung der Aufgaben

a) Das unter a) abgebildete Frachtschiff ist ein Segelschiff, das unter b) abgebildete ein Ruderschiff, das nur bei der Flussschifffahrt zum Einsatz kam.

b) Genaues Alter des Schiffes, Einzelheiten der Bauweise, evtl. Ursache des Untergangs

c) –

M 5.4 Gesetzgebung über Straßenbau

Wie wichtig den Römern der Straßenbau war, zeigt sich aus der angeführten Bestimmung des Zwölftafelgesetzes, das um 450 v. Chr. schriftlich niedergelegt wurde. Dort finden sich außerdem Bestimmungen über die Wegbreite, die bei einem geraden Verlauf auf 8 Fuß, bei einer Biegung auf 16 Fuß festgelegt wurde (1 römischer Fuß = 0,296 m). Die Informationen über den Straßenbau werden den Zeichnungen vorangestellt, um die historische Einordnung zu erleichtern.

M 5.5 Der Aufbau römischer Straßen

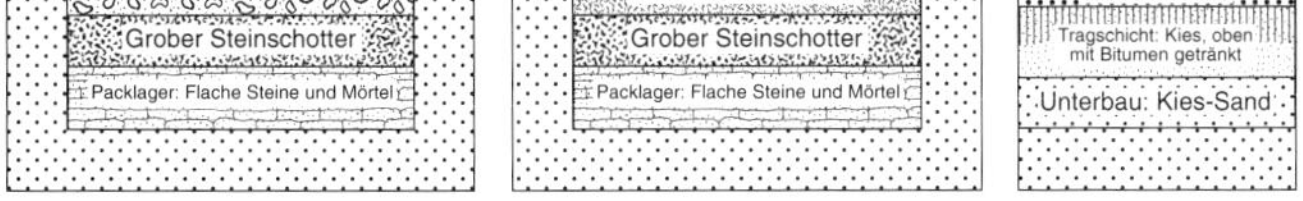

M 5.6 Römischer Reisewagen

Das Relief eines römischen Reisewagens war Teil eines Grabsteins, der in der Außenwand der Kirche von Maria Saal bei Klagenfurt in Österreich eingemauert war. Für den Reiseverkehr und die kaiserliche Post gab es Wagenfahrten. Auf schwierigen Alpenstraßen mussten Reittiere oder Sänften für die Personenbeförderung benutzt werden. Weiter gab es sog. Gleisstraßen im gebirgigen Gelände. Vierrädrige Wagen wie der abgebildete waren dafür ungeeignet. Hier wurden einachsige Wagen mit großen Rädern eingesetzt.

Lösung der Aufgaben

a) Die verschiedenen Schichten sichern die Festigkeit und Haltbarkeit der Straßen.

b) Gepflasterte Straßen sind sehr stabil, gerade auch bei Regen und feuchtem Untergrund. Gekieste Straßen sind für die Reit- und Zugtiere wesentlich angenehmer, ebenso für das Reisen in einem ungefederten Wagen.

c) Die heutigen Straßen sind nicht mehr so stark gewölbt und haben keine tiefen Straßengräben.

M 5.7 Römische Straßenstation von Friesenheim

Lösung der Aufgaben

a) Jenseits der Straße liegt der kleine Tempel, die drei Fachwerkbauten waren Speicher- und Wirtschaftsgebäude, im runden Anbau an die Unterkunft für Reisende

war das Bad untergebracht, ein runder Brunnen ist zu sehen. Das kleine Haus diente ebenfalls als Wohngebäude.
b) Die Straße verläuft durch sumpfiges Gelände, daher war die Pflasterung der Straße angebracht.

M 5.8 Römischer Meilenstein von Cannae di Battaglia, Italien

Meist während oder nach dem Abschluss der Straßenbauarbeiten oder notwendiger Reparaturen wurde die Strecke vermessen. Häufig wurden dann zwei oder drei Meter vom Straßenrand entfernt Meilensteine aufgestellt, bis zu drei Meter hohe Säulen, auf denen oft noch heute die Inschrift zu lesen ist.

Lösung der Aufgaben
a) Kaiser Trajan
b) 75 römische Meilen = 111 km
c) Wenn die Entfernungsangabe „75 Meilen" nicht mit der zum Fundort übereinstimmt
d) Benevent; Brindisi

M 5.9 Römische Straßenkarte (Folie in Farbe)

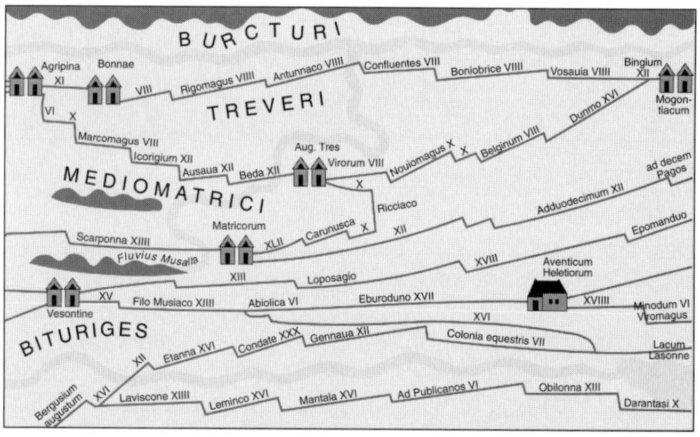

Es handelt sich um die moderne Umzeichnung einer römischen Karte um 400 n. Chr., die nur als mittelalterliche Kopie erhalten ist, die sogenannte Peutinger-Tafel. Daraus erklärt sich, dass zahlreiche Ortsnamen verderbt wiedergegeben sind. Trotzdem lassen sich die Orte am Rhein eindeutig bestimmen.

Lösung der Aufgaben
a) Mogontiacum = Mainz; Bingium = Bingen; Vosauia = Oberwesel; Boniobrice = Boppard; Confluentes = Koblenz; Antunnaco = Andernach; Rigomagus = Remagen; Bonnae = Bonn; Agrippina = Köln (Colonia Claudia Ara Agrippinensum). Die Ortsnamen sind identisch; sie zeigen eine Siedlungskontinuität von der Antike bis zur Gegenwart.
b) Die Längenangaben sind korrekt. Sie dienten der Reiseplanung, auch indem sie Unterkunftsmöglichkeiten für die Reisenden anzeigten. Die Entfernungen schwanken zwischen 8 und 12 Leugen (17,7 und 24,4 km), entsprechen also einer Tagesreise.
c) Heutige Straßenkarten sind weniger schematisch angelegt; auch sie enthalten häufig Entfernungsangaben. Dagegen ähneln die Streckenübersichten der Bahnen und Busse stark dem Aufbau der römischen Karte.

6. Soldaten sichern die Herrschaft

Einführung (vgl. Basiswissen S. 16)
Gemessen an der Größe des römischen Reiches war das Heer der Kaiserzeit verhältnismäßig klein. Etwas über 300.000 Mann, Legionen und Hilfstruppen zusammen, genügten in den beiden ersten nachchristlichen Jahrhunderten, um das Reich zu schützen. Im übrigen darf man sich das römische Heer der damaligen Zeit nicht ständig im Kampf vorstellen. Mit Recht lässt sich sagen, dass in den ersten beiden Jahrhunderten die römischen Soldaten mehr gebaut als gekämpft haben. Selbstverständlich mussten sie täglich in den Lagern und entlang des Limes Wachdienst leisten und außerdem Waffen- und Gefechtsübungen durchführen, um jederzeit einen feindlichen Einfall abwehren zu können. Neben diesen militärischen Tätigkeiten wurden die Soldaten auch für handwerkliche Aufgaben eingesetzt. Dazu gehörten in erster Linie Straßenbau, Ziegelherstellung und Versorgung der Truppe mit handwerklichen Erzeugnissen. Bei handwerklichen Tätigkeiten trugen die Soldaten keine Rüstung, sondern eine leichtere Dienstkleidung. Waffen und Rüstung wurden nur während des Wachdienstes und bei Gefechtsübungen getragen oder wenn Gefahr drohte, mit dem Feind in Berührung zu kommen.

Didaktische Hinweise

Deutsche Schüler kommen in der Regel zuerst mit der Römerzeit in Berührung, wenn sie in den Gebieten wohnen, die einst zum römischen Reich gehörten. Dort ist es auch wahrscheinlich, dass sie mit den Überresten des Limes oder der verschiedenen Kastelle und somit mit den Hinterlassenschaften des römischen Militärs konfrontiert werden. Außerdem sind sie gerade in der Sekundarstufe I sehr interessiert, was die Ausrüstung und die Lebensbedingungen der Soldaten angeht.
Die Verbindung von Ausgrabungsbefunden, noch sichtbaren Überresten, guten Rekonstruktionszeichnungen, schriftlichen Quellen und informierenden Texten erlaubt einen multiperspektivischen Zugang und vertiefte Einsichten in die Tätigkeiten der Soldaten und in die soziale Struktur des Heeres.

Zu den Materialien

Übersicht

Themen	Methoden	Materialien
Aufbau des Heeres	Textarbeit, Erstellung eines Schaubildes	M 6.1
Unterkunft der Soldaten	Bildarbeit, Aufgabe Bildarbeit, Aufgaben	M 6.2 M 6.3
Sold	Textarbeit, Aufgaben	M 6.4
Arbeit für die Soldaten	Bildarbeit, Arbeitsblatt Textarbeit, Aufgaben	M 6.5 M 6.6
Sicherung der Grenze	Bildarbeit Kartenarbeit Schemabearbeitung, Aufgaben	M 6.7 M 6.8 M 6.9

M 6.1 Das römische Heer
Der Name Centurie verweist darauf, dass diese Einheit aus ursprünglich hundert Mann bestand. In der Kaiserzeit umfasste sie aber nur noch – außer der ersten Kohorte – ca. 80 Mann.

M 6.2 / M 6.3 Unterkunft der Soldaten
Solange das Heer auf dem Marsch war, musste jeden Tag ein neues Lager angelegt und gesichert werden. Die Soldaten schliefen in Zelten. In der römischen Kaiserzeit waren die Soldaten in der Regel für längere Zeit an der Grenze oder im Grenzbereich stationiert. Deshalb wurden Lager und Kastelle auf Dauer angelegt. Die Soldaten wohnten in Baracken. Im ganzen Reich hatten die Lager den gleichen Plan, der jedoch nach Größe und Bedürfnissen der Truppe verändert werden konnte. Selbstverständlich wurde auch das Gelände berücksichtigt.
Der Plan des Auxiliarlagers Künzing – Quintana zeigt den Zustand von etwa 120–135 n.Chr. Das Lager war in dieser Zeit Aufenthaltsort für eine Hilfstruppe: die 3. teilweise berittene Kohorte aus Männern, die einst aus Thrakien gekommen waren und wegen ihrer Tapferkeit das römische Bürgerrecht erhalten hatten (cohors tertia Thracum civium Romanorum equitata). Der Grundriss wird vor dem Modell abgebildet. Das hat folgende Gründe: zum einen soll den Schülern das Lesen eines Grundrisses erleichtert werden, indem die Rekonstruktionszeichnung unmittelbar folgt, zum andern ist der Grundriss geeigneter als das Mo-

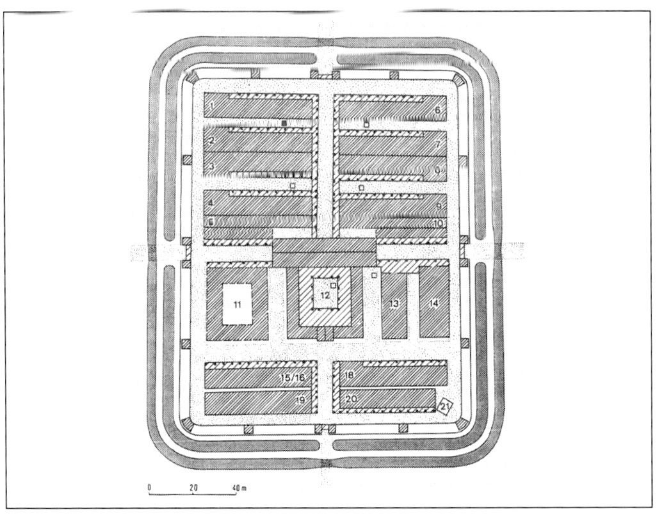

Lösung der Aufgabe
-Rechtwinklig, in der Mitte kreuzende Straßen, Wall, Türme, Tore, Graben. Rascher Aufbau (bei Marschlagern), rasche Verteidigungsmöglichkeiten

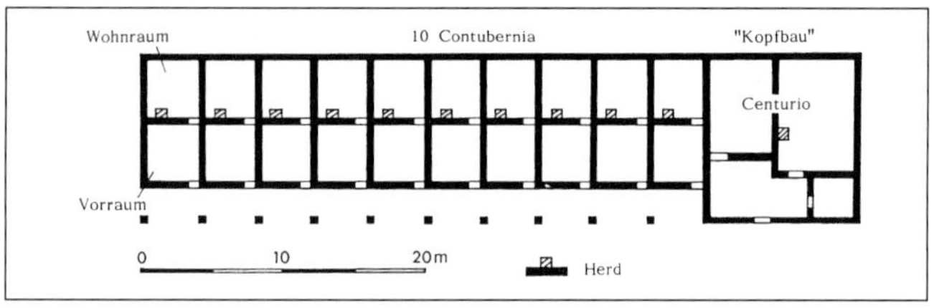

dell, die unterschiedlichen Wohnverhältnisse der einzelnen Ränge zu betrachten. Dann folgt der Grundriss einer Baracke für eine Centurie und anschließend noch die Rekonstruktionszeichnung des Innenraums einer Baracke nach Grabungsbefunden im Kastell Heidenheim.

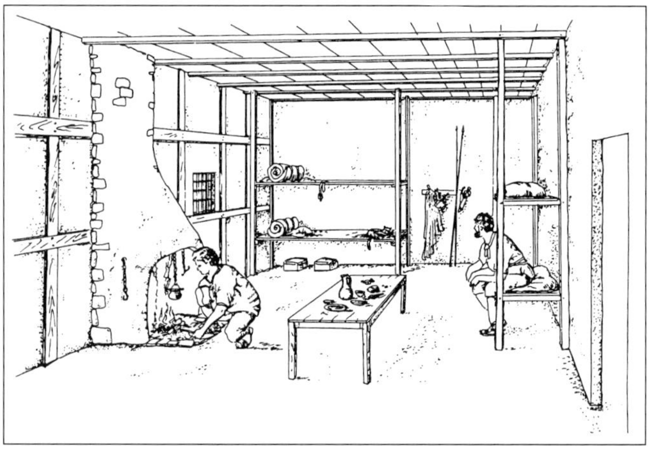

Lösung der Aufgaben
a) Acht Soldaten teilten sich eine „Stube", das Contubernium, d. h. Vorraum und Wohnraum.
b) Eine „Stube" war etwa 33 qm groß. Jedem Soldaten standen also etwas mehr als 4 qm zur Verfügung. Hinzuzurechnen ist aber auch der überdachte Platz davor. Der Centurio hatte im Kopfbau eine Wohnung mit drei bis vier Zimmern mit zusammen etwa 126 qm zur Verfügung. Vergleicht man das Kommandantenhaus damit, so stellt man fest, dass der Kommandant noch ungefähr fünfmal soviel Platz hatte wie ein Centurio.

M 6.4 Wie hoch war der Sold der Soldaten?
Es wurden zu den Angaben des Soldes der Soldaten um 14 n. Chr. auch noch die Preise für Speiseöl und Wein angegeben, um eine Vorstellung von der Kaufkraft zu geben. Wichtig ist, dass diese Preise nicht statisch waren, sondern sich im Laufe der Zeit veränderten.

Lösung der Aufgaben
a) Ein Legionssoldat erhielt 225 Denare = 900 Sesterzen = 3600 Asse. Ein Centurio erhielt 3750 Denare = 15000 Sesterzen = 60000 Asse. Ein Offizier erhielt 7500 Denare = 30000 Sesterzen = 120000 Asse. Ein Auxiliarsoldat erhielt 187,50 Denare = 750 Sesterzen = 3000 Asse.
b) Die großen Unterschiede zwischen den Rängen machen sich nicht nur beim Wohnraum, sondern auch beim Sold bemerkbar.

M 6.5 Arbeit für die Soldaten

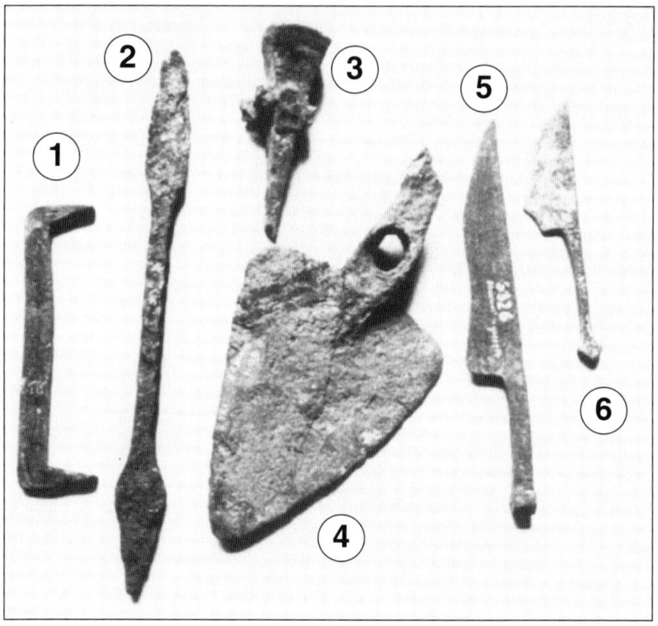

1 = Krampe

2 = Löffelbohrer

3 = Zeltpflock

4 = Hacke

5 = Messer

6 = Messer

Die Soldaten wurden häufig für handwerkliche Tätigkeiten eingesetzt, weil die Truppe sich selbst versorgen sollte. Das schloss neben dem Bau der Lager, der Wachttürme und des Limes die Herstellung der gesamten Ausrüstung mit ein. Die Eisenteile der Waffen und der Rüstung eines Legionärs wogen zusammen ca. 7,9 kg. Das bedeutet, dass eine Legion dafür rund 43 t Eisen benötigte. Abgebildet sind zum einen Eisengeräte, zum andern Ziegelbruchstücke mit dem Legionsstempel.

M 6.6 Inschrift eines Weihealtars
Wichtig ist, dass die Schüler erkennen, dass sich aus Quellen ganz unterschiedliche Erkenntnisse ergeben. Hier lassen sich aus dem Text der Inschrift auch Aussagen über die Arbeit der Legionäre machen.

Lösung der Aufgaben
a) –
b) Die 21. Legion: XXI
c) Transport von Baumaterial
d) Eisenherstellung, Werkzeugherstellung, Ziegelbrennen, Errichtung von Bauten, Bau von Straßen

M 6.7 Der obergermanische und der rätische Limes

Wir gebrauchen das Wort „limes" in der Bedeutung von Reichsgrenze. Ursprünglich bedeutete es bei den römischen Landvermessern soviel wie Weg, Schneise, Besitzgrenze. In der Armee wandte man das Wort für eine offene Bahn oder einen Weg an, der so breit war, dass sich zumindest kleinere Abteilungen von Soldaten ungehindert darauf bewegen konnten. Erst um 100 n.Chr. erhielt das Wort die Bedeutung von Reichsgrenze. In der Regierungszeit des Kaisers Domitian (81–96 n.Chr.) begann man damit, den Limes anzulegen.
Bei Spaziergängen und Wanderungen sieht man die Überreste des Limes häufig noch als gut sichtbare Bodenerhebung. Dies sind die Spuren der letzten Bauphase. Zuerst wurde lediglich eine Schneise in die Wälder geschlagen oder in offenem Gelände ein Weg gebaut. Dieser Grenzweg wurde von hölzernen Wachttürmen aus überwacht. Im übrigen konnte auch der Lauf eines Flusses wie z. B. Rhein oder Donau die Grenze bilden, die dann ebenso überwacht wurde.
Unter Kaiser Hadrian (117–138 n.Chr.) wurde vor dem Postenweg ein Annäherungshindernis angelegt, nämlich eine Palisade. Seit der Mitte des 2. Jahrhunderts wurden die Holztürme durch Steintürme ersetzt. Die Palisade blieb bestehen.
Erst gegen Ende des 2. oder zu Beginn des 3. Jahrhunderts wurde unmittelbar hinter der Palisade ein weiteres Annäherungshindernis angelegt, nämlich ein Wall und ein Graben. Diese sind auf weite Strecken auch heute noch als Bodenerhebung und Vertiefung zu sehen. Die Palisade und die Steintürme blieben bestehen.
Das sind die verschiedenen Bauphasen am obergermanischen Limes. Am Westrand der heutigen Stadt Schwäbisch Gmünd mündet das Rotenbachtal in das Remstal. Hier endet der obergermanische und beginnt der raetische Limes. Dieser unterscheidet sich im wesentlichen erst in der letzten Phase vom obergermanischen. Die Palisade wurde aufgegeben. Es wurde eine Mauer gebaut, die die Steintürme miteinander verband. Die Höhe der raetischen Mauer betrug 2 – 3 m, sie war 1,20 m breit.
Um kleinere räuberische Überfälle abzuwehren, war eine Nachrichtenübermittlung zwischen den einzelnen Wachttürmen nötig. Dies geschah durch Rauch- und Feuerzeichen oder auch durch Hornsignale von Turm zu Turm bis zum nächsten Kastell.
Der Zweck des Limes bestand darin, das Überschreiten der Grenze zu erschweren und die Überwachung zu erleichtern. An festgelegten Übergangsstellen wurde der Durchgangsverkehr kontrolliert. Dort konnten Kaufleute mit ihren Waren die Grenze vom römischen Gebiet ins freie Germanenland und umgekehrt überqueren.

M 6.8 Der Limes am Ende des 2. Jahrhunderts n. Chr.

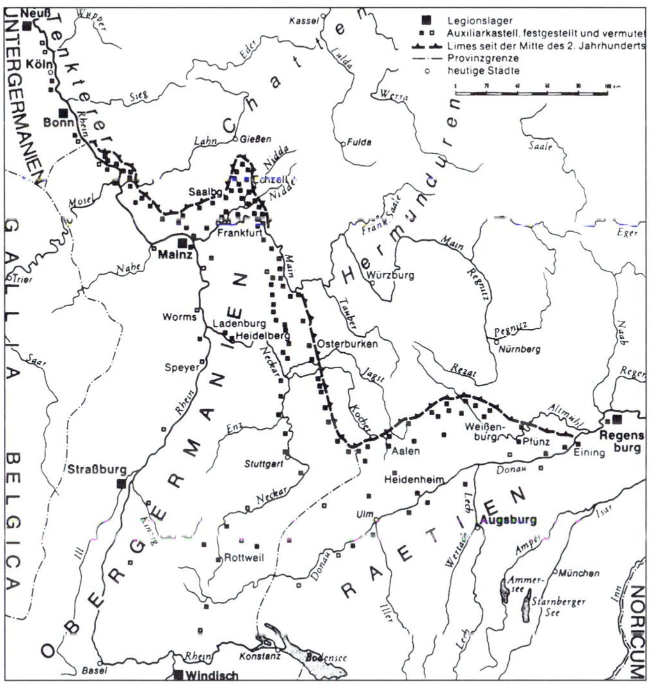

M 6.9 Abwehr eines kleinen Überfalls

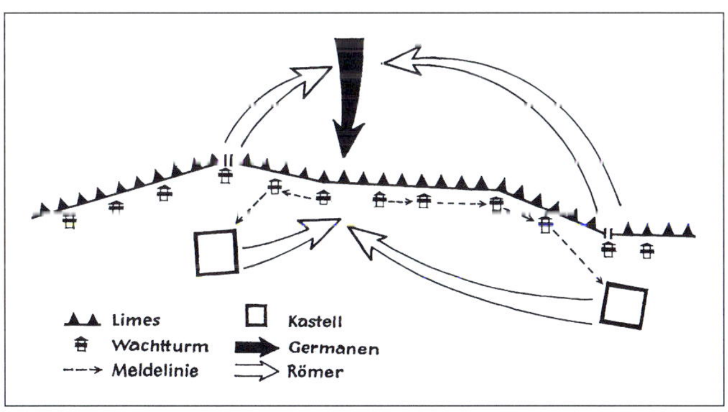

Lösung der Aufgaben
a) Römisch waren: Teile von Nordrhein-Westfalen, Saarland, Rheinland-Pfalz, Baden-Württemberg, Teile von Bayern; alle anderen liegen auf germanischem Gebiet,

b) Diese Aufgabe ist auf die jeweilige Heimatgemeinde der Schüler bezogen und kann daher nicht generell beantwortet werden.
c) Der obergermanische Limes bestand in seinem letzten Bauzustand aus Steintürmen, Wall, Graben und Palisade. Der raetische Limes bestand aus einer Mauer, in die die Steintürme mit einbezogen waren.
d) Sobald die Besatzung eines Wachtturmes beobachtete, wie sich ein Trupp von Feinden näherte, gab die Besatzung Signale an die beiden zunächst gelegenen rückwärtigen Lager, was meist über die nächsten Wachttürme ging. Von den Lagern aus stieß jeweils ein Teil der Soldaten über den Limes vor, um den Feind vom Rücken her anzugreifen, ein Teil versuchte den Feind von vorne aufzuhalten. So kam ein Zangenangriff zustande.

7. Das Leben in der Stadt

Einführung (vgl. Basiswissen S. 16)
Das Leben in den Städten, aber auch in den kleineren Siedlungen (vici) einer Gebietskörperschaft (civitas) bot mehr Annehmlichkeiten, aber auch differenziertere Verdienstmöglichkeiten als das Leben auf dem Land. In jeder städtischen Siedlung gab es eine Reihe öffentlicher Bauten, die nicht nur das Stadtbild verschönerten, sondern auch das Leben der Bewohner angenehmer und abwechslungsreicher machten. Trotz der starken sozialen Unterschiede in der Bevölkerung konnten auch die ärmeren Stadtbewohner an den Vergnügungen teilnehmen, da es üblich war, dass die Gemeinderäte (decuriones) Stiftungen wie Zirkus- und Theaterveranstaltungen machten oder solche, die für eine gewisse Zeit den kostenlosen Besuch der Thermen ermöglichten.

Didaktische Hinweise
Die Schüler sollen, ausgehend von ihrer Heimatgemeinde, die verschiedenen Siedlungsformen im römischen Reich sowie ihre Größenverhältnisse und zugleich die Unterschiede zu den heutigen Verhältnissen kennenlernen. Dann sollen sie über Pläne, Modelle und Ansichten mit den wichtigsten öffentlichen Bauten in einer römischen Stadt, aber auch mit den unterschiedlichen Wohnformen und damit indirekt der sozialen Schichtung bekannt werden.

Zu den Materialien

Übersicht

Themen	Methoden	Materialien
Plan einer Stadt	Arbeit am Stadtplan, Aufgaben	M 7.1
Wichtige Gebäude	Bildarbeit Bildarbeit Bildarbeit, Aufgaben	M 7.2 M 7.3 M 7.4
Vergnügungen	Bildarbeit, Aufgaben	M 7.5
Wohnen	Bildarbeit, Aufgaben	M 7.6

M 7.1 Plan der CUT

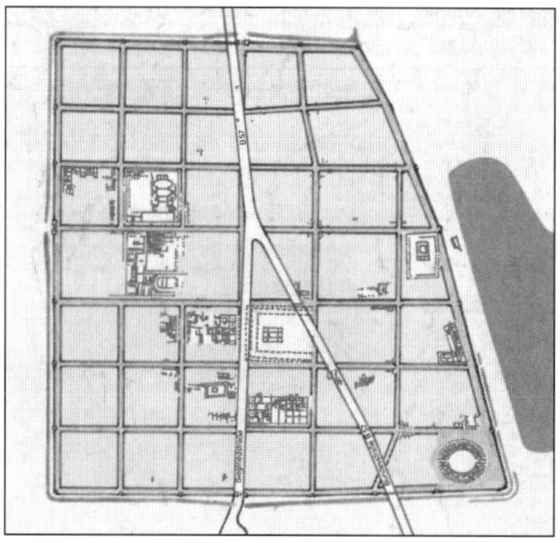

Die CUT (Colonia Ulpia Traiana) liegt auf dem Stadtgebiet von Xanten am Niederrhein. Der größte Teil wurde im Mittelalter und in der Neuzeit nicht überbaut. Allerdings benutzten die Bewohner Xantens nach der Römerzeit die aufgegebene Stadt als Steinbruch, so dass nur unterirdisch noch Fundamente vorhanden waren. Heute liegt auf dem Boden der CUT ein archäologischer Park.

Lösung der Aufgaben
a) Regelmäßigkeit der Anlage
b) U. a. Amphitheater, Wohnhäuser
c) S. auch Antwort a

M 7.2 Hauptforum in Augst bei Basel (Schweiz)
Ursprünglich war das Forum (der Marktplatz) einer römischen Stadt wirklich der Ort, wo der Markt stattfand. All-

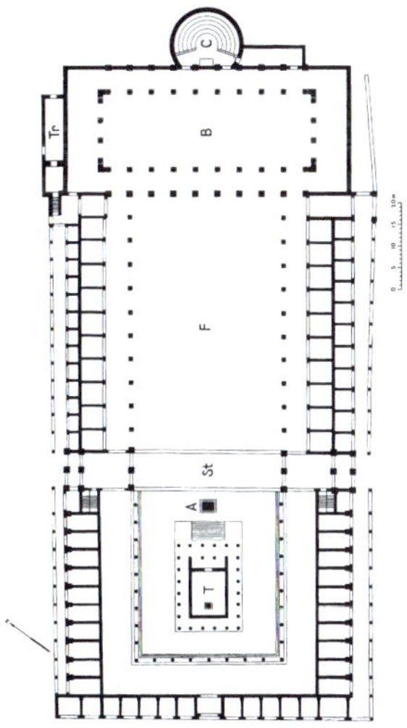

mählich entwickelte sich das Forum zum politischen Repräsentationsplatz, an dem die wichtigsten Verwaltungsgebäude und häufig der Tempel des höchsten Staatsgottes, nämlich Iupiters, lag. Hier traf man sich, um Geschäfte zu besprechen und abzuwickeln, Prozessreden wurden in der großen Markt- und Gerichtshalle (Basilica) gehalten, Richter sprachen hier Recht. Der Gemeinderat tagte im nahegelegenen Rathaus (Curia). In den Geschäften rund ums Forum konnten die Bewohner einkaufen, und vor dem Tempel wurden Opfer dargebracht.

M 7.3 Kaiserthermen in Trier

In Folge der Reformen Diokletians wurde Trier Residenz. Von Anfang an war die Errichtung einer Thermenanlage für den Hofstaat und die Verwaltung vorgesehen. Der Flächenbedarf dafür wurde am Randbereich der Stadt ausgewiesen, der offenbar seit den Invasionen und Zerstörungen um 250 n.Chr. in Trümmern lag. Der Bau war 250 m lang und 145 m breit. Allerdings wurde zwischen 364 und 375 die Anlage umgebaut, vermutlich um Ersatz für aufgegebene Privatpaläste der kaiserlichen Familie zu bieten. An der Nordostseite des Umbaus wurden daraufhin neue, kleinere Thermen errichtet.

M 7.4 Theater

Das Marcellus-Theater in Rom ließ Augustus zu Ehren seines früh verstorbenen Neffen und Schwiegersohnes Marcellus (gestorben 23 v.Chr.) errichten. Es wurde 13 oder 11 v. Chr. eingeweiht. Schon im 4. Jh. wurden aus dem verfallenen Theater Steine abtransportiert. Seit dem Mittelalter bauten dann römische Adlige die Ruine als Festung und Palast aus. Die beiden unteren Geschosse des Außenbaus wurden in ihrem ursprünglichen Zustand belassen.

Lösung der Aufgaben

a) Heute gibt es Musicals, die Schauspiel, Tanz und Gesang vereinen.

b) Wohnungen

M 7.5 Vergnügungen in der Stadt

Amphitheater und Gladiatorenkampf; Modell des Circus Maximus in Rom und Wagenrennen im Circus Maximus in Rom, Relief, Ende des 3. Jh. n. Chr.

Die Gladiatoren waren berufsmäßige Fechter, die auf Leben und Tod gegeneinander kämpften. Es waren häufig Sklaven oder Kriegsgefangene, seltener Freie. Seit Caesar fanden die Kämpfe auch auf Staatskosten statt. Sie waren beim Publikum sehr beliebt.

Die Römer bezeichneten die Bahn für Wagenrennen als Circus. Diese Rennen waren ebenfalls sehr beliebt. Vier Gespanne mussten üblicherweise siebenmal die elliptische Bahn umrunden. Es wurden auch Wetten abgeschlossen.
Das Relief (Marmor. 0,50 m hoch, 1,29 m breit) stammt aus einem Grabbau aus der Umgebung von Foligno und befindet sich heute im Museo Civico, Foligno.
Der Bildhauer lässt den Betrachter vom Aventin aus auf die Rennbahn schauen. Am leicht geschwungenen Nordwestende lagen die Ställe für Pferde und Wagen, die sog. carceres. Am halbrunden Südostende stand ein dreitoriger Bogen zu Ehren des Kaisers Titus. Die das Spiel veranstaltenden Magistrate hatten eine besondere Loge, die sich über den carceres befand. In der Länge war die Bahn durch die spina unterteilt, an deren Enden die metae standen, je drei hohe konische Gebilde aus Bronze. Auf der spina standen verschiedene Bauten und Denkmäler wie ein Obelisk, Götterbilder, Altäre. Rings um die Bahn rasen acht Viergespanne. Das rechte Pferd des Gespanns, das vor den carceres in die letzte Runde geht, bricht gerade zusammen. Die Reiter hatten die Aufgabe, die Gespanne anzufeuern. Diener besprengen die Bahn mit Wasser, um die Staubentwicklung in Grenzen zu halten, sie brechen schon in Jubelrufe aus.

Lösung der Aufgaben
a) Wagenrennen, Fechtkampf (Gladiatorenkampf)
b) Forum – Marktplatz – gibt es noch heute; Thermen – Bäder – gibt es noch heute; Theater – gibt es noch heute – Amphitheater – in erhaltenen Amphitheatern der Römer werden heute z. B. Opern aufgeführt wie etwa in Verona, Schauspiele in Augst oder Stierkämpfe in Arles
– Circus – es gibt bei uns heute die Bezeichnung Zirkus, aber es handelt sich dabei nicht mehr um Wagenrennen mit einem Viergespann.

M 7.6 Wohnen in einer römischen Stadt

Rekonstruktion des vornehmen Hauses am Kölner Dom; Dionysosmosaik, Fußboden aus diesem Haus; Mietshaus in Rom; Wohnen im Mietshaus

In einer Stadt gab es große soziale Unterschiede, die sich an den verschiedenen Wohnmöglichkeiten verdeutlichen lassen. Es gab vornehme Häuser, in denen eine Familie mit ihren Sklaven oder Mägden und Knechten wohnte. Ein solches Haus wurde 1941 in Köln bei Notgrabungen entdeckt. Im seinem Hauptraum befand sich das sog. Dionysos-Mosaik, als Fußbodenschmuck verlegt. Es bedeckt eine Fläche von ca. 7 m x 10,67 m und liegt heute an der Stelle seiner Auffindung. Aus kunsthistorischen Gründen kann es in den Anfang des 3. Jahrhunderts datiert werden und wird einer größeren rheinisch-moselländischen Werkstatt zugeschrieben. In der Mitte des Mosaiks erscheint ein trunkener Gott, der von einem Gefährten gestützt wird. Durch Weinlaubkranz, Stab und Trinkbecher ist er als Dionysos gekennzeichnet. Der Panther ist sein heiliges Tier. In den umliegenden Feldern ist der Reigen des Gottes dargestellt, zu dem Satyrn, Silene, Maenaden, aber auch der bocksbeinige Hirtengott Pan mit seinem Ziegenbock und der auf einem Löwen reitende Eros gehören. Satyrn und Maenaden tanzen, musizieren und jagen sich. Am Rande des Mosaiks sind Enten, Tauben und andere Vögel, Obstbäume und Früchte dargestellt. Dionysos ist auf dem Mosaik nicht nur als Gott des Weines, sondern als der große Vegetationsgott aufgefasst.
Die Mehrzahl der Bevölkerung lebte in beengten Verhältnissen in Mietshäusern. Das Erdgeschoss eines mehrstöckigen Mietshauses war für Läden, Werkstätten und Garküchen vorgesehen. Durch hohe gebogene Eingänge gelangte man in einen offenen Innenhof, wo sich ebenfalls Werkstätten oder Lagerräume befanden. Häufig war das Mietshaus außen noch von einem Säulengang umgeben, auf dem sich Balkone befanden, die zu den Wohnungen im ersten Obergeschoss gehörten. So schön diese Häuser von außen aussehen, so wenig bequem waren sie im Innern. Es gab keine Zentralheizung. Lediglich im Erdgeschoss konnte der eine oder andere Raum mit Fußbodenheizung (Hypokaustheizung) versehen sein. Alle anderen Räume konnten lediglich durch tragbare Holzkohlebecken erwärmt werden. Wenn es einen eigenen Wasseranschluss für ein Mietshaus gab, so befand der sich ebenfalls im Erdgeschoss. Ansonsten musste das Wasser an einem nahegelegenen Brunnen geholt werden. Im übrigen waren die Bewohner auf öffentliche Latrinen angewiesen. Die Mieten waren vor allem in Rom sehr hoch. Daher kam es, dass sich sehr viele Familien nur eine kleine Wohnung oder ein Zimmer leisten konnten.

Lösung der Aufgaben
a) –
b) Es handelt sich um einen sehr hohen Raum, in den ein Boden eingezogen ist, zu dem eine Holzstiege führt. Oben ist der spärlich möblierte Wohn- und Schlafraum der Familie. Die Mutter und zwei Kinder sind zu sehen. Unten ist ein Verkaufsraum. In der Theke, hinter der der Mann steht, sind Töpfe eingelassen. Weiter sind verschiedene Vorratsgefäße zu sehen.
c) wegen seiner Größe eine Kostbarkeit

8. Das Leben auf dem Land

Einführung (vgl. Basiswissen S. 17)
Die Landwirtschaft bildete trotz des entwickelten Städtewesens die wirtschaftliche Grundlage des römischen Reiches. Da die Gehöfte nicht zusammen lagen, waren die Bewohner darauf angewiesen, die landwirtschaftlichen Produkte selbst weiterzuverarbeiten, z. B. Milch zu Käse oder Fleisch zu Würsten. Damit wurde dann der nächstgelegene Markt beliefert. Bei mittleren und größeren Gehöften war meist noch ein kleiner Handwerksbetrieb wie eine Schmiede, eine kleine Ziegelei, eine Kalkbrennerei oder eine Töpferei vorhanden, die nicht nur den Eigenbedarf deckte, sondern auch den der umliegenden Gutshöfe. Ein Gutshof konnte von seinem Besitzer mit Hilfe von Sklaven und freien Knechten und Mägden bewirtschaftet werden. Es gab aber auch Pächter, die alleine oder zusammen mit anderen Pächtern das Gut bearbeiteten. Es gab nicht nur Höfe in Privatbesitz, sondern auch kaiserliche Domänen. Auf ihnen lebte die einheimische Bevölkerung häufig als Pächter. Wie hoch die Pacht war, ist allerdings nicht bekannt.
Obgleich beinahe jeder Gutshof über ein Bad verfügte, war das Leben der Bevölkerung auf dem Land doch von dem der Stadtbewohner sehr verschieden. Zu gewissen Feiertagen strömte zwar die Landbevölkerung in die nächstgelegene Stadt, doch alle konnten sich das nicht leisten, außerdem war der Weg für den, der keinen Wagen besaß, recht beschwerlich.

Didaktische Hinweise
Die Schüler sollen die unterschiedlichen Lebensbedingungen auf dem Land im Gegensatz zum städtischen Leben erfassen. Zugleich sollen sie anhand von Abbildungen sehen, wie funktional bereits damals die landwirtschaftlichen Geräte waren. Informationen über Verbesserungen der Römer auf dem Gebiet des Anbaus und die Einführung des Weinbaus sollen ihnen den damaligen hohen Standard in der Landwirtschaft verdeutlichen. Die soziale Lage der Bauern auch im Verhältnis zu einem reichen Grundbesitzer wird ebenfalls durch Bild und schriftliche Quelle angesprochen.

Zu den Materialien

Übersicht

Themen	Methoden	Materialien
Römische Gutshöfe	Kartenarbeit, Aufgabe Bildarbeit, Aufgaben	M 8.1 M 8.2
Arbeiten auf dem Lande	Textarbeit Arbeitsblatt, Aufgaben Textarbeit	M 8.3 M 8.4 M 8.5
Leben auf dem Lande	Bildarbeit, szenisches Gestalten Textarbeit, Aufgaben	M 8.6 M 8.7

M 8.1 Die römischen Gutshöfe

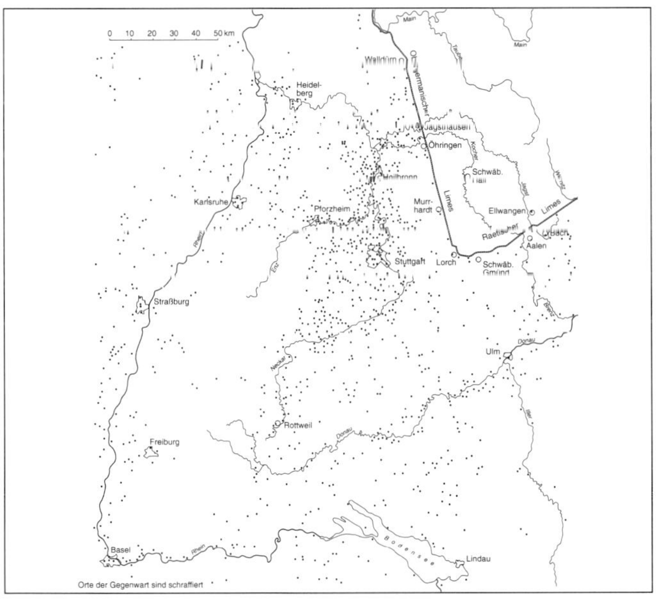

Auf der Karte sind lediglich die bekannten römischen Gutshöfe im Gebiet zwischen Oberrhein und Limes verzeichnet.

Lösung der Aufgabe
– Aus der ungleichen Verteilung der zahlreichen Gutshöfe wird deutlich, wie sich Landschaft des Schwarzwaldes und die Bodenbeschaffenheit auf die Lage der Höfe auswirkten.

M 8.2 Ludwigsburg-Hoheneck. Rekonstruktionsversuch der Hofanlage

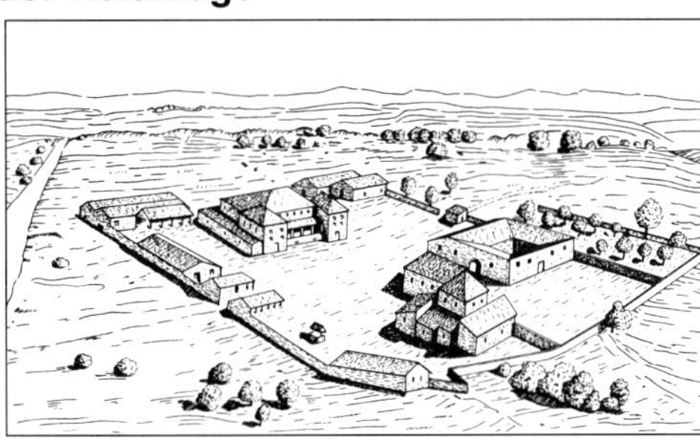

Es ist schwierig und immer mit einer Reihe von Ungewissheiten belastet, wenn man versucht, Gebäude, von denen nur noch die Grundmauern erhalten sind, zu rekonstruieren. Andererseits macht eine Rekonstruktionszeichnung einen Grundriss erst lebendig.

Lösung der Aufgaben

a) Die Mauer diente dem Schutz vor wilden Tieren, sie hatte aber auch den Zweck, das Kleinvieh wie Hühner und Gänse besser überwachen zu können.

b) Das Gutshaus ist an der Säulenhalle zu erkennen.

M 8.3 Römisches Wissen in der Landwirtschaft: Pflanzen

M 8.4 Landwirtschaftliche Geräte

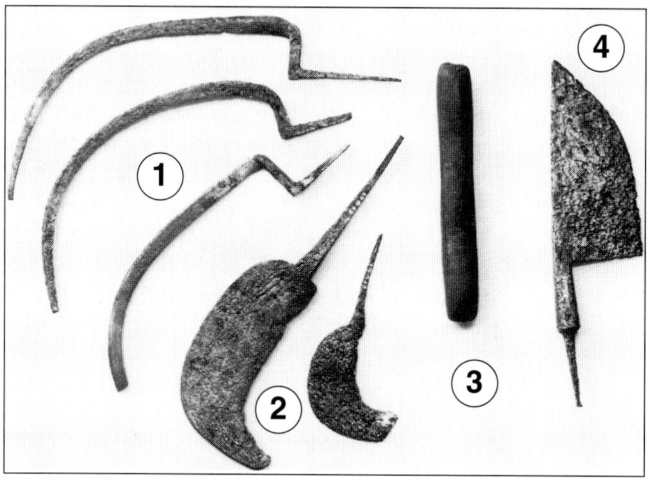

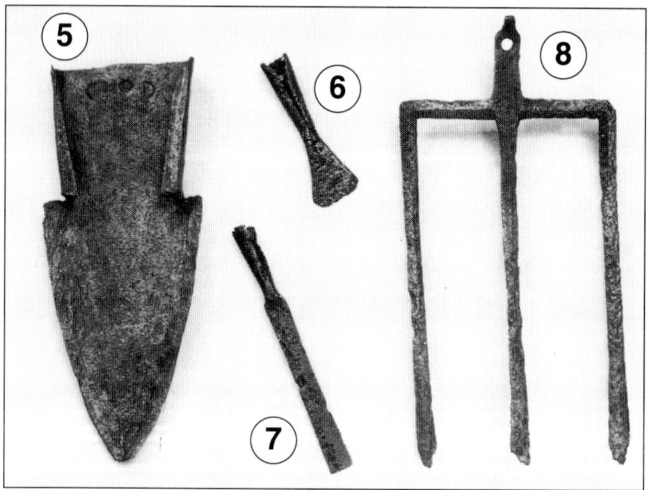

Die Form der landwirtschaftlichen Geräte hat sich bis heute wenig geändert. Obgleich die abgebildeten Geräte immer noch im Gebrauch sind, werden, soweit es sinnvoll und möglich ist, heutzutage Maschinen eingesetzt.

Lösung der Aufgaben:

a) 1 = Sicheln, 2 =Winzermesser, 3 = Wetzstein, 4 = Haumesser, 5 = Pflugschar, 6 = Rindenschäler, 7 = Stechbeitel, 8 = Gabel,

b) Die Formen der Geräte sind heute noch weitgehend dieselben.

c) Die Stiele fehlen, da Holz sich nur unter besonders günstigen Bedingungen im Boden erhält, etwa unter Luftabschluss.

M 8.5 Ein aufsehenerregender Neufund

Die Paläobotanik hat eine Reihe von aufschlussreichen Ergebnissen erbracht, die hier kurz zusammengefasst sind. Dazu kommen immer wieder aufsehenerregende Neufunde, die unser Wissen um die römische Landwirtschaft bereichern.

M 8.6 Pachtzahlung. Reliefquader eines Grabmals aus Neumagen

Lösung der Aufgabe

– Am Tisch sind drei Männer mit Geld und Kontobüchern beschäftigt. Hinter ihnen stehen vier Pächter mit Kapuze, die ihren Pachtzins bezahlen. Der Pächter vorne hat seine Geldtasche am ledernen Riemen umgehängt. Wohl abgezähltes Geld liegt in einem Flechtkorb, der neben den aufeinander liegenden Schreibtafeln steht. Aus dem auf dem Tisch liegenden Münzhaufen hat einer der Büroleute eine Münze herausgegriffen, die ihm nicht ganz echt zu sein scheint. Er zeigt sie dem Bauern.

M 8.7 Ein vornehmer Landwirt

Plinius der Jüngere (62 – ca. 114) aus Comum in Oberitalien war der Neffe des Naturforschers Plinius des Älteren. Er lebte in Rom als Anwalt, durchlief die Ämterlaufbahn, war Konsul und zuletzt Statthalter der kaiserlichen Provinz Bithynien. Er hinterließ eine Sammlung von 120 Briefen, die er zur Veröffentlichung bestimmt hatte. Besonders wichtig ist seine Schilderung des Vesuvausbruchs (79 n. Chr.), bei dem sein Onkel ums Leben kam.

Lösung der Aufgaben

a) Plinius liest und schreibt gerne, er ist Schriftsteller und bekleidet in Rom öffentliche Ämter.

b) Sein Gut wurde von Bauern, die jeweils Teile gepachtet hatten, bewirtschaftet. Plinius war an ihren Sorgen nicht sonderlich interessiert.

9. Römische Kleidung

Einführung

In erster Linie geben die antiken Statuen und Reliefs Zeugnis von der Kleidung der Griechen und Römer. Sie webten ihre Stoffe häufig aus Wolle. War das Gewebe nicht allzu fest gewebt, ergab sich ein schöner Faltenwurf. Aber auch Leinen, Baumwolle und Seide waren bekannt. Seide war allerdings sehr teuer, da sie aus China eingeführt wurde. Es gab auch Mischgewebe wie beispielsweise Wolle mit Baumwolle. Will man römische Kleidung nachbilden, so bietet es sich an, auf möglichst billigen Nessel (ungebleichte Baumwolle) zurückzugreifen, den es im Stoffgeschäft zu kaufen gibt. Auch alte Bettlaken eignen sich. Die Römer kannten auch gefärbte Stoffe. Allerdings färbten sie mit Pflanzenfarben. Falls es gewünscht wird, kann der Stoff gefärbt werden. Man sollte jedoch Pflanzenfarben verwenden, da sie den Originalen näher kommen als die modernen Indanthrenfarben. Häufig wurde die Kleidung mit Fibeln zusammengesteckt. Fibeln waren Broschen, die zum Teil aufwendig verziert waren. Sie waren aus Bronze oder Eisen, es gab aber auch solche aus Silber oder Gold. Es bietet sich an, anstatt Fibeln große Sicherheitsnadeln zu verwenden.

Didaktische Hinweise

Es ist eine besondere Erfahrung, wenn man ein nachgemachtes antikes Kleidungsstück anhat und feststellt, wie bequem es ist, oder aber aufpassen muss, das das lediglich drapierte Gewand nicht ins Rutschen kommt und man sich in den Stoffmassen verheddert. Es ist wichtig, den Schülern für jedes Kleidungsstück, das nachgebildet und dann auch angelegt wird, zuerst die antike Vorlage oder eine gute Rekonstruktionszeichnung zu zeigen. Erfahrungsgemäß lässt sich die beschriebene römische Kleidung ohne besondere Fertigkeiten im Nähen zusammen mit den Schülern leicht herstellen mit Ausnahme der Toga. Bereits beim Schnitt, aber insbesondere beim Aufnähen eines Streifens ist näherisches Geschick erforderlich.
Die Schüler sollten die Gelegenheit erhalten, sich zu äußern, wie sie sich in dieser Kleidung fühlen, wie sie ihnen gefällt. Denn die antike Kleidung vermittelt z.T. ein ganz anderes, ungewohntes Körpergefühl. Im übrigen bietet es sich an, in der römischen Kleidung Statuen nachzustellen, aber auch Theater zu spielen oder ein römisches Fest zu feiern. Für alle hier vorgestellten Möglichkeiten gilt, dass sie möglichst einfach herzustellen sind. Aus Gründen der Praktikabilität wurde darauf verzichtet, weitere Varianten vorzustellen.

Zu den Materialien

Übersicht

Themen	Methoden	Materialien
Die einfachste Arbeitskleidung	Bild- und Textarbeit, praktische Arbeit	M 9.1
Die Tunika	Bild- und Textarbeit, praktische Arbeit	M 9.2
Der Mantel	Bild- und Textarbeit, praktische Arbeit	M 9.3
Der Peplos	Bild- und Textarbeit, praktische Arbeit	M 9.4
Kurzer Reise- oder längerer Militärmantel	Bild- und Textarbeit, praktische Arbeit	M 9.5
Die Toga	Bild- und Textarbeit, praktische Arbeit	M 9.6 M 9.7

10. Freizeit und Schule

Einführung

Der technische Standard im römischen Reich, vor allem in Bezug auf Wasserversorgung und Hygiene, war sehr hoch. So gehörte zu jedem Kastell ein Badegebäude, das außerhalb des Lagers, aber in unmittelbarer Nähe gelegen war. Auch jede villa rustica hatte ihr Badegebäude und in den Städten gab es große Badeanlagen, die Thermen. Vornehme Häuser, in denen lediglich eine Familie wohnte, hatten ihr eigenes Bad. Das tägliche Bad war für die Römer selbstverständlich. Neben der Körperpflege diente es als Treffpunkt, wo man Geschäftspartner, Bekannte und Freunde traf. Man hielt sich gerne und lange in den Thermen auf.
So ist es sicher kein Zufall, dass viele Spielsteine in Bädern gefunden wurden. Nicht nur die Erwachsenen vergnügten sich gerne beim Spiel, sondern vor allem die Kinder und Jugendlichen. Wie aus den Abbildungen deutlich wird, benötigte man zum Spielen nicht unbedingt ein schönes Spielbrett, sondern stellte es selbst her, wenn man einen Ziegel oder einen passenden Stein fand. Erwachsene und Kinder haben auch häufig mit Knöcheln gespielt. Dabei handelte es sich um die Knöchelchen aus dem Sprunggelenk der Hinterbeine von Schafen, Ziegen und Kälbern. Solche Knochen waren reichlich vorhanden und nicht teuer. Besonders beliebt bei den römischen Kindern war das Spielen mit Nüssen.
In Rom gab es keine allgemeine Schulpflicht. Allerdings war es in der römischen Kaiserzeit üblich, dass Jungen und Mädchen in die Schule (lateinisch schola) geschickt wurden, sofern die Eltern nicht einen gebildeten Sklaven als Hauslehrer hatten. Diese Schule, in der Lesen, Schreiben und Rechnen gelernt werden sollte, war meist ein einfacher Raum, von der Straße oft nur durch einen Vorhang abgetrennt. Da der Lehrer (magister ludi) nicht viel Schulgeld verlangen konnte, musste er viele Kinder unterrichten. Mit dem Besuch einer solchen Schule war für die meisten Kinder die Schullaufbahn beendet.
Nur Eltern aus einer gehobenen Schicht schickten ihre Kinder in eine weiterführende Schule zum grammaticus. Auch hier waren Mädchen und Jungen zusammen. Es wurde methodisch Grammatik gelernt, und die klassischen Dichter wurden gelesen und erklärt. Daneben gab es auch Mathematiklehrer, Geometrielehrer und Musiklehrer. Doch vermutlich besuchten nicht alle Schüler den Unterricht in diesen Fächern.
Darüber hinaus gab es den Hochschulunterricht, der vor allem in der Redekunst (Rhetorik), aber auch in Philosophie bestand. Daneben gab es aber auch Rechtsschulen und Unterricht in anderen Wissenschaften.
Die Lesefähigkeit zumindest in den Städten war also weit verbreitet. Aelius Aristides formuliert das in seiner Rede „Auf Rom“ folgendermaßen: „Überall gibt es Gymnasien, Brunnen, Vorhallen, Tempel, Werkstätten und Schulen.“

Didaktische Hinweise

Die Themen Baden, Spielen und Schule gehören unmittelbar zur Erfahrungswelt der jüngeren Schüler. Sie können sich damit identifizieren und entdecken über Bild- und Schriftquellen Gemeinsamkeiten, aber auch Unterschiede zwischen ihrem Leben heute und dem damaligen Leben.
Es bietet sich an, die Nüssespiele nicht nur zu behandeln, sondern von den Schülern spielen zu lassen. Sie machen das in der Sekundarstufe I erfahrungsgemäß mit großer Begeisterung.
Ebenso lässt sich der antike Schulbuchtext, der den Schüleralltag damals schildert, in römischer Kleidung sehr gut nachspielen. Besonders reizvoll ist es, wenn die Hälfte der Klasse den Tagesablauf nach der antiken Vorlage spielt und die andere Hälfte zuschaut. Im Anschluss daran, spielen dann die Schüler, die zuerst die Zuschauer waren, ihren heutigen Tageslauf.

Zu den Materialien

Übersicht

Themen	Methoden	Materialien
Baden	Bildarbeit, Aufgaben Arbeit am Schema, Aufgaben Textarbeit, szenische Darstellung	M 10.1 M 10.2 M 10.3
Spielen	Bildarbeit, Aufgaben, Spiele Textarbeit Bildarbeit, Aufgaben	M 10.4 M 10.5 M 10.6
Schule	Bild- und Textarbeit Bildarbeit, Aufgaben Textarbeit, Aufgaben Textarbeit, Aufgaben	M 10.7 M 10.8 M 10.9 M 10.10

M 10.1 Das Kastellbad von Walldürrn, Grundriss und Rekonstruktion; Holzpantoffeln, Schaber und Salbfläschchen zum Gebrauch im Bad

Diese Utensilien wie die abgebildeten wurden in vielen Bädern ausgegraben. Lediglich die Holzpantoffeln erhielten sich selten.

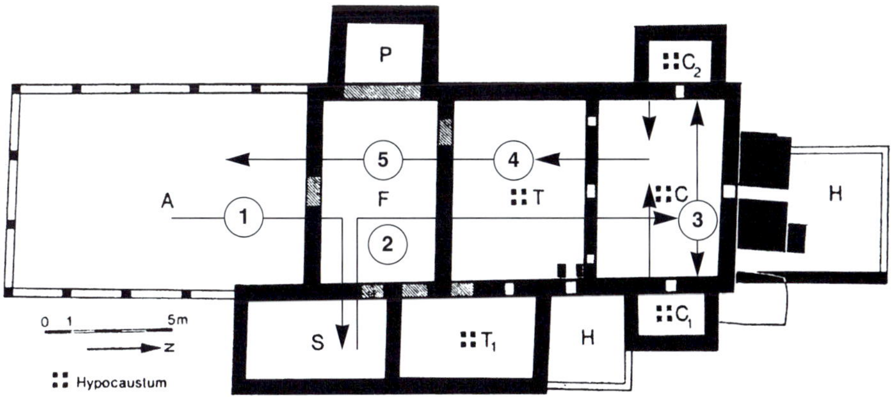

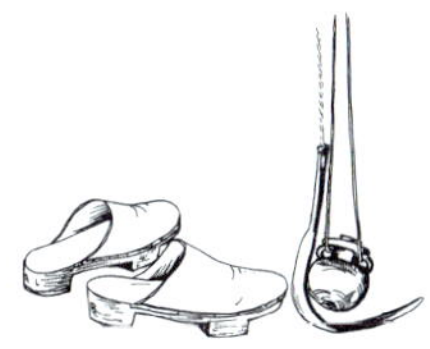

Lösung der Aufgaben
a) Vom Auskleideraum (A) in den Schwitzraum (S), von dort ins Warmbad (C) mit den gemauerten Wannen (C1), schließlich über den lauwarmen Raum (T) zurück zum Ankleideraum (A)
b) Es gibt noch öffentliche Bäder (mit Wannen); Sauna; vgl. auch türkische Bäder
c) Im Warmbad war der Fußboden so heiß, dass man sich ohne diese Pantoffeln die Füße verbrannt hätte.

M 10.2 Schema einer Hypokaustanlage

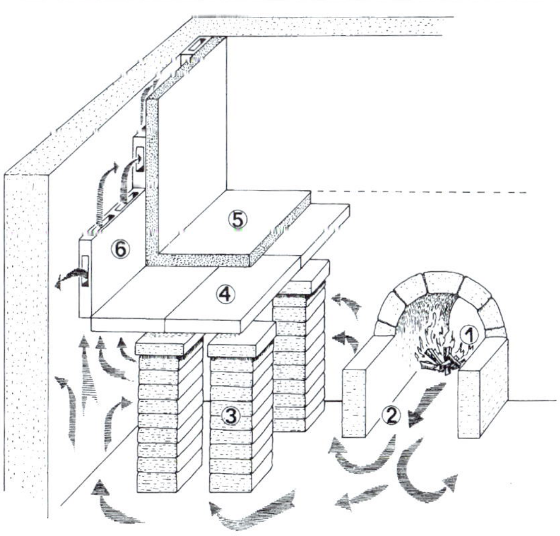

Lösung der Aufgaben
a) Das Feuer (1) brennt außerhalb des beheizten Fußbodens. Die heiße Luft strömt durch den Heizkanal (2) zwischen den Pfeilern (3) hindurch und zieht nach oben durch die hohlen Wandziegel (6) ab. Auf den Pfeilern liegen große Ziegel oder Platten (4), darauf ist der Estrich (5), der begehbare Fußboden, aufgebracht.
b) Auch heute gibt es Fußbodenheizungen.

M 10.3 Das Bad als Ärgernis
Der Text ist so anschaulich geschrieben, dass es Spaß macht, ihn bei einer Exkursion zu den Überresten eines römischen Badegebäudes nachzuspielen. Allerdings sollte das Spiel im Freien stattfinden wegen des entstehenden Lärms.

M 10.4 Spielsteine; verschiedene Spiele

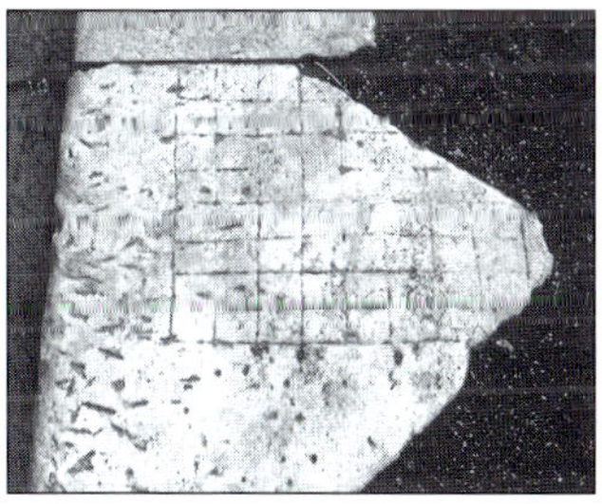

Hier sind Funde zusammengestellt, die Hinweise auf Spiele ergeben. Die Spielsteine sind aus Bein oder aus Keramik und Fensterglas – Abfall wurde wieder verwertet. Das erste Brettspiel ist nicht zu identifizieren. Das Spielbrett für Mühle ist eindeutig. Das andere entspricht einem Halma- bzw. Dame- oder Schachbrett. Die Römer spielten damit den ludus latrunculorum – das Söldnerspiel. Es handelte sich um ein anspruchsvolles Strategiespiel. Es kam darauf an, durch geschickte Züge der Spielsteine, die ohne Würfel getan wurden, gegnerische Steine zu erobern und zu blockieren.

Lösung der Aufgabe
a) Brettspiel mit Spielsteinen, Mühle, Halma oder Dame, evt. auch Schach
b) D = Halma; E = Mühle

M 10.5 Nüssespiele

M 10.6 Relief aus dem 3. Jh. n.Chr.
Lösung der Aufgaben
a) In dem Gedicht sind fünf Spiele versteckt: 1. Aus vier Nüssen werden kleine Häufchen oder Türmchen gebildet. Wie die Abbildung des Sarkophagreliefs (M 10.8) zeigt, kam es darauf an, mit gezieltem Wurf die Nüssetürmchen zu zerstören. 2. Ein schräg aufgestelltes Brett ist die Voraussetzung für ein anderes Nüssespiel. Bei ihm ließ man eine Nuß so herunterrollen, dass bereits unten liegende Nüsse getroffen wurden.3. Bei dem Spiel versteckt ein Spieler eine gewisse Anzahl von Nüssen in der Hand. Der Mitspieler muss raten, ob es sich um eine gerade oder ungerade Zahl handelt. Man kann auch variieren, indem die genaue Zahl erraten werden muss. 4. Mit Kreide malt man das große Delta auf den Boden bzw. ritzt es in den Erdboden ein und unterteilt es mit Querstrichen. Dann legt man fest, aus welcher Entfernung geworfen wird. Möglichst weit in die Spitze des Dreiecks soll der Spieler treffen, das ergibt den höchsten Gewinn. Selbstverständlich darf die Nuß nicht das Feld verlassen. 5. Es wird aus einer zuvor festgelegten Entfernung in ein Gefäß mit möglichst engem Hals geworfen.
b) Das Türmchenspiel
c) Der Reiz dieser Spiele besteht unter anderem darin, dass sich die Spielergruppe auf die Modalitäten wie z. B. die Entfernung, aus der geworfen wird, einigen muss. Viel Spaß bei der Erprobung!

M 10.7 Schreibgerät

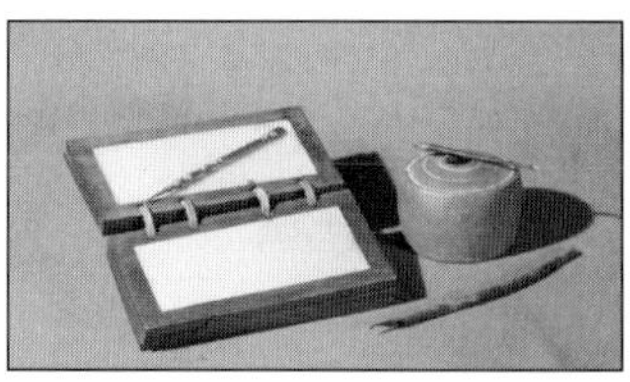

M 10.8 Schulrelief aus Neumagen an der Mosel

Das Relief stammt von einem Grabmal in Neumagen und befindet sich im Rheinischen Landesmuseum Trier. Es ist aus Sandstein gehauen, 0,60 m hoch, 1,93 m breit.

Lösung der Aufgaben
a) Zwei Schüler sitzen einander in Sesseln gegenüber, die auf Kugelfüßen stehen. Jeder hält eine aufgeschlagene Buchrolle vor sich, ihr verlegener Blick deutet darauf hin, dass sie nicht vorbereitet sind. Der Lehrer sitzt zwischen den beiden, sein Sessel hat eine Fußbank. Er trägt einen Bart. Von rechts tritt ein weiterer Schüler heran. Er hebt die rechte Hand zum Gruß, in der linken trägt er mehrere Schreibtäfelchen.
b) Eine solche Tafel ist leicht herzustellen. Man benötigt ein rechteckiges Brettchen, klebt an den Rändern Leisten auf und füllt die Vertiefung mit Wachs. Oftmals waren zwei Täfelchen mit Lederriemen verbunden.

M 10.9 Ein Schultag
Es bietet sich an, den Schultag eines römischen Schülers aus vornehmem Hause in entsprechender Kleidung nachspielen zu lassen. Selbstverständlich muss der Text zuvor besprochen sein.

Lösung der Aufgaben
Die Antworten werden sicher individuell ausfallen. Bei einer Befragung von 72 Schülern aller Schularten, die nach einer Führung im Museum mit römischen Funden den Text kennengelernt und in römischer Kleidung nachgespielt haben, ergaben sich folgende Antworten (die häufigsten drei Antworten werden aufgeführt):
a) Begrüßung, Sklaverei, fehlendes Frühstück.
b) Baden, Sklave, Selbstbestimmung in der Schule (Heimgehen, wenn man mit der Arbeit fertig ist). – Nachmittagsschule, Begrüßung, fehlendes Frühstück.
c) Schule, Waschen, Baden.

M 10.10 Gründung einer höheren Schule in Como
Aus dem Plinius-Text wird deutlich, dass es in der Regel nur in großen Städten höhere Schulen gab. An diesem Text werden die Unterschiede zu unseren Schulverhältnissen heute gut sichtbar.

Lösung der Aufgaben
a) Das jeweilige Land oder die Gemeinde
b) Plinius hält nichts von Schulen, für die man nicht bezahlen muss. Dabei gibt es, wie er aufgrund seiner Erfahrung betont, Missstände.
c) Diese Frage kann nur individuell beantwortet werden.

11. Viele Götter – oder ein Gott?

Einführung (vgl. Basiswissen S. 18 f.)
Angesichts der Christenverfolgungen ist es auf den ersten Blick erstaunlich, von der Toleranz der Römer in religiösen Dingen zu sprechen. Dennoch waren sie im Rahmen des Polytheismus tolerant, ja sie waren fremden Gottheiten gegenüber durchaus aufgeschlossen und verehrten sie, sofern sie sie nicht über die interpretatio Romana mit ihren Göttern gleichsetzen konnten. Lediglich beim Monotheismus der Christen kam es zu den bekannten Schwierigkeiten. Der jüdische Monotheismus, der auf ein Volk beschränkt war, galt als Ausnahme. Anders war es bei den Christen. Dazu kam, dass im Laufe der Zeit die Bedrohung des römischen Reiches von außen zunahm. Gerade in den Zeiten der Gefahr schien das Verhalten der Christen bedrohlich, da sie in den Augen der Römer dem Kaiser und dem imperium die Loyalität verweigerten. Es gibt einen zeitlichen Zusammenhang zwischen der Bedrohung des Reiches von außen und den Christenverfolgungen. Mit der constantinischen Wende wurde das Christentum als gleichberechtigt mit den anderen Religionen anerkannt, doch Kaiser Constantin bekannte sich zum Christentum und bevorzugte die Christen. Andererseits hielt er es für selbstverständlich, sich in die Belange der Kirche einzumischen. Mit der Erhebung des Christentums zur alleinigen Religion, zur Staatsreligion, durch Kaiser Theodosius gab es keine Toleranz mehr für andere Religionen, auch wenn sich die Bestimmungen nicht überall durchsetzen ließen.

Didaktische Hinweise
Die Schüler sollen erkennen, dass die Vermischung und Anerkennung auf religiösem Gebiet das gegenseitige Verstehen erleichterte. Es soll auch deutlich werden, dass manche Kulte nur lokal verbreitet waren, andere im gesamten römischen Reich. Wie sich dagegen das Christentum als monotheistische Religion abhob und welchen Vorwürfen und Verfolgungen es ausgesetzt war, soll einsichtig werden. Das Edikt des Galerius zeigt, dass das Christentum so stark geworden war, dass es schließlich geduldet werden musste. Die Abbildungen des Christusmonogramms sind ein sichtbares Zeichen für die Ausbreitung.

Zu den Materialien

Übersicht

Themen	Methoden	Materialien
Über Religion bei den Römern	Textarbeit Bild- und Textarbeit, Aufgaben Textarbeit, Aufgabe	M 11.1 M 11.2 M 11.3
Christen in der Verfolgung	Bildarbeit, Aufgaben Textarbeit, Arbeitsblatt Textarbeit, Aufgaben	M 11.4 M 11.5 M 11.6
Der Sieg des Christentums	Textarbeit, Aufgaben Textarbeit, Aufgaben	M 11.7 M 11.8

M 11.1 Viele Götter – oder ein Gott?

Der Text verdeutlicht den Polytheismus und die interpretatio Romana

M 11.2 Matronenstein aus Bonn
Obwohl bisher im Rheinland mehr als tausend Matronensteine, ganz oder beschädigt, gefunden worden sind, gibt es keine schriftliche Überlieferung zu diesem Kult, von dem seit 260 n.Chr. auch keine Votivsteine mehr überliefert sind. Q. V. Severus muss wegen der Qualität des Steins sehr reich gewesen sein – sonst hätte er auch nicht Quästor werden können; die weitaus meisten Votivsteine enthalten nur Inschriften.
Die Deutung des Matronenkults ist unsicher und kann deshalb von den Schülern in der Form von Hypothesenbildung selbst versucht werden. In der Aufgabe wurde mit dem Hinweis auf Fruchtbarkeit allerdings eine Hilfe gegeben.
Die Sitte der Votivgaben – votum im Sinne von Gelübde – ist in der katholischen Kirche bis heute lebendig geblieben, besonders an Wallfahrtsorten. Ein Unterrichtsgespräch darüber könnte das Weiterwirken ältester religiöser Verhaltensweisen deutlich werden lassen und Verständnis dafür wecken.

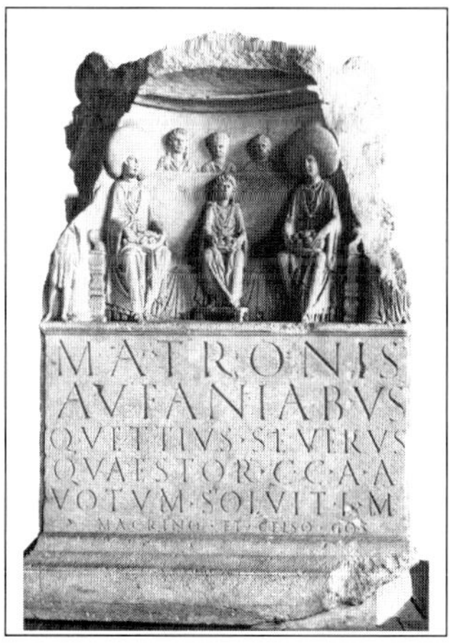

Lösung der Aufgaben

a) Die mittlere Göttin trägt keine Haube und ist dadurch als junges Mädchen gekennzeichnet. Ein Vergleich mit der Sitte in vielen türkischen Familien bietet sich an.

b) Es scheint sich um Großmutter, Mutter und Tochter zu handeln.

c) Fruchtbarkeit der Felder: Die Dreizahl könnte Frühjahr, Sommer und Herbst bedeuten oder aber Fruchtbarkeit in der Ehe, dargestellt in den drei Frauen-Generationen.

d) Die Familie des Stifters (Vater, Mutter und Tochter). Die Größenunterschiede symbolisieren die Differenz von Göttern und Menschen. Vielleicht ging der Wunsch nach einem Kind in Erfüllung.

e) Religiöse Toleranz

f) Durch Reduzierung auf den ersten Bestandteil und dessen Verkürzung infolge germanischer Betonung der ersten Silbe

g) Die römischen Großbuchstaben sind mit den unseren identisch; allerdings wurden U und V nicht unterschieden.

h) Der Platz war knapp; aber eine Abkürzung der Götternamen wäre ein Verstoß gegen die Pflicht zur Ehrerbietung gewesen.

M 11.3 Der Kaiser – ein Gott?

Lösung der Aufgabe

– Die Christen kamen in den Verdacht, sie seien unzuverlässig und missachteten den Staat und die Götter.

M 11.4 Christliche Zeichen

Das Silbermedaillon aus Ticinum, dem Ort der Prägung, kann mit guten Gründen ins Jahr 315 datiert werden. Auf der Vorderseite ist die behelmte und gepanzerte Büste Kaiser Constantins im Dreiviertelprofil zu sehen. Die rechte Hand hält ein Pferd am Zügel, der linke Arm trägt einen Schild mit der Wölfin und den Zwillingen. Hinter dem Schild ist ein Zepter mit Querstange sichtbar, auf welcher ein Globus ruht. Der mit Rosetten verzierte Spangenhelm trägt als Abschluss des Helmbusches eine runde Scheibe mit dem Christusmonogramm. Die Umschrift lautet: IMP. CONSTANTINUS P. F. AUG. (Imperator Constantinus Pius Felix Augustus). Das Silbermedaillon ist 6,4 Gramm schwer, sein Durchmesser beträgt 24 mm.

Der Brotstempel stammt aus der spätantiken Befestigung (Burgus) in Eisenberg, Krs. Kirchheimbolanden, aus der 2. Hälfte des 4. oder zu Beginn des 5. Jahrhunderts. Der Brotstempel wurde von gläubigen Christen zur Signierung ihres gewöhnlichen Brotes gebraucht, mit dem man noch im 7. Jahrhundert das Abendmahl feierte.

Die Grabinschrift aus Trier stammt aus dem 4. Jahrhundert. Sie trägt die Inschrift: Euticianus in pace fedelis. Euticianus, der gläubige, soll in Frieden ruhen. Die Bezeichnung fidelis, verschrieben in fedelis, verweist darauf, dass der Verstorbene die Taufe empfangen hatte. Darauf deuten auch die zwei Tauben hin, die als Symbol für die Taufe stehen. Bei der Ranke handelt es sich wohl um Efeu, ein Symbol für das ewige Leben.

Lösung der Aufgaben

a) Die Christen wollten mit dem Christusmonogramm ihren Glauben zeigen.

b) Euticianus in pace fedelis.

c) Außer der Inschrift ist ein Kranz abgebildet, in dem das Christusmonogramm steht. Links und rechts des Kranzes steht eine Taube. Zwischen der Inschrift und den Symbolen liegt eine Ranke. Die Taube gilt allgemein als Symbol des Friedens. Zwei Tauben sind das Symbol für Taufe.

d) A und O = Anfang und Ende in Christus

e) Sicherlich waren auch die Angehörigen Christen.

M 11.5 Vorwürfe gegen die Christen

Unter der Regierung des Kaisers Nero hatte im Jahre 64 n. Chr. ein Brand in Rom gewütet, der mehrere Tage lang nicht unter Kontrolle gebracht werden konnte. Es entstand das Gerücht, Nero selbst habe den Brand legen lassen. Um diesem Gerücht ein Ende zu machen, beschuldigte Nero die Christen. So kam es in der Stadt Rom zur ersten Christenverfolgung. Die zurückgezogene Lebensweise der Christen und ihr Fernbleiben von der Verehrung der Götter gab immer wieder zu Verdächtigungen Anlass.

Tertullian (etwa 150 - 230 n.Chr.) stammte aus Karthago. Nachdem er in Rom als Rechtsanwalt tätig gewesen war, bekehrte er sich zum Christentum und kehrte in seine Heimat zurück, wo er viele christliche Schriften verfasste. Der abgedruckte Auszug stammt aus seiner Verteidigung des Christentums (Apologeticum), die er 197 an die Statthalter der Provinzen des Reiches richtete. 207 trat er zu der Sekte der Montanisten über. Durch strenge Askese bereiteten sich die Montanisten auf das baldige Weltende vor.

Lösung der Aufgabe

Gegner der Christen	**Christen**
Die Christen sind:	Die Christen sind:
unnütz für den Handel	Menschen wie alle anderen
besuchen keine religiösen Feste	der Vorwurf stimmt
besuchen keine Schaupiele	stimmt
kaufen keine Kränze für das Haupt	stimmt
kaufen keinen Weihrauch	stimmt
geben den Tempeln keine Opfergaben	geben aus Barmherzigkeit den Armen und zahlen gewissenhaft Steuern

M 11.6 Ein Prozess gegen Christen
Unter Kaiser Nero fanden die ersten Christenverfolgungen statt. Etwa 250 Jahre lang war es riskant, Christ zu sein. Wer der Aufforderung, vom Glauben abzulassen und dem Kaiser zu opfern, nicht nachkam, wurde zum Tode verurteilt, häufig zu einer ausgesucht grausamen Todesart. Nicht alle Christen besaßen in solchen Situationen die Stärke, ihrem Glauben treu zu bleiben. Erst um die Mitte des 3. Jahrhunderts, als das römische Reich von außen stark bedroht war, kam es zu Christenverfolgungen im gesamten römischen Reich. Zuerst waren die Verfolgungen auf ein bestimmtes Gebiet beschränkt, wie z. B. 180 auf Karthago und sein Umland.
Über die Verhöre der Märtyrer (griech. Zeugen) sind sog. Akten erhalten. Es handelt sich dabei nicht um amtliche Protokolle, sondern um Berichte, die damals angefertigt und in den Gemeinden der Christen wohl jeweils am Jahrestag des Martyriums verlesen wurden. Diese Berichte vermitteln einen Eindruck vom Gerichtsverfahren.
Lösung der Aufgaben
a) Saturninus ist nicht übelwollend, aber er versteht als Anhänger vieler Götter nicht, weshalb es für die Christen unmöglich ist, dem Kaiser zu opfern. Deshalb fordert er die Christen auf, von dem „Wahnsinn" abzulassen.
b) Die Christen waren überzeugt, dass sie durch das Eintreten für ihren Glauben das ewige Leben erringen würden.

M 11.7 Der Sieg des Christentums im römischen Reich
So schlimm die Verfolgungen waren, so konnten sie dem Christentum wenig anhaben. Die zahllosen Opfer wurden nicht nur von den Christen als Märtyrer hoch verehrt, sondern diese beeindruckten und überzeugten durch ihre Standhaftigkeit viele Nichtchristen. Seit 303 wütete eine schwere Christenverfolgung im gesamten römischen Reich. Allerdings wurde sie nach 305 nur noch im Osten des Reiches, wo es die meisten christlichen Gemeinden gab, weitergeführt.
Kaiser Galerius war ein erbitterter Feind der Christen. Er galt jedenfalls dem christlichen Schriftsteller Lactantius als der eigentliche Urheber der Edikte Diokletians, womit 303 die Christenverfolgungen begannen. Nachdem er 305 Kaiser geworden war, führte er sie im Osten, in dem von ihm verwalteten Reichsteil, fort. Kurz vor seinem Tode erließ er das Toleranzedikt.
Nach seinem Tode gingen die Christenverfolgungen weiter. Erst die Vereinbarung, die Kaiser Konstantin mit seinem Mitkaiser 313 schloss (sog. Mailänder Edikt), beendete die Verfolgung dauerhaft. Konstantin ging aber weiter als Galerius. Er duldete die Christen nicht nur, sondern begünstigte sie.

Lösung der Aufgaben
a) Galerius sieht ein, dass er die Christen trotz der Verfolgungen nicht dazu bringen kann, zum Polytheismus zurückzukehren.
b) Die Formulierung zeigt, dass Galerius den Glauben der Christen nicht verstanden hat.
c) Galerius möchte, so gibt er an, verhindern, dass die Christen weder die Götter noch ihren Gott verehren, daher erlässt er das Toleranzedikt.
d) Vermutlich war die Zahl der Christen so stark gewachsen, dass eine Verfolgung nicht mehr sinnvoll und durchsetzbar war.

M 11.8 Das Christentum als Staatsreligion

Lösung der Aufgaben
a) Mit diesem Gesetz wird das Christentum die einzig zulässige Religion im römischen Reich, d. h. es wird Staatsreligion.
b) Offenbar gab es immer noch Anhänger anderer Religionen
c) Die modernen olympischen Spiele haben keinen religiösen Bezug mehr. Außerdem haben sich die Disziplinen verändert. Die Austragungsorte wechseln, im Altertum fanden die Spiele in Olympia statt.

12. Die Völkerwanderung und das Ende der römischen Herrschaft im Westen

Einführung (vgl. Basiswissen S. 19)
Die Bedrohung des Reiches war bereits seit der zweiten Hälfte des 2. nachchristlichen Jahrhunderts spürbar. So war der Kaiser Mark Aurel (161–180 n.Chr.) gezwungen, fast ständig Kriege zu führen, obgleich er sich lieber der Verwaltung des Reiches gewidmet hätte. Unter seiner Regierung wurde gegen die Parther im Osten Krieg geführt, da sie mit ihren Reiterheeren in Syrien eingedrungen waren (161–166). In den Jahren 166–175 und 177–180 musste er gegen germanische und sarmatische Stämme kämpfen, die die Donaugrenze von Raetien bis Moesien überfluteten. Die Markomannen und Quaden überstiegen die Alpen und belagerten Aquileja in Oberitalien. Außerdem fielen die Chatten 162 und 174 ins Reichsgebiet ein, 172 musste gegen die Mauren in Nordafrika gekämpft werden.
Das waren die ersten Anzeichen der zunehmenden Bedrohung des römischen Reiches. Vor allem im 4. Jahrhundert konnte die Lage zeitweilig stabilisiert werden. Allerdings tauchten um die Mitte des 4. Jahrhunderts die Hunnen am Kaspischen und Asowschen Meer auf. Sie waren eine Gruppe von Nomadenstämmen, die ursprünglich im östlichen Zentralasien beheimatet waren. Aufgrund der Bedrohung durch die Hunnen drängten die Goten ins römische Reich. 410 nahmen die Westgoten unter Alarich Rom ein und plünderten die Stadt drei Tage lang. Die Wirkung auf die Bewohner des Reiches war ungeheuer. In der Folge entstanden germanische Reiche auf römischem Boden. 451 drangen die Hunnen unter ihrem Herrscher Attila in Gallien ein. Die vereinigten Römer, Gallier und Germanen konnten ihr Vordringen in der Schlacht auf den „katalaunischen Feldern" verhindern. Nach dem Tode Attilas (453) brach das Reich der Hunnen auseinander. Dafür dehnten die Ostgoten ihren Einfluss aus. 476 wurde dann der letzte weströmische Kaiser, der junge Romulus Augustus (Augustulus) abge-

setzt, der germanische Heerführer Odoaker wurde von seinen Germanen zum König ausgerufen. Das oströmische Reich bestand jedoch bis 1452 weiter.

Didaktische Hinweise
Die Schüler sollen die Bedrohung des römischen Reiches vor allem seit dem 3. Jahrhundert n. Chr. und die Veränderungen, die sich ergeben haben, zuerst über Kartenarbeit erfassen. Weiter sollen sie die Gefühle und Sorgen der Bewohner mitempfinden, zugleich aber erfahren, welche Maßnahmen getroffen wurden, um der Gefahr möglichst zu entgehen. Ferner sollen anhand von Quellen die unterschiedlichen Vor-Urteile gegenüber den eindringenden und dann häufig sesshaft gewordenen Stämmen kennenlernen.

Zu den Materialien

Übersicht

Themen	Methoden	Materialien
Bedrohung des Römischen Reiches	Kartenarbeit Kartenarbeit, Aufgabe	M 12.1 M 12.2
Die Lage im Reich	Textarbeit, Aufgaben Textarbeit, Aufgaben	M 12.3 M 12.4
Urteile über die anderen Völker	Textarbeit, Aufgaben	M 12.5

M 12.1 / M 12.2 Die Bedrohung des römischen Reiches im 3. Jh. und Völkerwanderung und Reichsgründungen 3. – 6.Jh.

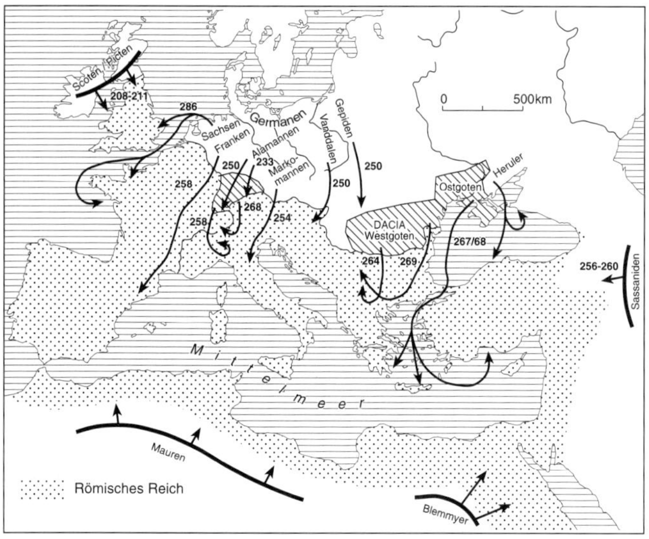

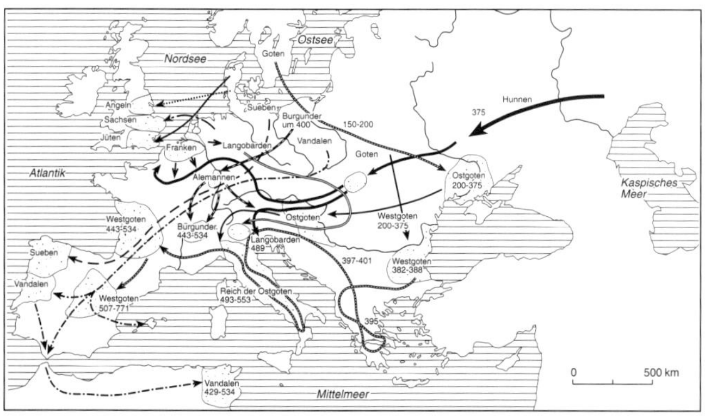

Mit Hilfe der Karten sollen der Zustand im 3. Jh. und die Veränderungen vom 3. – 6. Jh. erfasst werden.

Lösung der Aufgabe
– Im 3. Jh. wurde das römische Reich von allen Seiten bedroht. Vor allem im 4. und 5. Jh. kam es zu den Reichsbildungen auf römischen Boden: In England die Angeln um 450, in Gallien die Franken, die Westgoten 443–534, die Burgunder 443–534, die Langobarden siedelten erst links des Rheins um 400, um 489 in Norditalien. Nach verschiedenen Stationen besaßen die Westgoten 507–711 in Spanien ein Reich, die Ostgoten 493–553 in Italien. Das Reich der Vandalen bestand von 429 bis 534 in Nordafrika.

M 12.3 Die unsichere Lage der Bewohner
Beide Quellen sind Zeugnisse von Zeitgenossen, die ihre Eindrücke schildern. Aus ihren Äußerungen wird deutlich, wie verheerend sie die Einfälle in das römische Reich empfanden.

Lösung der Aufgaben
a) Mit Hilfe eines Atlanten lassen sich die genannten Städte und Landschaften leicht auffinden.
b) Victor Vitensis bedauert insbesondere die Vernichtung von Obstbäumen und Reben. Das zeigt, wie sehr die Bevölkerung aufgrund dieser Vernichtung ihre Lebensgrundlage verlor.

M 12.4 Evakuierung
Aus der Beschreibung des Lebens des hl. Severin geht hervor, dass die staatliche Verwaltung nicht mehr existierte und die Bewohner des römischen Reiches schützen konnte. Männer der Kirche wie der hl. Severin traten jedoch aufgrund ihrer Autorität an die Stelle der staatli-

chen Amtsträger und versuchten, die Bevölkerung möglichst zu schützen. Die Bezeichnung Romanen verweist darauf, dass es sich um die Bevölkerung des römischen Reiches handelte im Gegensatz zu den eindringenden germanischen Stämmen. Die Alamannen waren ein Zusammenschluss mehrerer germanischer Stämme.

Lösung der Aufgaben
a) Der hl. Severin hat die Rolle eines weltlichen Amtsträgers übernommen, indem er versuchte, Anweisungen für die Verteidigung und schließlich die Evakuierung zu geben.
b) Die Anweisungen halfen denen, die sie befolgten, den eindringenden Stämmen zu entkommen. Daher waren sie sinnvoll.

M 12.5 Urteile über die anderen Völker
Die folgenden drei Urteile über die Fremden weichen stark voneinander ab. Während der Offizier Ammianus Marcellinus zwar durchaus die Genügsamkeit und Abhärtung der Hunnen würdigt, wird aus seiner Bewertung deutlich, wie abschätzig er sie beurteilt. Andererseits zeigen die Beschreibungen des Salvianus und des Paulinus von Pella, dass sich die Bevölkerung freiwillig unter den Schutz der ins römische Reich eingedrungenen Stämme und Völker stellte, weil die römische Verwaltung vor allem wegen der unnachgiebigen Steuereintreibung und der herrschenden Korruption verhaßt war. Zugleich werden aber bei Salvianus die Vorurteile gegenüber den Fremden deutlich, wenn er nicht allein von den abweichenden Gebräuchen und der fremden Sprache, sondern auch von dem „üblen Geruch“ spricht. Solche Äußerungen fehlen bei Paulinus von Pella, der eine gute Position beim Westgotenkönig erhalten hatte.

Lösung der Aufgaben
zu Ammianus Marcellinus
a) Es gibt heute noch Nomaden.
b) Ammianus Marcellinus hat die Hunnen nur als Kriegsgegner erlebt. Ihre Einstellungen z. B. zu Ehre und Religion kannte er nicht, in diesen Bereichen hatte er lediglich Vorurteile.
zu Salvianus und Paulinus von Pella
a) Die Römer erlebten den Zerfall ihres Reiches in erster Linie als unerträgliche Steuerbelastung und Ungerechtigkeit. Dazu kamen die Unsicherheit und der Verlust des Besitzes durch die eindringenden Völker, vor denen sie nicht mehr geschützt wurden.
b) Die Goten wollten in Frieden im römischen Reich leben. Dazu kam, dass sie nicht nur Land, sondern auch Geld von den Römern erhielten. Dafür übernahmen sie den Schutz des Landes.
c) Die germanischen Völker bewunderten die römische Zivilisation und Kultur. Sie übernahmen vieles, auch die Sprache von den Römern.
d) Die heute deutschen Gebiete westlich des Rheins und südlich der Donau waren seit dem 3. Jahrhundert immer wieder germanischen Raubzügen ausgesetzt, so dass die meisten Bewohner nach Gallien oder Italien abwanderten. Deshalb konnten die germanischen Stämme hier Gebiete besiedeln, die weitgehend entvölkert waren, und ihre eigenen Sprachen durchsetzen.

MATERIALIEN

M 1.1 Das römische Reich zur Zeit seiner größten Ausdehnung

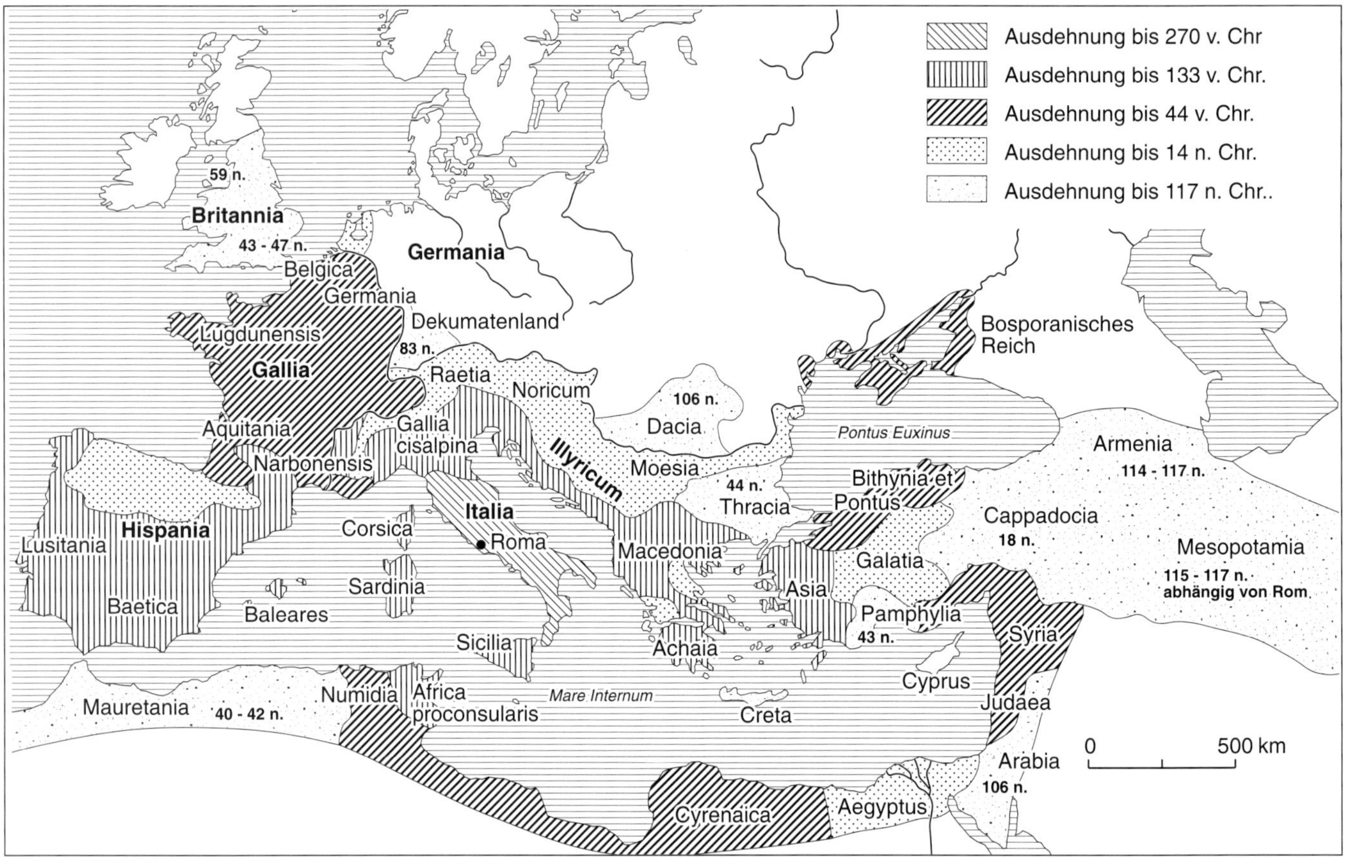

Aufgaben

a) Nimm einen geografischen Atlas zu Hilfe und stelle fest, welche heutigen Staaten ganz oder teilweise auf dem Gebiet des römischen Reiches zur Zeit seiner größten Ausdehnung lagen!

b) Trage in die oben stehende Liste ein, welche Gebiete um 270 v. Chr., um 133 v. Chr., um 44 v. Chr., um 14 n. Chr. und um 117 n. Chr. unter römischer Herrschaft standen! Welche Folgerungen ergeben sich daraus?

um 270 v. Chr.	
um 133 v. Chr.	
um 44 v. Chr.	
um 14 n. Chr.	
um 117 n. Chr.	

M 1.2 Die Sage von der Gründung Roms

Der römische Schriftsteller Livius (59 v. – 17 n. Chr.) schrieb die Sage auf, die sich die Römer über ihre Herkunft und über die Gründung Roms erzählten.

Die Römer waren der Meinung, sie stammten von Aeneas ab, der einst aus dem brennenden Troja geflohen sei. Nach einigen Irrfahrten sei er in Italien gelandet. Zu seinen Nachkommen gehörten zwei Brüder. Numitor, der ältere, war König der Stadt Alba Longa. Der jüngere Amulius hatte seinen älteren Bruder vertrieben und übte nun selbst die Königsherrschaft aus. Als die Tochter Numitors Zwillinge gebar und angab, ihr Vater sei der Kriegsgott Mars, befahl er, die Mutter ins Gefängnis zu werfen, die Neugeborenen ließ er im fließenden Wasser aussetzen:

Durch göttliche Fügung war der Tiber über die Ufer getreten, auf den überschwemmten Flächen bewegte sich das Wasser kaum von der Stelle. Nirgendwo konnte man an den eigentlichen Lauf des Flusses heran; aber die Männer, die die Kinder brachten, durften hoffen, diese könnten untergehen, wenn das Wasser auch noch so träge floß. So setzten sie, als wenn sie sich damit des königlichen Auftrags entledigt hätten, die Knaben in der nächsten Lache aus... Damals war in dieser Gegend eine ungeheure Einöde. Es hält sich die Sage, als das seichte Wasser den schwankenden Trog, in dem die Knaben ausgesetzt waren, aufs Trockene gesetzt hatte, habe eine durstige Wölfin aus den umliegenden Bergen auf das Wimmern der Kinder hin ihren Weg geändert. Sie habe den Kindern ihre Zitzen gereicht und sei dabei so sanft gewesen, dass der Aufseher der königlichen Herden – man sagt, er habe Faustulus geheißen – sie fand, wie sie die Knaben mit der Zunge leckte. Er habe diese zu den Stallungen gebracht und seiner Frau Larentia zum Aufziehen gegeben.“

Auf diese Weise wurden die Zwillinge gerettet. Später setzten sie ihren Großvater in Alba Longa wieder zum König ein.

Nachdem so Numitor die Herrschaft in Alba übertragen worden war, ergriff Romulus und Remus das Verlangen, in der Gegend, wo sie ausgesetzt und wo sie erzogen worden waren, eine Stadt zu gründen. Und in der Tat war die Menge der Albaner und Latiner zu groß; dazu waren noch die Hirten gekommen; sie alle zusammen ließen zweifellos erwarten, dass Alba und dass Lavinium klein sein würden im Vergleich mit der Stadt, die man gründen wollte. Gestört wurden diese Vorstellungen dann von dem Erbübel, der Herrschsucht, und es entwickelte sich daraus ein häßlicher Streit, der aus einem ziemlich harmlosen Anlass hervorging. Weil sie Zwillinge waren und die Rücksicht auf das Recht des Älteren die Entscheidung nicht herbeiführen konnte, sollten die Götter, unter deren Schutz die Gegend stand, durch Zeichen beim Vogelflug bestimmen, wer der neuen Stadt den Namen geben und wer sie nach ihrer Gründung regieren sollte; daher nahm Romulus das Palatium, Remus den Aventin als Beobachtungspunkt, um den Vogelflug zu befragen.

Zuerst soll Remus ein Zeichen erhalten haben, sechs Geier; das Zeichen war bereits gemeldet, da hatte sich dem Romulus die doppelte Anzahl gezeigt, und beide waren von ihrem Anhang als König begrüßt worden. Die einen leiteten den Anspruch auf die Königswürde von dem früheren Zeitpunkt ab, die anderen dagegen von der Anzahl der Vögel. Darüber gerieten sie in Streit, und die zornige Auseinandersetzung führte zu blutigem Kampf. Dabei wurde Remus im Getümmel getroffen und fiel. Bekannter ist die Überlieferung, Remus sei, um sich über seinen Bruder lustig zu machen, über die neuen Mauern gesprungen; daraufhin habe ihn Romulus in seinem Zorn erschlagen und ihn dazu noch mit den Worten verhöhnt: „So soll es künftig jedem ergehen, der über meine Mauern springt.“ So gewann Romulus allein die Herrschaft; die neugegründete Stadt wurde nach ihrem Gründer benannt.

Erklärungen

Troja:	Stadt an der NW-Spitze Kleinasiens. Dort spielte sich, dem griechischen Dichter Homer zufolge, der Trojanische Krieg ab.
Alba Longa	(heute: Albano): Stadt in den Albanerbergen, die sich etwa 18 km von Rom erheben. Alba Longa wurde der Sage nach von dem Sohn des Aeneas, Ascanius, erbaut und gilt als älteste lateinische Stadt
Albaner:	die Bewohner der Albaner Berge
Palatium:	älterer Name für Palatin, einen der sieben Hügel Roms, auf dem die älteste Siedlung entstand
Aventin:	ein anderer der sieben Hügel Roms.

Aufgaben

a) Stelle dir vor, du seist ein römischer Vater oder eine römische Mutter. Deine Kinder wollen wissen, wie Rom gegründet wurde. Erzähle ihnen die Geschichte! Dabei kannst du wählen, ob du nur eine der Geschichten oder beide erzählst.
b) Informiere dich über den Trojanischen Krieg!
c) Was meinte Livius mit dem „Recht des Älteren“?
d) Die Mauer, über die Remus sprang, kann nicht hoch gewesen sein. Welche Bedeutung hatte sie dann?
e) Informiere dich über die Entstehung deines Heimatortes! Gibt es vielleicht auch eine Gründungssage? Berichte darüber!

M 1.3 Altar aus dem 2. Jahrhundert n. Chr.

Aufgaben
a) Beschreibe, was du auf dem Relief erkennst!
b) Dieser Altar stammt aus dem 2. Jh. n. Chr. Was kannst du aus dieser Tatsache schließen?

M 1.4 Die Kapitolinische Wölfin: Bronzefigur (a) und Silbermünze (b)

a

b

Die Bronzefigur der Wölfin wurde im 5. oder 4. Jahrhundert v. Chr. geschaffen. Auf vielen Abbildungen sind noch zwei Säuglinge unter ihr zu sehen. Sie wurden erst am Ende des 15. Jahrhunderts hinzugefügt.
Die Silbermünze stammt aus dem 3. Jahrhundert v. Chr. Das Foto ist vergrößert. In Wirklichkeit hat die Münze einen Durchmesser von 1,9 cm. Die Abbildung zeigt die Rückseite. Die Beischrift lautet (R)OMANO (für den Genitiv ROMANORUM = der Römer).

Aufgabe
– Was wollten die Römer mit der Bronzefigur und mit dem Münzbild ausdrücken?

M 1.5 Archäologische Zeugnisse: Hüttenboden auf dem Palatin aus dem 8. Jahrhundert v. Chr. und Begräbnisurne in Form einer ovalen Hütte vom Forum

Die Römer waren der Meinung, ihre Stadt sei nach unserer heutigen Jahreszählung im Jahr 753 v. Chr. gegründet worden. Archäologen haben auf dem Palatin, einem der sieben Hügel Roms, bereits Siedlungsspuren aus dem 10. vorchristlichen Jahrhundert gefunden. Wann die Siedlung sich mit umliegenden Siedlungen zusammenschloß und Stadt wurde, ist umstritten. Jedenfalls entstand die Stadt nicht ohne die Hilfe der Etrusker, die im Gebiet zwischen Arno und Tiber wohnten und in ost-westlicher Richtung zwischen dem Apennin und der Küste. Sie siedelten in Städten, und der Name Rom bzw. Romulus verweist auf etruskische Herkunft. Die Römer nannten die Etrusker Tusci. Sie waren in vorrömischer Zeit – vielleicht aus dem Osten – nach Italien eingewandert.

Aufgaben

a) Wozu dienten die Löcher im Boden?
b) Weshalb wurde wohl ein Toter in einer solchen Urne bestattet? Welche Vorstellungen standen hinter diesem Brauch?
c) Welche heutige Landschaftsname leitet sich von der Bezeichnung „Tusci“ ab?
d) Die Etrusker hatten eine Sprache, die bis heute zwar gelesen, aber nicht verstanden werden kann. Dagegen ist das Lateinische, die Sprache der Römer, mit dem Griechischen und zahlreichen anderen Sprachen (auch der unseren) verwandt. Betrachte unter diesem Gesichtspunkt die Erzählung über Äneas!

MATERIALIEN

M 2.1 Sallust: Ein Brief des Königs Mithradates von Pontos

Die Römer haben einen einzigen und uralten Grund dafür, mit allen Nationen und Völkern und Königen Krieg anzufangen: unermessliche Begierde nach Herrschaft und Reichtum... Oder weißt du nicht, dass die Römer ihre Waffen in unsere Gegend gewendet haben, nachdem der Ozean ihrer Ausdehnung nach Westen ein Ende setzte; dass sie alle Besitztümer von Anfang an nur durch Raub zusammengebracht haben: Heimat, Ehefrauen, Äcker und Reich: zusammengelaufenes Volk einst ohne Heimat, ohne Vaterland und Vorfahren, geschaffen zum Verderben des Erdkreises: Nichts Menschliches, nichts Göttliches hindert sie daran, Bundesgenossen und Freunde, ob nah oder fern, ob schwach oder mächtig an sich zu ziehen und zu vernichten und alles, was ihnen noch nicht versklavt ist, vor allem die Königreiche, als ihre Feinde anzusehen ... Die Römer führen ihre Waffen gegen alle Völker, die schärfsten gegen die, deren Niederlage die meiste Waffenbeute einbringt: durch Wagen und Täuschen und dadurch, dass sie Krieg an Krieg reihen, sind sie groß geworden. Und so werden sie alles vernichten oder selbst zugrunde gehen ...

Erklärungen
Sallust: Gaius Sallustius Crispus (86–34 v. Chr.) aus Aminternum im Sabinerland war der erste große Geschichtsschreiber der Römer. Zugleich bekleidete er auch öffentliche Ämter.
Mithradates: König von Pontus (Kleinasien), führte zwischen 88 und 63 v. Chr. drei Kriege gegen Rom. In diesem Brief, der vermutlich aber eine Erfindung des römischen Geschichtsschreibers Sallust ist, bemüht er sich, Bundesgenossen gegen die Römer zu gewinnen.
Mit dem Raub der Ehefrauen ist der Raub der Sabinerinnen unter Romulus gemeint, eine Sage, die Livius berichtet hat.

M 2.2 Diodor über die Ausdehnung Roms

Die Römer errichteten ihre Weltherrschaft durch die Tapferkeit ihrer Heere und brachten sie zur größten Ausdehnung durch die überaus anständige Behandlung der Unterworfenen. Und sie blieben so sehr frei von aller Grausamkeit und Rachsucht den Unterworfenen gegenüber, dass man hätte glauben können, sie kämen zu ihnen nicht wie zu Feinden, sondern gleichsam zu Männern, die sich um sie verdient gemacht hätten, und zu Freunden. Denn während die Besiegten der härtesten Bestrafung als einstige Feinde gewärtig waren, ließen sich die Sieger an Mäßigung von keinem andern übertreffen. Den einen gaben sie Anteil am Bürgerrecht, anderen gestanden sie das gegenseitige Recht zu, Ehen zu schließen, einigen gaben sie das Recht, nach eigenen Gesetzen zu leben, keinem trugen sie das frühere Unrecht härter nach als nötig. Wahrlich, dies Übermaß an Milde war der Grund, dass Könige und freie Städte und schließlich ganze Völker aus freiem Willen sich der römischen Hegemonie eilends unterstellten. Als die Römer aber nahezu die ganze bewohnte Erde beherrschten, da begannen sie, ihre Herrschaft durch Terror und die Vernichtung der ansehnlichsten Städte zu sichern; sie machten Korinth dem Erdboden gleich, rotteten die Herrscher in Makedonien aus, wie z. B. Perseus, zerstörten auch Karthago, ebenso in Spanien Numantia bis auf den Grund und hielten viele durch Angst und Schrecken darnieder.

Erklärungen
Diodor: Diodoros aus Sizilien, der im 1. Jh. v. Chr. lebte, verfasste eine Weltgeschichte, die aber nur noch teilweise erhalten ist.
Korinth: Stadt in Griechenland, wurde 146 v. Chr. zerstört. Im selben Jahr wurde Karthago in Nordafrika ebenfalls dem Erdboden gleichgemacht. Numantia in Spanien wurde 133 v. Chr. zerstört.
Perseus: letzter König der Makedonen. Er regierte von 179 bis 168 v. Chr. Nach der Schlacht von Pydna, in der er von den Römern besiegt worden war, floh er, musste sich dann aber doch den Römern ergeben. 167 v. Chr. wurde er im Triumphzug in Rom vorgeführt und starb einige Jahre später in römischer Gefangenschaft.

M 2.3 Pausanias über die Zerstörung Korinths

Am dritten Tage nach der Schlacht erstürmte Mummius Korinth und ließ es niederbrennen. Den größten Teil der gefangengenommenen Einwohner erschlugen die Römer, Weiber und Kinder ließ Mummius in die Sklaverei verkaufen ... Von den Weihegeschenken und sonstigen Kunstgegenständen wurden die, die die meiste Bewunderung fanden, fortgeschafft.

Erklärungen
Pausanias, der in der 2. Hälfte des 2. Jh. n. Chr. lebte, verfasste eine Beschreibung Griechenlands.
Lucius Mummius: 146 v. Chr. römischer Konsul. Er erhielt den Oberbefehl im Krieg gegen den achäischen Bund in Griechenland. Nach einem Sieg über seine Gegner, nahm er Korinth ein, das Zentrum des Widerstandes gegen Rom, und zerstörte es auf Senatsbeschluss.

M 2.4 Vergil über die Bestimmung der Römer

> Andere mögen vielleicht das Erz noch atmender schmieden,
> Mögen ein lebend Bild aus Marmorstufen hervorhaun,
> Kundiger reden am Markt und Bahn und Kehre
> der Himmel Messen im Zirkelschlag,
> Sternankunft kennend und kündend.
> Sei du, Römer, gedenk des Reichs und übe die Herrschaft:
> Das sind Künste, die dir anstehn. Bring Friede den Völkern,
> Sei den Besiegten gelind, sei siegreich über den Stolzen!

Erklärung
Publius Vergilius Maro: (70–19 v. Chr.) aus Andes bei Mantua, ist der berühmteste Dichter aus der Zeit des Augustus. Sein Hauptwerk ist das Epos Aeneis, das, an manchen Stellen unvollendet, erst nach dem Tod des Dichters veröffentlicht wurde.

Aufgaben
a) Worüber gibt der Brief des Mithridates Auskunft, wenn er nicht von ihm selber stammt?
b) Wie erklären diese Schriftsteller den Aufstieg Roms zur Weltmacht und wie beschreiben sie die Ausübung seiner Herrschaft?
c) Expansion und Ausübung der Herrschaft durch die Römer werden unterschiedlich beurteilt. Wie kommt das zustande?
d) Worin liegen für Vergil die Stärken der Griechen, worin die der Römer?

Stärken der Griechen	Stärken der Römer
–	–
–	–
–	–
–	–
–	–
–	–
–	–
–	–

M 2.5 Auswirkungen der Eroberungen auf die römische Gesellschaft

Cato der Ältere (234–149 v. Chr.) war in den Senatorenstand aufgestiegen und hatte die höchsten Ämter in Rom bekleidet. In einem Fragment, das sich erhalten hat, erzählt er, wie er sich für eine Rede vorbereitet und dazu eine frühere Rede benutzt. Ein Sklave musste ihm die Schreibtafeln aus seiner Urkundensammlung bringen und vorlesen:

> Ich befahl das Buch hervorzuholen, in dem meine Rede von der Sponsionssache mit Marcus Cornelius aufgeschrieben war. Die Buchtafeln wurden hervorgebracht. Die Taten meiner Vorfahren wurden gelesen; dann, was ich selbst für den Staat getan. Als dies beides gelesen war, stand dann in der Rede geschrieben:
> „Nie habe ich Geld von mir oder den Bündnern zur Werbung für mich verschenkt.“ –
> „Halt!“, sagte ich, „nicht das! Sie mögen es nicht hören“.
> Dann las er: „Nie habe ich Präfekten in den Städten eurer Bündner eingesetzt, die ihnen Hab und Gut und Kinder raubten.“ -
> „Auch das tilge! Sie mögen es nicht hören. Lies weiter!“ –
> „Nie habe ich Beute noch etwas, was den Feinden abgenommen war, noch Beutegelder unter ein paar Freunde von mir so verteilt, dass ich die darum brachte, die sie gewonnen hatten.“ –
> „Auch das tilge! Das wollen sie am allerwenigsten hören.“ –
> „Nie habe ich Reisen im Staatsauftrag vergeben, dass meine Freunde durch mein Siegel viel Geld zusammenbrächten.“ –
> „Auch das musst du weiter ausstreichen, möglichst gründlich.“ –
> „Nie habe ich Geld anstelle von Weingeschenken an meine Amtsdiener und Freunde verteilt noch sie zum Schaden des Staates reich gemacht.“ –
> „Nun wahrhaftig, das musst du bis aufs Holz ausstreichen.“ –
> Schau an, wohin es mit dem Staat gekommen ist: dass ich das, was ich Gutes für den Staat getan hatte, wofür ich Dank zu gewinnen erwarten konnte – dieses selbe wage ich nicht zu erwähnen, damit es nicht böses Blut macht! Dermaßen ist es eingeführt, dass man Unrecht tun ohne Strafe darf, Recht tun nicht ohne Strafe.

Erklärungen
Es war üblich, Aufzeichnungen auf Holztafeln, die mit einer dicken Wachsschicht überzogen waren, zu machen. Die Buchstaben wurden eingeritzt, man konnte sie aber auch leicht wieder löschen.
Sponsion: Die Sponsion war ein mündliches Versprechen, mit dem ein Vertrag geschlossen wurde; häufig handelte es sich dabei um eine Bürgschaft. Wurde dieser mündliche Vertrag nicht eingehalten, konnte Klage erhoben werden.
Marcus Cornelius: Gegen ihn hatte Cato einen Prozess geführt.
Praefekt: Vorsteher, Befehlshaber.

Aufgaben
a) Welche Missstände kannst du aus der Schilderung Catos entnehmen?
b) Wie nennt man die Verhaltensweisen, die Cato tadelte?

M 2.6 Weitere Folgen der Kriege Roms

In Rom wurden bis zum Ende des 2. Jahrhunderts v. Chr. nur Landbesitzer im Kriegsfall zu den Waffen gerufen. Nachdem die Kriege im Laufe der Zeit außerhalb Italiens geführt wurden und die Soldaten oft jahrelang von zu Hause abwesend waren, gerieten viele Kleinbauern in Not, mussten Schulden machen und schließlich ihr Land verkaufen. Der Volkstribun Tiberius Gracchus wollte Land an die Besitzlosen verteilen, um wieder mehr Soldaten zu bekommen. 133 v. Chr. hielt er folgende Rede, als er für seine Reformen warb:

> Die wilden Tiere, welche in Italien hausen, haben ihre Höhle, jedes weiß, wo es sich hinlegen, wo es sich verkriechen kann – die Männer aber, die für Italien kämpfen und sterben, sie haben nichts außer Luft und Licht. Heimatlos, gehetzt irren sie mit Weib und Kind durch das Land. Die Feldherren lügen, wenn sie in der Schlacht die Soldaten aufrufen, für ihre Gräber und Heiligtümer sich zu wehren gegen den Feind, denn von all diesen Römern besitzt keiner einen Altar, den er vom Vater ererbt, keiner ein Grab, in dem seine Vorfahren ruhen, vielmehr kämpfen und sterben sie für anderer Wohlleben und Reichtum. Herren der Welt werden sie genannt und haben nicht eine Scholle Landes zu eigen.

Aufgaben
a) Wie argumentierte Tiberius Gracchus? Welche Wirkung hatte deiner Meinung nach die Rede auf seine Zuhörer?
b) Die Reformen des Tiberius Gracchus und die seines Bruders Gaius, der zehn Jahre später im Jahre 123 v. Chr. noch weitere Reformen durchbringen wollte, trafen auf großen Widerstand ihrer Gegner und wurden schließlich eingestellt. Welche Folgen konnte das haben?

M 3.1 Wer herrschte ursprünglich in Rom?

Schon früh war in Rom die Herrschaft der Könige durch die von Adel und Volk abgelöst worden (1. Hälfte des 4. Jahrhunderts v. Chr.). Seit dieser Zeit begannen alle Gesetze mit der Formel „Senatus Populusque Romanus": „Der Senat und das römische Volk haben beschlossen ..." Obgleich die Volksversammlung in Rom ihre Zustimmung zu den Gesetzen geben musste und über Krieg und Frieden entscheiden konnte, lag die eigentliche Macht bei den Familienoberhäuptern des Adels. Sie, die sogenannten Senatoren, versammelten sich und berieten im Senat (Ältestenrat). Hier wurden Gesetze und Entscheidungen so vorbereitet, dass die Volksversammlung nur noch zustimmen oder ablehnen konnte. Aus dem Kreise der Senatoren wählte das Volk jährlich die Magistrate. Es waren keine Beamten; denn die Magistrate erhielten kein Gehalt. Ihre Aufgabe war, die Beschlüsse von Senat und Volksversammlung auszuführen. Die beiden obersten Magistrate, die wie die anderen nur für ein Jahr gewählt wurden, hießen Konsuln. Ihnen untergeordnet war eine – gemessen an der Größe des Reiches – erstaunlich kleine Zahl von Magistraten. Diese Verfassung nannten die Römer Republik: res publica (öffentliche Sache, Sache des Volkes).

Aufgabe
– Auch wir leben in einer Republik. Nenne Unterschiede zwischen der Republik damals und heute!

M 3.2 Missstände in der späten römischen Republik

Die Zeit seit der Mitte des 2. vorchristlichen Jahrhunderts wird als die Zeit der späten römischen Republik bezeichnet, die schließlich in den Bürgerkriegen unterging. Es gab eine Reihe von Missständen, die mit den zur Verfügung stehenden Mitteln des Stadtstaates nicht abgestellt werden konnten. So wurden die von den Römern eroberten Gebiete häufig ausgebeutet. Sklaverei war in der Antike üblich, aber die Behandlung der Sklaven war einerseits so schlecht, zum andern waren die Herren so sorglos, dass es zu regelrechten Sklavenkriegen kam, die nur mit Mühe militärisch niedergeschlagen werden konnten. Daneben häuften sich die Versuche einzelner Senatoren, mit Hilfe des Heeres, das ihnen zu irgendeinem Kriegszug von der Volksversammlung anvertraut worden war, die alleinige Macht in Rom zu erringen. So kam es besonders um die Mitte des 1. Jahrhunderts v. Chr. zu zahlreichen, jahrelangen Bürgerkriegen. Dabei wurden häufig die Anhänger des Gegners vom jeweiligen Sieger verfolgt.

Aufgaben
a) Welche Missstände werden in dem Text angesprochen?
b) Weshalb traten diese Missstände gerade in dieser Zeit auf? Was sagt die Karte (M 1.1) dazu aus?

M 3.3 Die Behandlung der eroberten Gebiete

Die Römer teilten die eroberten Gebiete in Verwaltungsbezirke, die Provinzen, ein. Sie wurden von Statthaltern geführt. Diese wurden wie alle anderen Magistrate aus dem Kreise der Senatoren gewählt; denn von ihnen wurde erwartet, dass sie aufgrund ihres großen Landbesitzes Führungsaufgaben in Heer und Verwaltung unentgeltlich übernahmen.
Der Fall des Statthalters Verres, der 73–71 v. Chr. die Provinz Sizilien verwaltete, zeigt die Nachteile dieser Regelung. Schließlich wandten sich die Bewohner Siziliens an Cicero, der Sizilien aus eigener Amtstätigkeit kannte und ein berühmter Rechtsanwalt und Redner war. Er erhob schließlich Klage gegen Verres:

In ganz Sizilien ist in diesen drei Jahren niemand in irgendeiner Gemeinde Ratsherr geworden, ohne dass er dafür hätte zahlen müssen, niemand durch Wahlen, wie es dort Gesetz ist, überhaupt niemand, es sei denn auf den Machtspruch oder ein Empfehlungsschreiben des Verres hin ... Wer immer Ratsherr werden wollte, mochte er noch im Knabenalter stehen, mochte er noch so unwürdig sein oder seinem Stande nach nicht dafür in Frage kommen: wenn er nur aufgrund der Gelder, die er zahlte, diesem Verres geeignet schien, die andern Bewerber auszustechen, so wurde er es.
In einem anderen Teil dieser Anklage schildert Cicero, wie es sonst häufig bei der Verwaltung der römischen Provinzen zuging.
Es trauern alle Provinzen, es klagen alle freien Völker, selbst die Königreiche fordern Genugtuung von uns für unsere Taten der Begehrlichkeit und der Ungerechtigkeit. Bis zum Ozean gibt es keinen noch so entlegenen und versteckten Platz, wohin nicht in der letzten Zeit die Willkürherrschaft und die Unbill unserer Leute gedrungen wäre. Schon kann das römische Volk nicht mehr standhalten dem, was ihm von allen Nationen entgegenstürmt – nicht an Gewalt, Waffen, Krieg, nein an Trauer, Tränen und Klagen.

Aufgaben
a) Was warf die Anklage dem Statthalter Verres vor? Gib die Antwort in einem einzigen Wort!
b) Weshalb verwaltete Verres seine Provinz auf diese Weise?
c) War Verres ein Einzelfall?
d) Was wollte Cicero erreichen?

MATERIALIEN

M 3.4 Wie kam Augustus an die Macht?
In seinem selbst verfassten Tatenbericht beschrieb Augustus, wie Octavian von nun an genannt wurde, dieses Ereignis sowie die Antwort des Senats darauf:

> In meinem 6. und 7. Konsulat (28 und 27 v. Chr.), nachdem ich die Bürgerkriege ausgelöscht hatte, habe ich, nach dem einmütigen Wunsche der Gesamtheit in Besitz der Allgewalt gelangt, den Staat aus meiner Amtsgewalt dem Ermessen des Senats und des römischen Volkes überantwortet. Für dieses mein Verdienst wurde ich auf Beschluss des Senats Augustus (der Erhabene) genannt, mit Lorbeerkränzen wurde die Tür meines Hauses von Staats wegen geschmückt, die Bürgerkrone über meiner Tür und ein goldener Schild in der Curia Julia angebracht, den mir der Senat und das römische Volk verliehen hat um meiner Tapferkeit und Milde, meiner Gerechtigkeit und Frömmigkeit willen, wie durch die Aufschrift dieses Schildes bezeugt ist. Seit dieser Zeit übertraf ich an persönlichem Einfluss alle, an Amtsgewalt aber besaß ich um nichts mehr als die übrigen, die mir in jedem Amte Amtsgenossen gewesen sind.

Erklärungen
Lorbeer: Der Lorbeer war dem Gott Apollo heilig. Augustus betrachtete ihn als seinen Beschützer.
Bürgerkrone: ein Eichenkranz, der ursprünglich als militärische Auszeichnung für Lebensrettung in der Schlacht verliehen wurde. Er war zu einem allgemeinen Symbol für einen Retter und Befreier geworden.
Curia Iulia: Rathaus, in dem der Senat sich versammelte. Gaius Julius Caesar hatte den Bau begonnen, daher wurde das Gebäude nach ihm benannt.
Die Römer hatten einen Vornamen: Gaius, einen Familiennamen: Julius und einen Beinamen: Caesar.

M 3.5 Eine andere Schilderung der Vorgänge
Der Geschichtsschreiber Cassius Dio stellte die Ereignisse so dar:

> Octavian hatte in einer Rede vor dem Senat seine Absicht bekanntgegeben, seine gesamte Macht niederzulegen. Die Senatoren aber... machten viele Zwischenrufe, teils während seiner Rede, teils auch danach, und baten darum, er solle sie als Monarch regieren.... bis sie ihn schließlich dazu zwangen, als Alleinherrscher zu regieren...
> Auf solche Weise hatte er sich nun seine Führerstellung von Seiten des Senates und des Volkes gesichert. Da er aber gleichzeitig als ein Mann des Volkes erscheinen wollte, übernahm er zwar die volle Sorge und den Schutz des Gemeinwesens, da dies einer besonderen Aufmerksamkeit bedürfe, erklärte jedoch, er wolle nicht über alle Provinzen selbst die Herrschaft ausüben und das auch bei den Provinzen, die er regiere, nicht für immer tun; sondern er überließ die schwächeren von ihnen, die ja friedlich und nicht mehr zum Krieg geneigt waren, dem Senate, dagegen behielt er selbst die stärkeren, die unzuverlässig und gefährlich erschienen und entweder Feinde Roms zu Nachbarn hatten oder aus eigener Kraft Aufstände beginnen konnten; angeblich sollte der Senat so ohne alle Gefahr die schönsten Früchte der Herrschaft ernten, während er selbst alle Mühen und Gefahren auf sich nähme; in Wahrheit aber sollten auf diese Weise die Senatoren von Waffen und Krieg entfernt bleiben, er selbst wollte allein Waffen führen und Truppen unterhalten.

Erklärung
Cassius Dio Cocceianus (um 150 – 235 n.Chr.) aus Kleinasien kam frühzeitig nach Rom und wurde dort hoher Staatsbeamter. Er verfasste in griechischer Sprache eine römische Geschichte.

Aufgaben
a) Vergleiche den Tatenbericht des Augustus mit dem Bericht des Geschichtsschreibers Dio über die Ereignisse!
b) Die Fassade eines Bauwerks gaukelt manchmal etwas vor, was sich im Inneren aber ganz anders darstellt. Zum Beispiel findet man hier und da Fassaden, die wie eine Kirche oder ein Palast aussehen, aber nur einen Bahnhof verkleiden, oder eine griechisch erscheinende Hausfront, hinter der eine Bank residiert. Vergleiche damit die Herrschaftsform des Augustus!
c) Was bezweckte Augustus damit, dass nur er Truppen befehligen durfte?

M 3.6 Die Verwaltung der Provinzen

> In die senatorischen Provinzen wurden nach 27 v. Chr. nur noch Prokonsuln entsandt. Sie wurden vom Senat ernannt. Die Statthalter der kaiserlichen Provinzen waren auch Senatoren, aber bereits ihr Titel besagte, dass sie weisungsgebunden waren. Der Titel hieß legatus Augusti pro praetore, d.h. Gesandter des Augustus im Range eines Praetors. Neu war, dass diese Magistrate alle ein festes und großzügig bemessenes Jahresgehalt erhielten.
> Steuerbeamte wurden von Augustus in alle Provinzen gesandt. Auch sie erhielten ein hohes Gehalt.
> Lediglich Ägypten, das erst 30 v. Chr. durch Augustus zum römischen Reich gekommen war, nahm eine Sonderstellung ein. Dort blieb die ausgezeichnete Verwaltung der früheren Herrscher unverändert. Augustus betrachtete es als sein persönliches Eigentum. So verbot er den Senatoren, ohne seine Erlaubnis Ägypten zu betreten.

Aufgaben
a) Was bedeutet es, wenn die Statthalter und die Steuerbeamten alle ein hohes Gehalt erhielten?
b) Vergleiche mit dieser Regelung die unter M 3.3 geschilderten Verhältnisse!
c) Wie haben die Bewohner der Provinzen vermutlich die neue Regelung empfunden?

M 3.7 Die senatorischen Provinzen

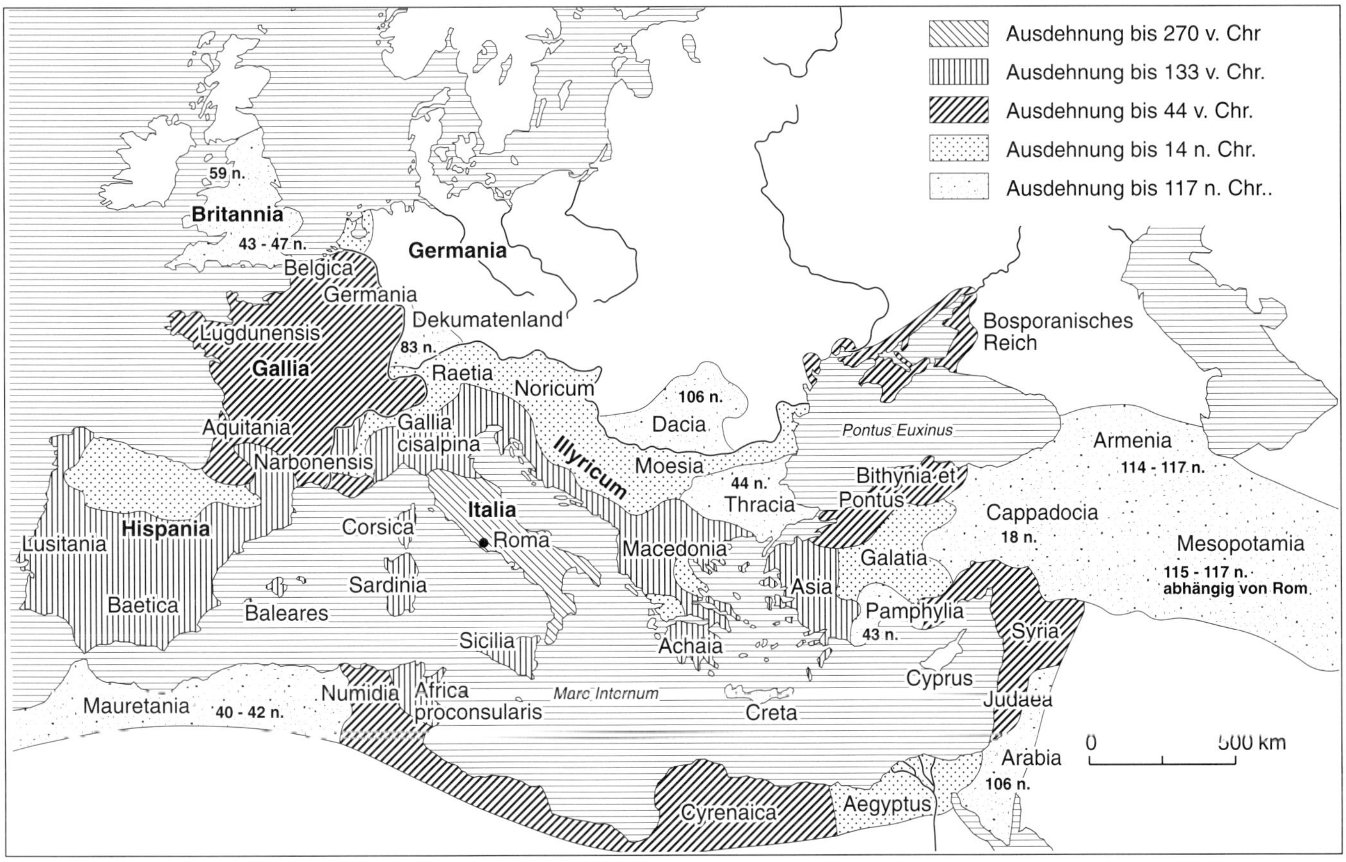

Aufgaben

a) Im Jahre 14 n. Chr. wurden folgende Provinzen vom Senat verwaltet: Baetica, Gallia Narbonensis, Sicilia, Macedonia, Achaia, Creta et Cyrene, Bithynia et Pontus, Asia, Cyprus, Africa. Kennzeichne die senatorischen Provinzen mit einem Farbstift!

b) Weshalb wurden gerade diese Provinzen dem Senat unterstellt? Lies nochmals den Text des Geschichtsschreibers Dio!

M 3.8 Die Haltung der Provinzbewohner

Kurz vor seinem Tode im Jahre 14 n. Chr. unternahm Augustus im Alter von 75 Jahren noch eine Schiffsreise. Etwa hundert Jahre später berichtete der Schriftsteller Sueton in seiner Lebensbeschreibung des Augustus darüber:

> Während er gerade an dem Golf von Puteoli vorbeifuhr, riefen Passagiere und Matrosen eines eben erst eingelaufenen Schiffes aus Alexandria in Festkleidern, bekränzt und unter Opfern von Weihrauch ihm ihre Glückwünsche laut zu und brachen immer wieder aufs neue in überschwengliche Lobpreisungen aus: „Unter Deinem Schutz leben wir; unter Deinem Schutz treiben wir unsere Schiffahrt; unter Deinem Schutz genießen wir Freiheit und Wohlstand!“ Diese Kundgebung freute ihn dermaßen, dass er jedem seiner Reisebegleiter 40 Goldstücke schenkte, aber sich dabei von jedem schwören ließ, die empfangene Summe ausschließlich auf den Ankauf von Waren aus Alexandria zu verwenden.

Worterklärung

Puteoli: heute Pozzuoli, eine Stadt bei Neapel

Aufgabe

– Weshalb waren die Provinzbewohner Augustus so dankbar? Vgl. dazu M 3.3 und M 3.7!

MATERIALIEN

M 4.1 Ein Gedicht des römischen Dichters Horaz

Wohin, wohin, Verruchte, stürmt ihr und was soll
Am Schwert, das kaum geruht, die Faust?
Ist über Länder, über Meere nicht genug
Geflossen des Latinerbluts?
...
Reißt blinde Wut, reißt höhere Gewalt euch fort?
Ist's Sündenschuld? Antwortet mir!
Sie schweigen, Todesblässe deckt ihr Angesicht,
Wie blitzgetroffen starrt ihr Herz.
So ist's: Es treibt ein schwer Geschick die Römer um.
Des Brudermordes Greueltat,
Seit zu der Erde Remus' unverschuldet Blut,
Ein Fluch den Enkeln, niederfloß.

Erklärungen
Rom liegt in der Landschaft Latium. Römer und Latiner werden hier gleichgesetzt.
Quintus Horatius Flaccus (65–8 v. Chr.) schrieb das Gedicht wohl Anfang 38 v. Chr.

Aufgaben
a) Wie begründete Horaz die Bürgerkriege in Rom? Vergleiche dazu die römische Gründungssage!
b) Welche Stimmung des Dichters wird aus dem Gedicht deutlich?

M 4.2 Relief vom Altar des Augustusfriedens

Aufgaben
a) Welchen Eindruck erweckt das Bild bei dir?
b) Die Mutter mit den beiden Kindern ist ein Sinnbild. Was könnte damit gemeint sein?
c) Vergleiche damit das Gedicht des Horaz!

M 4.3 Brustpanzer und Schema des Brustpanzers einer Statue des Augustus

Im 29. Kapitel seines Tatenberichts schrieb Augustus:

> Die Parther zwang ich, die Beutestücke und Feldzeichen von drei römischen Heeren mir zurückzugeben und demütig bittend um die Freundschaft des römischen Volkes nachzusuchen. Diese Feldzeichen aber habe ich im Heiligtum, das sich im Tempel des Mars Ultor befindet, aufbewahrt.

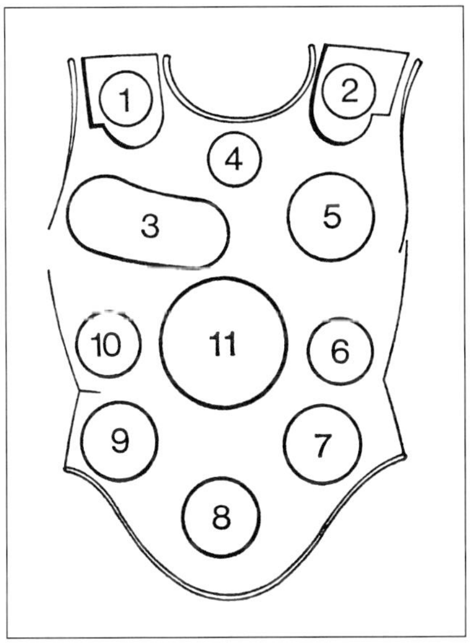

Erklärung

Die Parther grenzten am Euphrat in Mesopotamien an das römische Reich. Der Feldherr Crassus hatte 53 v. Chr. eine schwere Niederlage gegen die Parther erlitten, ebenso Marcus Antonius im Jahre 36 v. Chr.; dabei waren jeweils Legionsadler in die Hände der Parther gefallen. Augustus konnte im Jahre 20 v. Chr. die Herausgabe der Feldzeichen durch diplomatische Verhandlungen erreichen.

Aufgaben

a) Was versuchte wohl der Künstler auszudrücken, wenn er die Rückgabe der Feldzeichen in die Mitte dieser Figur und Szenen stellte?

b) Ein auf einer hohen Stange getragener Bronzeadler war das Symbol einer jeden römischen Legion („Feldzeichen"). Schlage im Lexikon nach, was „Symbol" bedeutet!

c) Nenne Symbole des modernen Staates!

d) Stelle dir vor, du hättest Gelegenheit als junger Römer die Statue, die gerade aufgestellt wurde, genau zu betrachten! Dein Freund studiert gerade in Athen. Du schreibst ihm deine Beobachtungen.

M 4.4 Eine Lücke im Tatenbericht des Augustus

Im Jahre 9 n.Chr. erlitt das römische Reich einen schweren Verlust. Der römische Statthalter Varus wurde mit seinen Truppen überfallen, als er durch germanisches Gebiet marschierte, das noch nicht unter römischer Herrschaft stand. Dabei wurden drei Legionen vernichtet. Ein Cheruskerfürst, der von den Römern Arminius genannt wurde und einige Zeit im römischen Heer Offizier gewesen war, hatte mehrere germanische Stämme zu diesem Überfall veranlasst. Man vermutet den Grund dafür im Verhalten des Varus. Es wird berichtet, er habe die Germanen als Barbaren angesehen. Er wollte ihnen daher sehr rasch römische Lebensweise, aber auch römische Gesetze und Verwaltung aufzwingen. Dabei berücksichtigte er nicht, dass die Germanen ihre altüberlieferten Gesetze hatten, die sie nicht aufgeben wollten. Der Ort dieser Schlacht im Teutoburger Wald ist nicht genau bekannt. Neuere Ausgrabungen lassen vermuten, die Schlacht könne bei Kalkriese in der Nähe von Osnabrück stattgefunden haben. Doch das lässt sich noch nicht mit Sicherheit sagen. In seinem Tatenbericht hat Augustus diese Niederlage nicht erwähnt.

Aufgabe

– Welche Gründe haben Augustus wohl veranlasst, in seinem Tatenbericht darüber zu schweigen?

M 4.5 Das Urteil des Tacitus

Der römische Geschichtsschreiber Tacitus kam in seinem Werk „Annalen“ um 110 n.Chr. zu folgender Beurteilung des Augustus:

Die Soldaten gewann er durch Schenkungen, das Volk durch Getreidespenden, jedermann aber durch die erfreuliche Ruhe. Und nun hob er allmählich sein Haupt höher. Er nahm die Befugnisse des Senats, der Beamten und der Gesetzgebung an sich. Einen Gegner fand er nicht. Die Tapfersten waren in den Schlachten gefallen oder durch die Proskriptionen beseitigt, und der Rest des Adels wurde um so reichlicher mit Geld und Ämtern bedacht, je williger er sich der Knechtschaft fügte. Wer so aus der Wendung der Dinge Vorteil gezogen hatte, dem war natürlich die sichere Gegenwart lieber als die gefährliche Vergangenheit. Auch die Provinzen sahen die neuen Verhältnisse nicht ungern. Das republikanische Regiment war ihnen durch die Streitigkeiten der Machthaber und die Habgier der Beamten verleidet worden. Die Gesetze hatten versagt: Gewalt, Parteieinfluss, ja direkte Bestechung hatten sie unwirksam gemacht.

Erklärungen

Cornelius Tacitus (etwa 55–116/120 n. Chr.) war hoher römischer Beamter und der größte römische Geschichtsschreiber. Die Beurteilung des Augustus stammt aus seinem Werk „Annalen“, das er um 110 n. Chr. verfasste.

Proskriptionen: Ächtung durch öffentlichen Anschlag der Namen

Aufgaben

a) War es ein positives oder negatives Urteil?

b) Wie beurteilte Tacitus die Maßnahmen zugunsten des Adels, der Soldaten und des Volkes?

c) Du hast schon einiges über die Lage der Provinzen unter Augustus gelesen. Stimmt das mit der Beurteilung des Tacitus überein? Vgl. dazu M 3.3 sowie M 3.7 und M 3.8!

d) Von welcher politischen Ordnung her beurteilte Tacitus die Herrschaft des Kaisers?

M 5.1 Das römische Straßennetz und die Schiffahrtslinien

Unter Kaiser Augustus umfasste das römische Reich eine Fläche von ca. 3.200.000 qkm. Zur Zeit seiner größten Ausdehnung waren es sogar ca. 5.000.000 qkm. Deutschland hat heute eine Fläche von 357.000 qkm.

Um ein so großes Reich wie das römische erobern und verwalten zu können, musste es ausreichend Möglichkeiten geben, schnell und sicher von einem Ort zum anderen zu kommen.

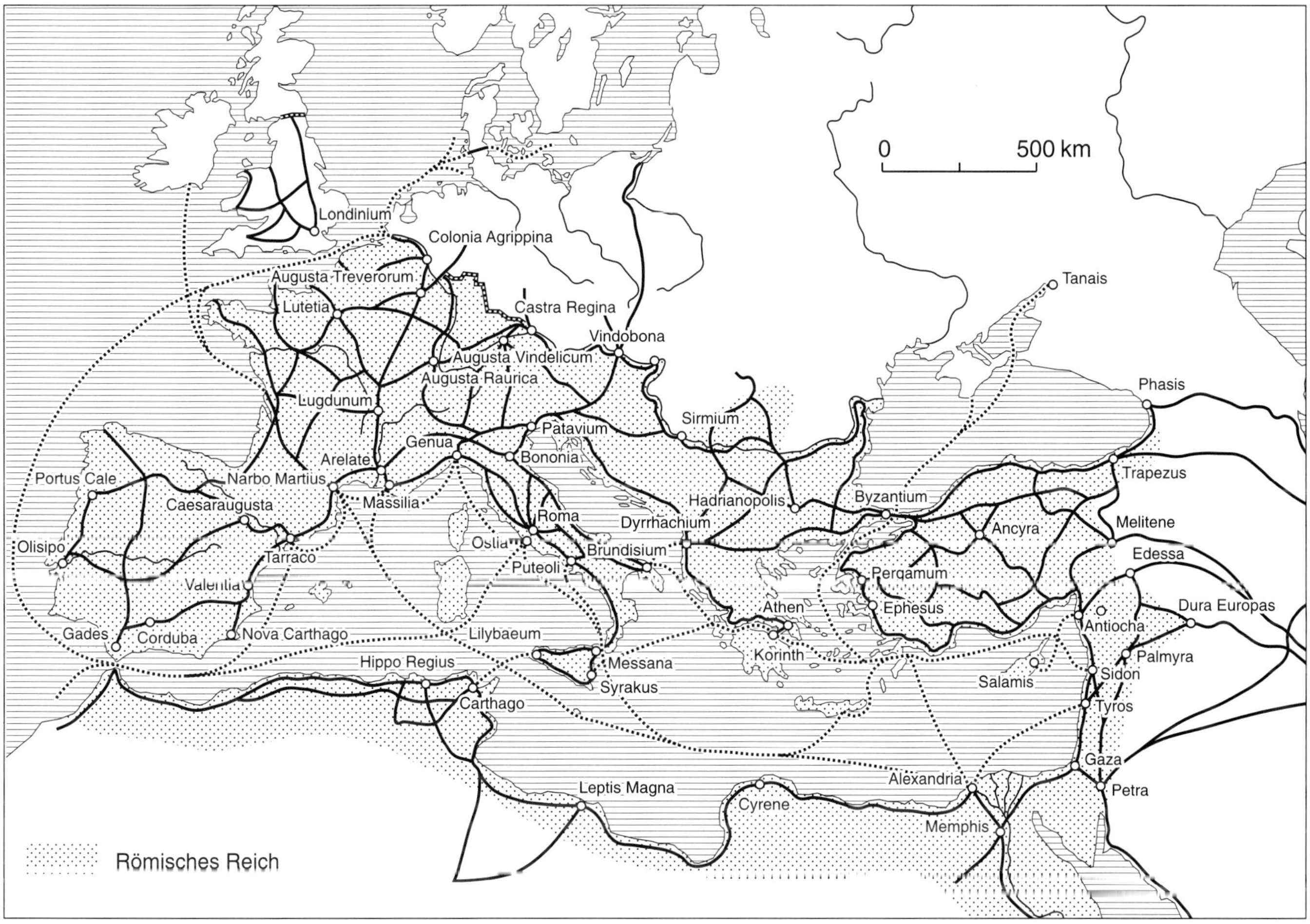

Aufgaben

a) Stelle dir vor, du wärest ein römischer Händler und müsstest eine Reise unternehmen. Wäre es günstiger, den größten Teil der Reise mit dem Schiff zurückzulegen oder den Landweg zu nehmen?

b) Eine Schiffsreise von Rom nach Nordspanien dauerte bei günstiger Witterung etwa fünf Tage; von Alexandria nach Rom benötigte man neun Tage. Berechne mit Hilfe der Karte oder eines Atlasses die Entfernungen in Kilometern und die durchschnittliche Geschwindigkeit der Schiffe!

c) In der Regel legte man pro Tag 80 km auf den Straßen im Reisewagen zurück. Wie lange wärest du von deinem Wohnort bis nach Rom unterwegs gewesen? Erkundige dich, wie lange die Bahnfahrt heute von deinem Wohnort nach Rom dauert!

M 5.2 Römische Schiffe: Graffito eines Frachtschiffes (a) und Relief eines Lastschiffes mit Weinladung (b)

a)

b)

M 5.3 Ein Schiffsfund

Ende 1981 und Anfang 1982 wurden innerhalb kurzer Zeit im Mainzer Stadtgebiet aus zwei über sieben Meter tiefen Baugruben mehrere Schiffe geborgen. Aufgrund der Tiefe war das Erdreich sehr feucht, daher war das Holz der Schiffe noch relativ gut erhalten. Aus der einen Baugrube stammen ein Reiseschiff und mehrere Kriegsschiffe, aus der anderen mehrere Lastschiffe. Auf Grund der Untersuchungen der Jahresringe des Holzes können die Lastschiffe ins erste nachchristliche Jahrhundert, das Reiseschiff und die Kriegsschiffe in die zweite Hälfte des 4. Jahrhunderts n. Chr. datiert werden.

Aufgaben

a) Beide Abbildungen zeigen Lastschiffe. Welche Unterschiede kannst du entdecken?
b) Welche Erkenntnisse können die Archäologen über die Schiffahrt gewinnen?
c) Schreibe über den Fund eine Zeitungsmeldung!

M 5.4 Gesetzgebung über Straßenbau

Bereits in der ältesten Gesetzessammlung der Römer, dem Zwölftafelgesetz (um 450 v. Chr.), finden sich Bestimmungen über das Wegerecht: *Den Weg sollen sie festmachen: wenn man ihn nicht mit Steinen befestigt hat, soll er (der Berechtigte) das Vieh treiben, wo er will.*
Ob sich die Bestimmungen auf öffentliche oder auf private Straßen bezogen, wissen wir nicht. Die erste große gepflasterte Straße war die Via Appia, die 312 v. Chr. erbaut wurde und von Rom nach Capua führte. Der Bau von Straßen wurde üblicherweise von den Magistraten angeregt und durchgeführt, zu deren Aufgaben der Straßenbau gehörte. In der Kaiserzeit wurden die Straßenbauarbeiten meistens von Soldaten ausgeführt. Die Kosten mussten freilich die Anlieger, d. h. Städte, Siedlungen und private Eigentümer, übernehmen, wobei die Staatskasse häufig Zuschüsse gab.

M 5.5 Der Aufbau römischer Straßen

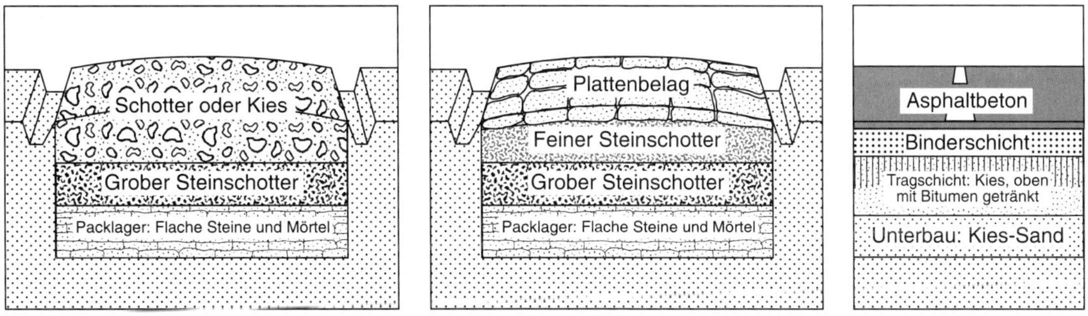

Links: gewöhnliche römische Straße. Mitte: römische Straße mit Pflasterung. Solche Straßen gab es in der Regel nur in den Städten oder in ihrer unmittelbaren Nähe. Rechts: heutige Straße.

M 5.6 Römischer Reisewagen

Aufgaben

a) Weshalb haben die Straßen unterschiedliche Schichten?
b) Welche Vor- und Nachteile besaßen die beiden römischen Straßentypen? Denke dabei auch an die Hufe der Reit- und Zugtiere und die schlechte oder mangelnde Federung der Reisewagen!
c) Vergleiche die römischen Straßen mit den heutigen!

M 5.7 Römische Straßenstation von Friesenheim (Rekonstruktionszeichnung)

Entlang der Straßen fanden sich in der Kaiserzeit in regelmäßigen Abständen mehr oder weniger bequeme Rasthäuser und Herbergen. Außerdem gab es Straßenstationen als Überwachungsstellen für den Verkehr und die Sicherheit der Reisenden. Sie waren vor allem an wichtigen Straßenkreuzungen angelegt und mit Soldaten besetzt, die vom schweren Lagerdienst befreit waren und Benefiziarier genannt wurden. Ihre Hauptaufgabe bestand darin, den Verkehrsablauf zu beobachten, Straßenschäden zu melden und die Sicherheit der Reisenden vor Räubern und Plünderern zu gewährleisten.

In Friesenheim bei Lahr (Ortenau-Kreis) wurde 1973/74 eine Straßenstation an der rheinischen Hauptstraße von Basel nach Mainz ausgegraben. Neben einem Wohngebäude mit Bad und Speichern gab es auch Hinweise auf eine Schmiede. Jenseits der Straße befand sich ein kleiner Tempel, in dem Teile einer Diana-Abnoba-Statue gefunden wurden.

Aufgaben

a) Versuche die Gebäude der Rekonstruktionszeichnung zu bestimmen!

b) Der Zeichner hat völlig korrekt gezeichnet: Die breite Straße war im Bereich der Straßenstation tatsächlich gepflastert. Das wurde durch die Ausgrabungen nachgewiesen. Überlege dir Gründe dafür!

M 5.8 Römischer Meilenstein von Cannae di Battaglia, Italien

„Von Benevent 75 Meilen / der Imperator Caesar,/ des göttlichen Nerva Sohn, / Nerva Traianus / mit den Beinamen Augustus, Germanicus, Dacicus, / Oberpriester, im 13. Jahr seiner tribunizischen Gewalt, / Imperator zum 6. Mal, Konsul zum 5. Mal, / Vater des Vaterlandes, / hat den Weg von Beneventum nach Brundisium mit seinem Geld bauen lassen."

Erklärungen:
Die Schrägstriche zeigen, dass auf dem Meilenstein eine neue Zeile beginnt. Der Meilenstein kann aufgrund der Angaben, wann der Kaiser welche Ämter bekleidet hat, ins Jahr 109 n.Chr. datiert werden.
1 römische Meile = 1480 m.

Aufgaben
a) Welcher Kaiser wird auf dem Meilenstein genannt?
b) Rechne die Meilen in Kilometer um!
c) Der Meilenstein wurde nicht an seinem ursprünglichen Standort gefunden. Wodurch konnte das klar werden?
d) Wie heißen Beneventum und Brundisium heute?

M 5.9 Römische Straßenkarte

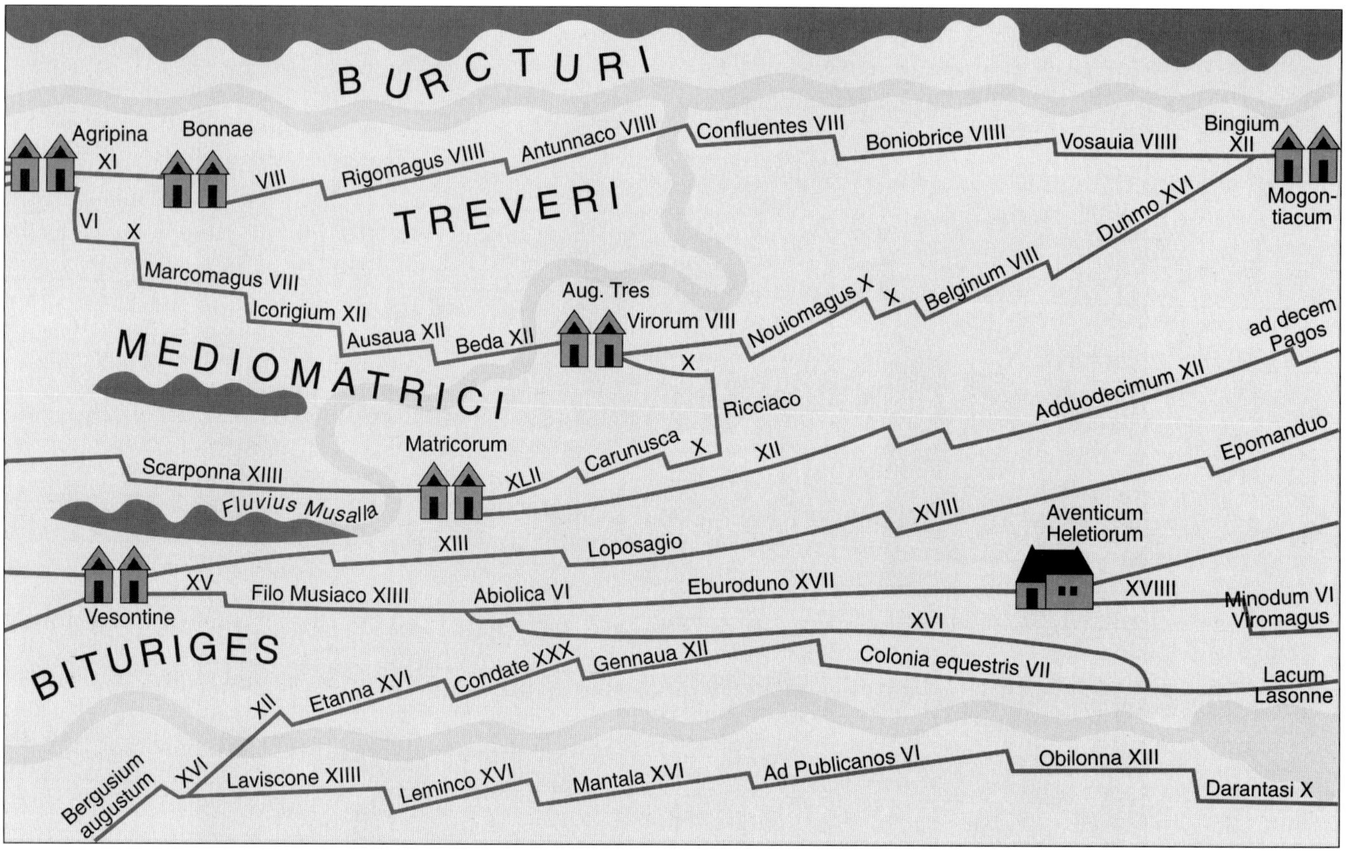

Die Karte ist geostet, d. h. Norden ist links. Die obere Reihe zeigt den Rhein zwischen Mainz und Köln und die parallel dazu verlaufende Straße (die heutige Bundesstraße 9). Die Entfernungen sind in Leugen angegeben, einem gallischen Längenmaß.

1 Leuge = 1,5 römische Meilen = 2,2 Kilometer

Aufgaben

a) Ordne anhand einer modernen Karte die römischen Ortsnamen am Rhein (oberste Zeile) den heutigen zu. Wie sieht das Ergebnis aus und wie ist es zu erklären?

Mogontiacum:

Bingium:

Vosauia:

Boniobrice:

Confluentes:

Antunnaco:

Rigomagus:

Bonnae:

Agrippina:

b) Waren die Angaben der Streckenlängen korrekt und wozu dienten sie?

c) Vergleiche einerseits mit modernen Straßenkarten und andererseits mit Streckenplänen der Bundesbahn!

M 6.1 Das römische Heer

Augustus gab nicht nur der Verwaltung des römischen Reiches eine neue Ordnung, sondern gliederte auch das Heer neu. Die römische Armee der Kaiserzeit war ein Berufsheer aus Legionen und Hilfstruppen. Außerdem gab es in Rom noch die Leibgarde des Kaisers, die Praetorianer.

Die Legionen

Um das Jahr 100 n.Chr. gab es ungefähr 30 Legionen im römischen Reich. Eine Legion bestand aus etwa 5.500 Mann, deren Dienstzeit 20 Jahre betrug. Die Legion war in 10 Kohorten eingeteilt, davon hatte die erste Kohorte 1.000 Mann und die 2. – 10. Kohorte etwa 500 Mann.

Die erste Kohorte wurde in 10 Centurien zu je 100 Mann, die 2.–10. Kohorte in jeweils 6 Centurien zu je rund 80 Mann eingeteilt. Insgesamt gab es also 64 Centurien. Zu jeder Legion gehörte auch eine Abteilung von Meldereitern und Kundschaftern.

Befehlshaber einer Legion war der Legat, der aus dem senatorischen Adel kam. Aus dem senatorischen und ritterlichen Stand kamen auch seine sechs Stabsoffiziere, die Tribunen. Ein weiterer hoher Offizier aus dem Ritterstand war der Lagerpraefekt (praefectus castrorum). Er hatte die Verantwortung für das Lager und für die Verpflegung.

Aus dem Mannschaftsstand kamen die Centurionen, die Führer einer Centurie. Sehr angesehen war der Posten des Adlerträgers (aquilifer), der jedoch unter dem des Centurio stand. Auch für die anderen Feldzeichen gab es besondere Träger.

Die Hilfstruppen

Die Stärke der Hilfstruppen (Auxiliartruppen) entsprach ungefähr der der Legionen. Die Mannschaften der Hilftruppen stammten aus den römischen Provinzen und besaßen meist nicht das römische Bürgerrecht. Erst wenn sie ihre fünfundzwanzigjährige Dienstzeit beendet hatten, erhielten sie es. Zugleich erhielten auch ihre Kinder das Bürgerrecht. Bereits bestehende Ehen wurden anerkannt. Dies wurde auch auf einem Militärdiplom bestätigt. Eine Hilfstruppe konnte aus 500 oder 1000 Mann Fuß- und Reitersoldaten bestehen. Es gab jedoch auch Fußtruppen, zu denen Reiterverbände gehörten. Diese Reiterverbände wurden Turmen (turmae) genannt, die aus 30 oder 40 Reitern bestanden. Ihr Befehlshaber hieß Decurio.

Die Fußtruppen waren in Centurien unterteilt. An ihrer Spitze stand ein Centurio. Die gesamte Hilfstruppe unterstand einem Kommandanten (praefectus), der üblicherweise aus dem Ritterstand kam.

Aufgabe:

– Entwirf ein Schaubild über den Aufbau einer Legion! Benutze dabei ein Rechteck für eine Centurie!

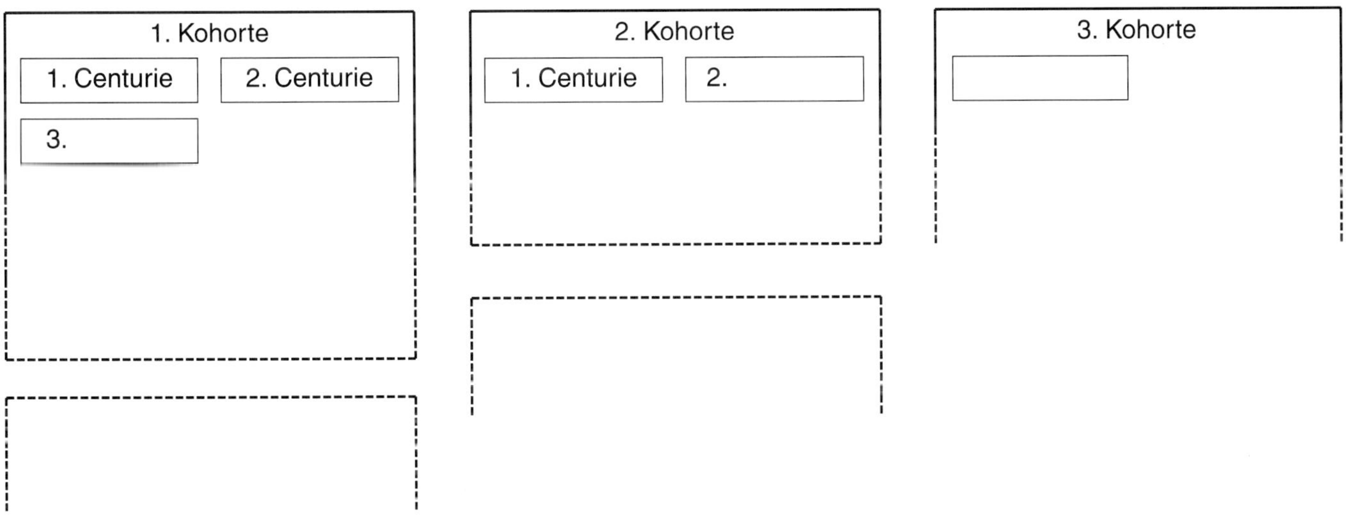

M 6.2 Das Kastell Quintana (Künzing, Ldkr. Vilshofen/Niederbayern) (Grundriss und Modell)

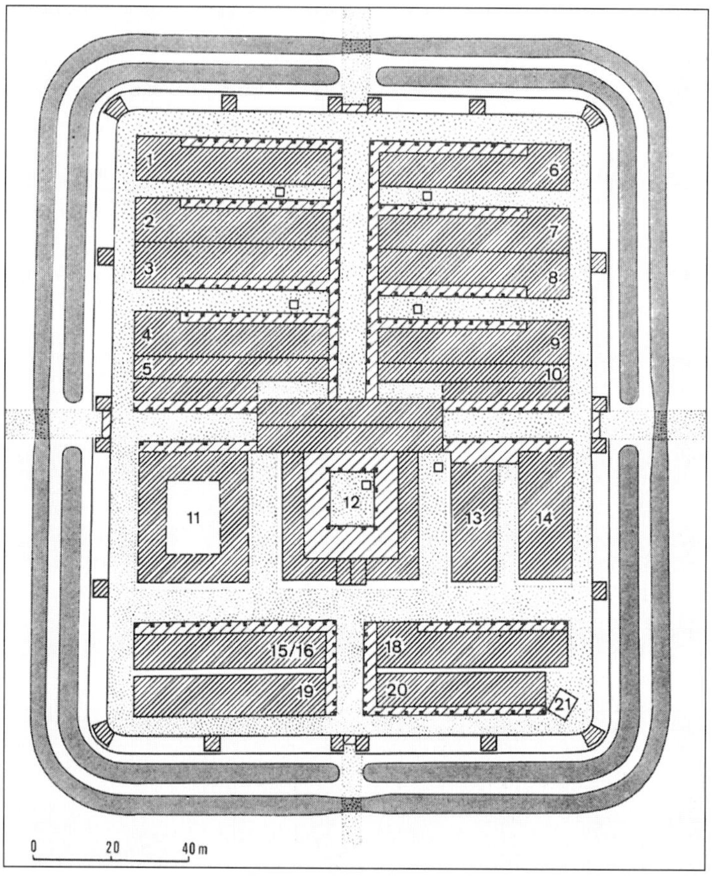

2–4	Baracken der Fußsoldaten
7–9	Baracken der Fußsoldaten
1 u. 6	Baracken der Reiter
15 u. 16	Stallungen
19 u. 20	Stallungen
12	Verwaltungsgebäude
13	Getreidespeicher
11	Wohnhaus des Kommandanten (Praefekt)
14	Lazarett
18	Baracke, Unterkunft für eine kleine Hilfstruppe (?)
21	Wasserbecken
5 u. 10	Schuppen oder Werkstätten
	Brunnen

Die Besatzung bildete eine zum Teil berittene Kohorte
6 Centurien (= Abteilungen von Fußsoldaten)
1 Centurie = 80 Mann
4 Turmen (Reiterabteilungen)
1 Turme = 30 Reiter

Aufgabe

– Alle Kastelle besaßen den gleichen Grundriss. Wie ist er beschaffen? Welche Gründe gibt es dafür?

M 6.3 Grundriss und Innenraum einer Baracke für eine Centurie
Kastell Heidenheim (Baden-Württemberg) (Rekonstruktionszeichnung)

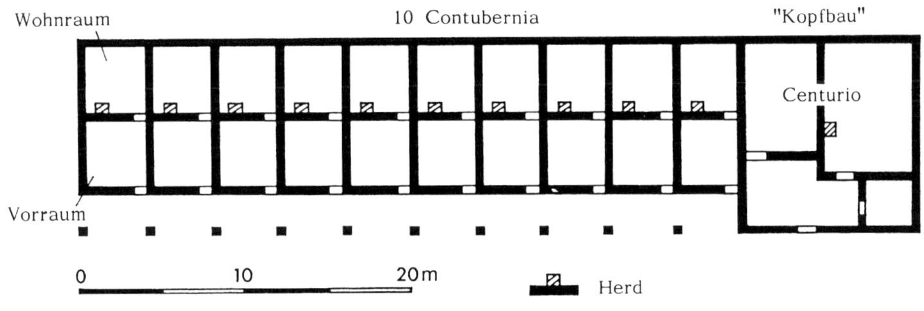

Aufgaben
a) Wie viele Soldaten teilten sich einen Raum?
b) Miss aus, wieviel Platz einem Soldaten und einem Centurio zur Verfügung stand. Vergleiche damit den Grundriss des Kommandantenhauses aus dem Kastell Quintana!

M 6.4 Wie hoch war der Sold der Soldaten?

Beim Tode des Kaisers Augustus (14 n.Chr.) verdiente ein einfacher Legionssoldat im Jahr 225 Denare, ein Centurio 3750 und ein Offizier 7500 Denare. Für die Hilfstruppen war die Bezahlung niedriger. Vermutlich betrug sie 5/6 des Legionärssoldes. Der Sold wurde dreimal jährlich ausbezahlt. Ein festgesetzter Betrag für die Verpflegung wurde gleich abgezogen. Seine Höhe ist nicht bekannt. Neben dem Sold gab es für besondere Leistungen noch Auszeichnungen, die in Geld oder in besonders schön verzierten Waffen bestehen konnten.
Während der Kaiserzeit erhöhte sich der Sold, da im Laufe der Zeit die Preise anstiegen.
1 Denar = 16 Asse oder 4 Sesterzen
1 Sextarius (0,55 l) einfaches Speiseöl kostete 1 bis 2 Sesterzen.
1 Sextarius (0,55 l) einfacher Tafelwein kostete 2 bis 4 Asse.

Aufgaben
a) Wieviel Sesterzen und wie viele Asse betrug der Sold der verschiedenen Ränge? Berechne das auch für die Hilfstruppen!
b) Vergleiche die Fläche, die den einzelnen Rängen zur Verfügung stand mit deren Sold! Was fällt dir dabei auf?

M 6.5 Arbeit für die Soldaten
Arbeitsgeräte aus Eisen, gefunden im Bereich des Legionslagers Argentorate (Straßburg); Bruchstücke von Ziegeln aus Wolfenweiler

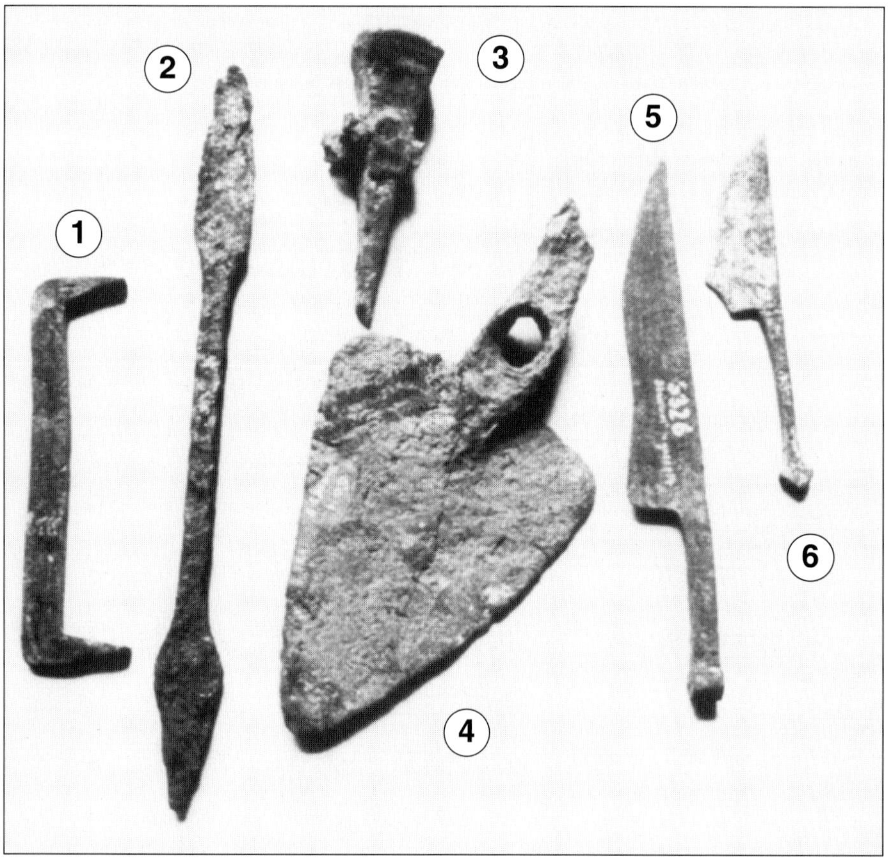

1.

2.

3.

4.

5.

6.

M 6.6 Inschrift eines Weihealtars aus dem Jahre 160 n.Chr.

Für das Wohl des Kaisers Antoninus, des Frommen, Glücklichen, hat die Abteilung der Germanischen Flotte, der Treuen und Ergebenen, die für den Steintransport zum Bau des Forums der Colonia Ulpia Traiana (eingesetzt) ist, auf Befehl des Claudius Iulianus, kaiserlichen Legaten anstelle des Praetors, unter der Aufsicht des Kapitäns Gaius Sunicius Faustus das Gelübde gern (und) nach Verdienst erfüllt unter dem Konsulat von Bradua und Varus.

Erklärungen
Colonia Ulpia Traiana: heute die Stadt Xanten am Niederrhein
Um die Mitte des 2. Jh. n.Chr. war in der Stadt Xanten ein Großbrand ausgebrochen.

Aufgaben
a) Ordne die Namen der folgenden Geräte zu: Hacke, Löffelbohrer, Messer, Krampe, Zeltpflock!
b) Welche Legion stellte die Ziegel her?
c) Welche Tätigkeit lässt sich aus der Inschrift erschließen?
d) Welche handwerklichen Tätigkeiten haben nach diesen Zeugnissen die Soldaten ausgeübt?

M 6.7 Der obergermanische Limes (oben) und der rätische Limes (unten) in ihrem jeweils letzten Bauzustand
Das Wort „limes“ bedeutete bei den Römern ursprünglich „Weg, Schneise, Besitzgrenze“. Erst später erhielt das Wort die Bedeutung von Reichsgrenze. Der Limes wurde gegen Ende des 1. nachchristlichen Jahrhunderts angelegt. Er hatte insgesamt vier Bauphasen.Der erste war ein einfacher Weg, der von hölzernen Wachtürmen aus überwacht wurde.

MATERIALIEN

M 6.8 Der Limes am Ende des 2. Jahrhunderts n. Chr.

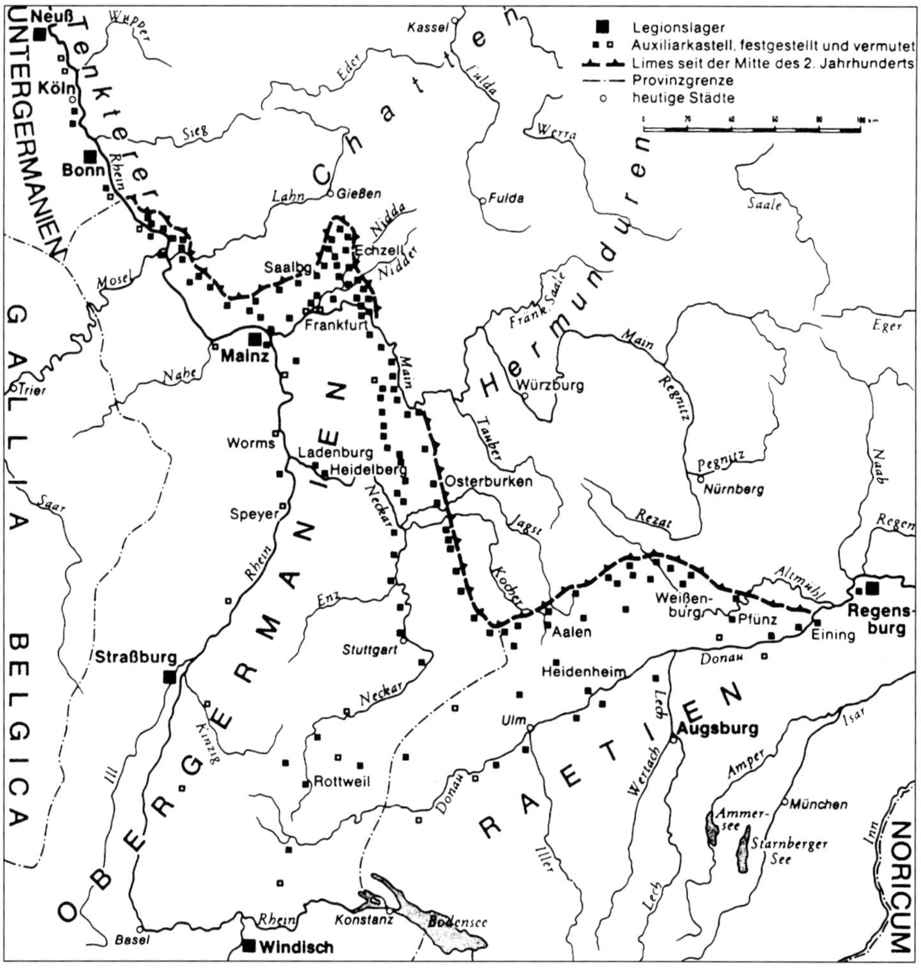

M 6.9 Abwehr eines kleineren Überfalls am Limes

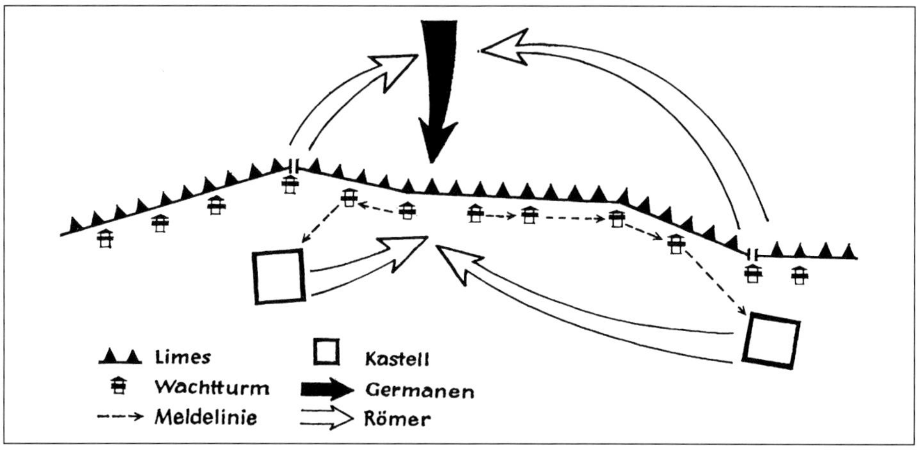

Aufgaben

a) Welche Länder der Bundesrepublik liegen auf der römischen, welche auf der germanischen Seite des Limes?
b) Stelle anhand der Karte fest, ob deine Heimatgemeinde auf ehemals römischem Gebiet liegt oder nicht! Wie weit ist sie vom Limes (im Norden vom Rhein) entfernt?
c) Wie unterscheiden sich obergermanischer und raetischer Limes?
d) Was geschah, wenn die Besatzung eines Wachturms beobachtete, dass sich ein Trupp von Feinden dem Limes näherte?

M 7.1 Plan der CUT (Colonia **U**lpia **T**raiana), heute Xanten am Niederrhein

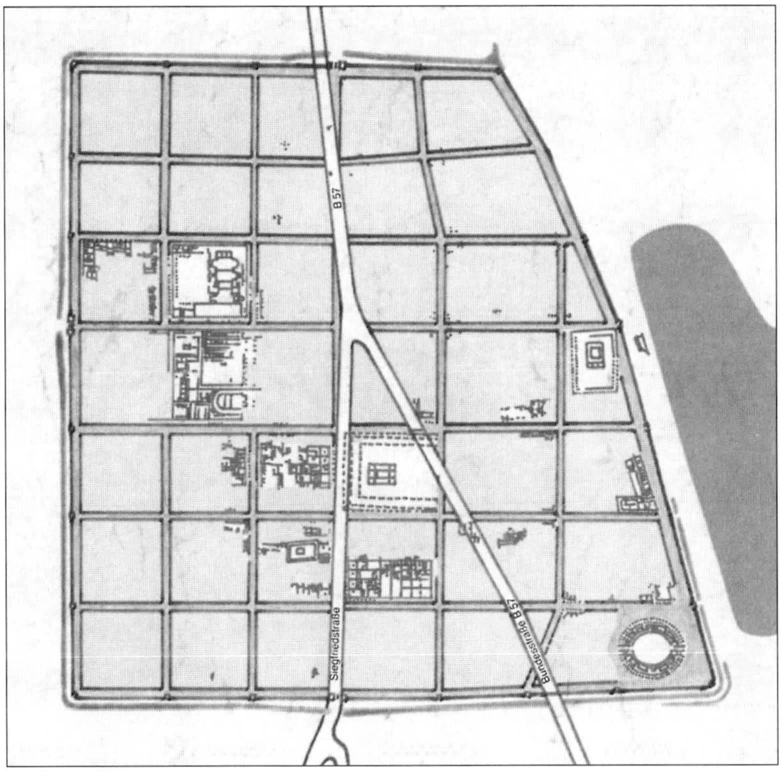

Aufgaben
a) Vergleiche den Grundriss mit dem eines Legionslagers!
b) Welche öffentlichen Bauten gibt es?
c) Woran ist zu erkennen, dass die Stadt sorgfältig geplant wurde?

M 7.2 Das Hauptforum in Augst bei Basel (Schweiz), Grundriss und Modell

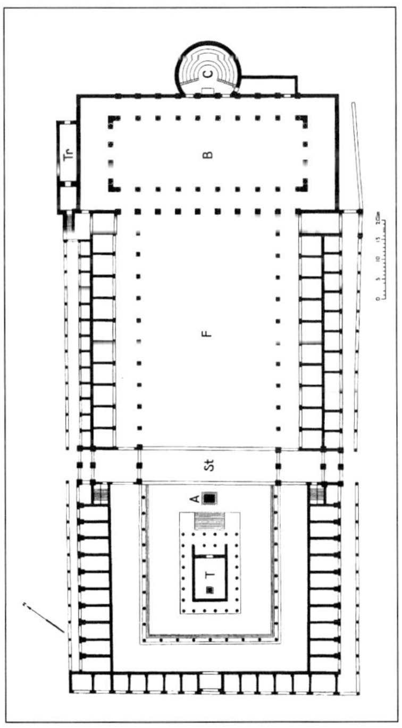

M 7.3 Kaiserthermen in Trier

Für die Römer spielte das tägliche Bad eine wichtige Rolle. Zu jeder Siedlung, ob zivil oder militärisch, gehörte ein öffentliches Badegebäude. In den Städten waren es häufig große, weit ausgedehnte Gebäudekomplexe, wie sie z. B. in Trier (Augusta Treverorum) noch gut erhalten sind (Kaiser- und Barbarathermen). Freilich handelte es sich nicht um Hallenbäder, in denen man schwimmen konnte, sondern man saß in den flachen Becken. Bei den großen Thermen konnte man in unbedachten Räumen turnen und sich sonnen. Manchmal gab es da auch ein Schwimmbecken im Freien. Die Thermen waren für jedermann zugänglich. In den Städten gab es sowohl Männer- wie Frauenthermen. Der Eintritt kostete sehr wenig, manchmal war er auch frei, so dass keiner auf den Besuch des hochgeschätzten Treffpunktes verzichten musste.

M 7.4 Das Marcellus-Theater in Rom, heutiger Zustand und Rekonstruktion

Im Theater kamen meist Stücke in Art des Volkstheaters mit musikalischen Einlagen zur Aufführung. Es gab auch Possenspiele und den sogenannten Pantomimus, das ist die Darstellung aller Themen mit Gebärden, Tanz und Mienenspiel.

Aufgaben:

a) Kennst du vergleichbare Theaterstücke in unserer Zeit? Wie werden sie genannt?
b) Was wurde aus dem Gebäude des Marcellus-Theaters?

M 7.5 Vergnügungen in der Stadt

a) Amphitheater in Trier

b) Mosaik aus der Villa Nennig/Saarland

c) Circus Maximus in Rom (Modell)

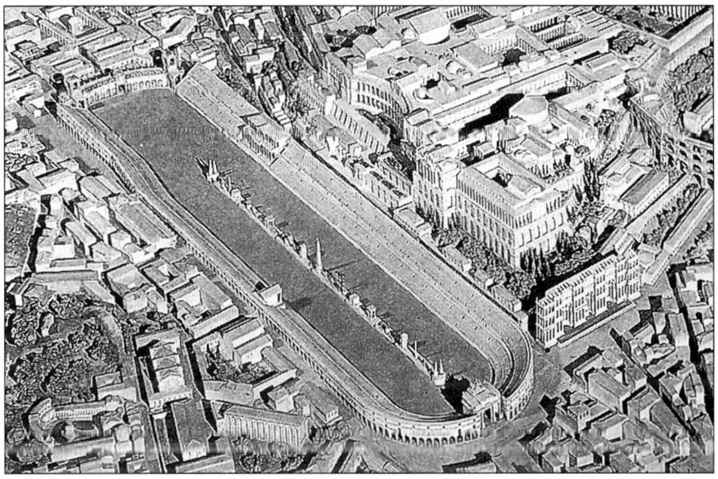

d) Relief aus Foligno (Italien)

Aufgaben

a) Um welche Sportarten handelt es sich bei b) und d)?
b) Erstelle eine Liste der genannten römischen Bauten und vermerke dahinter, ob wir heute vergleichbare Bauten haben und ob es die genannten Veranstaltungen noch gibt.

M 7.6 Wohnen in einer römischen Stadt

A. Modell eines Hauses am Kölner Dom

B. Mosaik aus dem Haus am Kölner Dom

C. Modell eines Hauses in Rom

D. Im Inneren eines Hauses (Zeichnung)

Aufgaben

a) Beschreibe die Unterschiede bei den Gebäuden A und C!
b) Beschreibe den Innenraum (D)!
c) Warum passt das Mosaik zum Haus A?

M 8.1 Die römischen Gutshöfe zwischen Oberrhein und Limes
Auf der Karte sind lediglich die bekannten römischen Gutshöfe (villae rusticae) eingezeichnet.

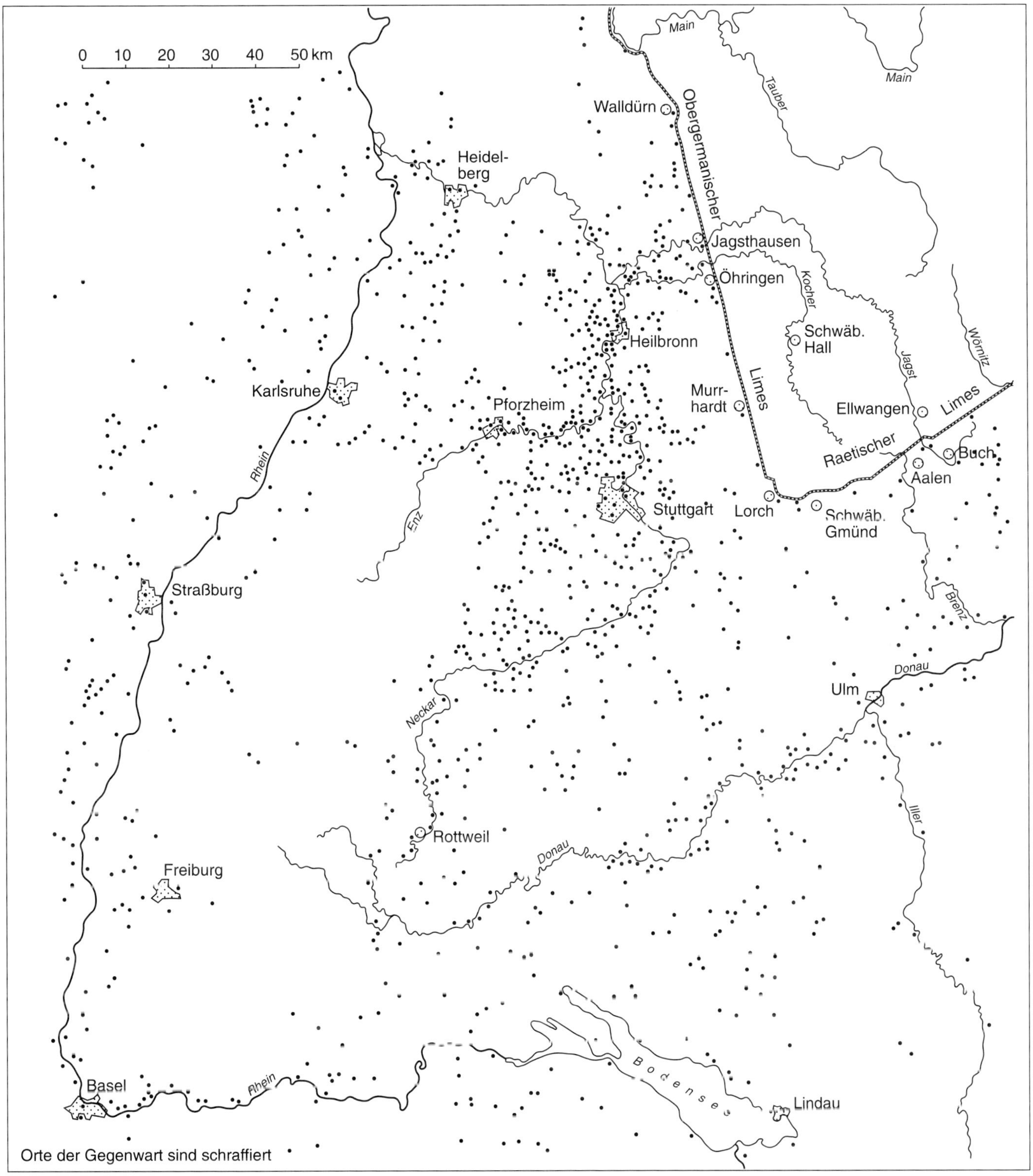

Aufgabe

- Nimm eine geographische Karte, die die Bodengestalt dieses Raumes zeigt, zu Hilfe und erkläre die ungleiche Verteilung der Gutshöfe!

M 8.2 Ludwigsburg-Hoheneck, Rekonstruktionsversuch der Hofanlage

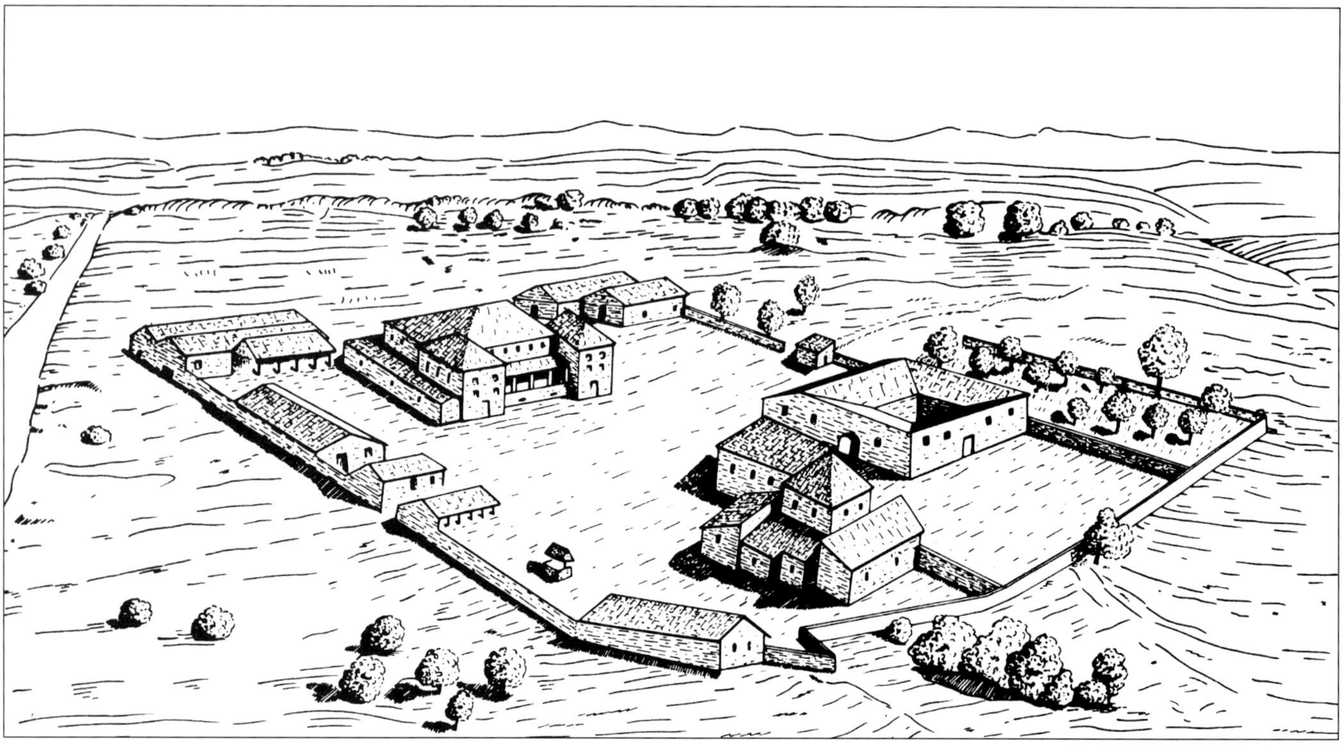

Aufgaben
a) Weshalb war in der Regel ein Gutshof mit einer Mauer eingefriedet?
b) Welches Gebäude ist das Gutshaus?

M 8.3 Römisches Wissen in der Landwirtschaft: Pflanzen

Wein, Kirsche und Pfirsich sind in unserer Sprache Lehnwörter. Sie stammen aus der lateinischen Sprache (vinum, cerasus und persicus), obgleich wir gar nicht mehr daran denken, wenn wir sie gebrauchen. Gab es diese Pflanzen also erst, nachdem die Römer sie bei uns eingeführt hatten? Die Vorgeschichtsbotaniker weisen darauf hin, dass es vor den Römern bereits die Wildkirsche und die wilde Rebe gab. Doch der Anbau der kultivierten Pflanzen und damit auch der Weinbau geht auf die Römer zurück.
Im übrigen haben die Römer den damaligen Speisezettel um wesentlich mehr als die genannten Pflanzenarten bereichert. Von zehn Gemüse- und Salatarten, die durch Ausgrabungen römischer Siedlungen in Südwestdeutschland nachgewiesen sind, wurden die folgenden sechs sicher durch die Römer hier heimisch: Gartenmelde, Amaranth oder grüner Fuchsschwanz, Bete, was für Mangold, Rote Bete oder Weiße Rüben steht, Knoblauch, Römischer Sauerampfer und Portulak. Auch die Gewürzpflanzen Dill und Koriander wurden erst durch die Römer eingeführt. Bei den Obstarten waren es die Pfirsiche, die Esskastanien, zwei Sorten von Pflaumen und vermutlich auch die Zwetschen. Die vorhandenen Getreide-, Obst- und Gemüsearten wurden aufgrund der großen Erfahrung der Römer gut gepflegt und veredelt.

M 8.4 Landwirtschaftliche Geräte

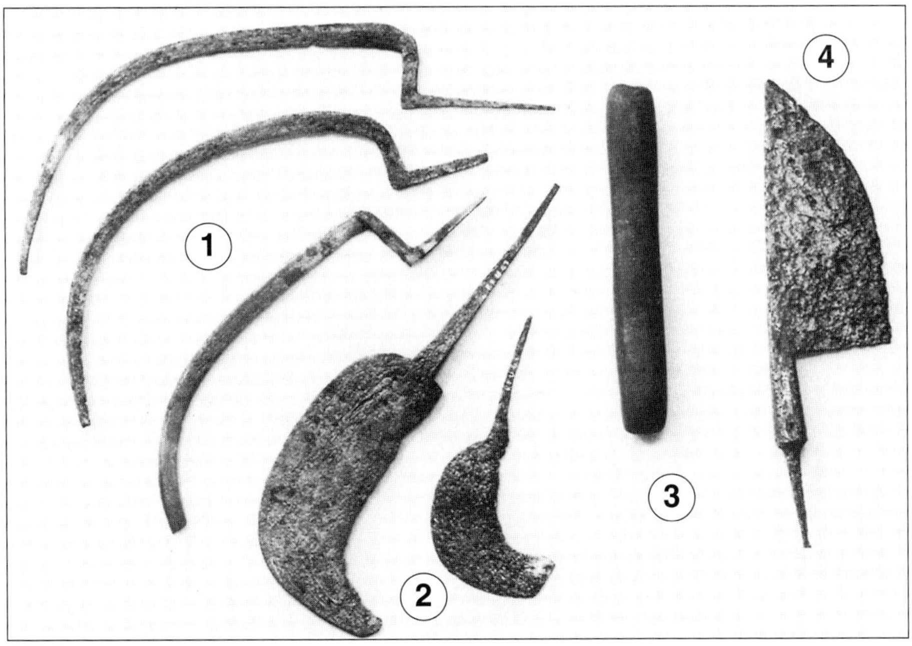

1 =

2 =

3 =

4 =

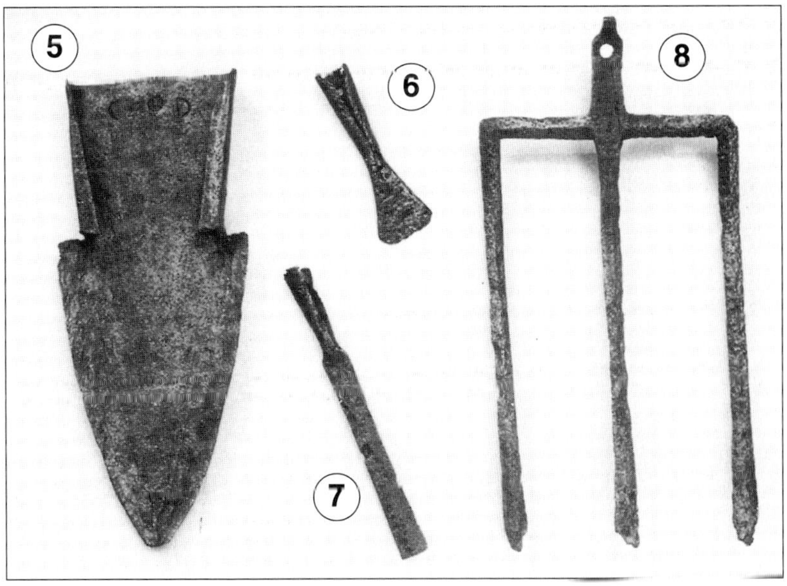

5 =

6 =

7 =

8 –

Aufgaben

a) Ordne den Geräten zu: PFLUGSCHAR, STECHBEITEL, GABEL, SICHELN, WINZERMESSER, WETZSTEIN, RINDENSCHÄLER, HAUMESSER!
b) Vergleiche ihre Form mit den heutigen Formen! Was hat sich geändert?
c) Warum fehlen Stiele?

M 8.5 Ein aufsehenerregender Neufund

Im Jahre 1998 erschien folgende Pressemeldung:

> Älteste Kelter Deutschlands entdeckt
> Eine an der Mittelmosel bei Bauarbeiten in einem Weinberg entdeckte römische Kelter stammt nach ersten Schätzungen aus dem 2. Jh. n. Chr. und ist damit die älteste in Deutschland bekannte Weinpresse ihrer Art. Die etwa 14 x 10 m große Anlage umfasst u.a. ein Maische- und ein Pressbecken. Die Lage der Kelter im heutigen bekannten Weingebiet ‚Erdener Treppchen' zeigt, dass bereits zu römischer Zeit Toplagen geschätzt wurden. Bei den Grabungen kamen auch 90 – teils ins 1. Jh. n. Chr. reichende – römische Bronze- und Silbermünzen zum Vorschein.

M 8.6 Pachtzahlung. Reliefquader eines Grabmals aus Neumagen

Aufgabe

– Beschreibe die Szene und versuche sie mit den Klassenkameraden nachzuspielen!

M 8.7 Ein vornehmer Landwirt

Als der Senator Plinius der Jüngere auf einem seiner Güter in der Toskana einige Zeit zubrachte, schrieb er an einen Freund folgendes:
Wenn ich nämlich lange im Bett war oder im Freien, benutze ich nach Schlaf und Lesen nicht erst den Wagen, sondern reite: das raubt weniger Zeit und geht geschwinder. Dazwischen kommen Bekannte aus benachbarten Ortschaften zu Besuch und nehmen einen Teil des Tages für sich in Anspruch, und wenn ich manchmal von der Arbeit ermüdet bin, empfinde ich das als willkommene Störung. Mitunter gehe ich auch auf die Jagd, doch nie ohne Schreibtafel, um jedenfalls etwas nach Hause zu bringen, wenn ich schon nichts erbeuten sollte. Auch den Bauern meines Gutes widme ich einige Zeit, freilich nicht genug, wie sie meinen; Du wirst daher verstehen, dass ich von ihren bäuerischen Klagen gern zu meinen schriftstellerischen Arbeiten und zu den Berufsgeschäften der Stadt [Rom] zurückkehre. Lebe wohl.

Aufgaben

a) Was erfährst du über die Vorlieben des Senators Plinius?
b) Von wem wurde sein Gut bewirtschaftet?

M 9.1 Die einfachste Arbeitskleidung

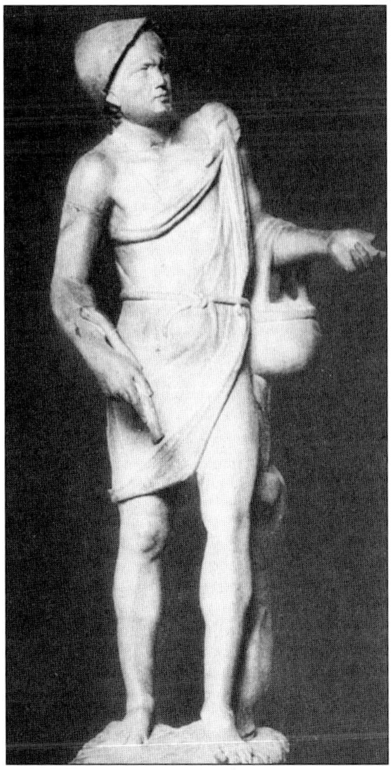

Statue eines Fischers

Das Gewand, mit dem der Fischer bekleidet ist, ist die einfachste Form der Arbeitskleidung. Sie war in Griechenland und in Rom üblich. Der antike Name ist uns nicht überliefert, die Archäologen nennen diese Arbeitskleidung Exomis.

Herstellung
Um dieses Gewand herzustellen, benötigen wir lediglich ein rechteckiges Stück Stoff. Die Breite errechnet sich aus der doppelten Schulterbreite plus ca. 5 cm. Die Länge sollte von der Schulter bis zur Mitte des Oberschenkels reichen. Weiter benötigt man eine Kordel als Gürtel. Das Arbeitsgewand wird unter einer Schulter hindurchgeführt, die somit frei bleibt, über der anderen wird es zusammengeknotet. Dann wird der Gürtel um die Taille gebunden, was ein völliges Auseinanderklaffen des Gewandes verhindert.

M 9.2 Die Tunika

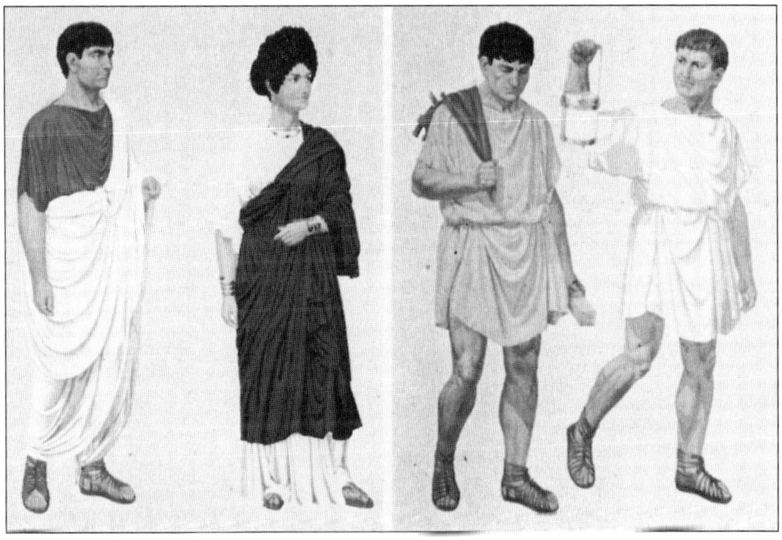

Römisches Ehepaar, Handwerker und Sklave

Die Tunika (tunica) war das Universalgewand bei den Römern. Sie wurde von Männern, Frauen und Kindern getragen. In der Regel war die Tunika der Frau länger, sie reichte häufig bis auf den Boden. Die Männer trugen sie kürzer bis zum Knie, zur Arbeit häufig ebenso kurz wie die einfache Arbeitskleidung. Neben der Ärmeltunika gab es die ärmellose Form, die häufig von Kindern, aber auch von Frauen getragen wurde. Es gab weitere und engere Tuniken. Kinder trugen die Tunika auch ohne Gürtel. Zum Ausgehen trug der freie römische Bürger über der Tunika die Toga oder einen Mantel, die Frau trug einen Mantel.

Herstellung
Ärmeltunika: Die Ärmel waren nicht angenäht, sondern der Stoff war entsprechend gewebt.
Ärmellose Tunika:
a) Sie kann aus einer Röhre bestehen, die zwei bis dreimal so breit wie der Träger oder die Trägerin ist. Die Röhre kann an beiden Schultern zusammengenäht sein, so dass die Öffnungen für den Kopf und die Arme freibleiben.
b) Die Röhre muss an den Schultern nicht zusammengenäht sein. Man kann die zu bekleidende Person in die Mitte der Röhre stellen, zwei Helfer spannen die oberen Enden in Schulterhöhe. Dann werden auf beiden Seiten in der Mitte der Schultern der vordere und hintere Gewandteil durch Fibeln (als Ersatz: große Sicherheitsnadeln) zusammengesteckt. Es empfiehlt sich, den oberen Rand des hinteren Gewandteils am Rand umzulegen, damit der Stoff doppelt genommen ist. Diesen verdoppelten Rand zieht man von hinten nach vorn über den einfachen umgeknickten Rand der Gewandvorderseite. Dann sticht man die Nadel hindurch und schließt sie. Das hält sehr fest zusammen. Die bekleidete Person steckt dann die Arme durch die so entstandenen Öffnungen.
Für alle Möglichkeiten gilt: Wird die Tunika gegürtet, dann kommt es darauf an, den Stoff sorgfältig und gleichmäßig rund herum um die Gürtelzone zu verteilen. Das Gewand kann auch verkürzt werden, wenn man den Stoff nach oben über den Gürtel zieht und blusig darüber fallen lässt.

M 9.3 Der Mantel
Römische Marmorkopie des Demosthenesbildnisses des Polyeuktos.
Männer und Frauen trugen zum Ausgehen einen Mantel. Der Mantel für den Mann wurde pallium, der für die Frau palla genannt.

Herstellung
Der Mantel besteht aus einem rechteckigen Stück Stoff, das für Erwachsene in der Regel drei Meter breit und zwei Meter lang ist. Man kann aber auch 1 3/4 mal die Höhe des Trägers, von der höchsten Stelle der Schulter gemessen, für die Breite 1 1/10 der Schulterhöhe nehmen.
Es gibt verschiedene Möglichkeiten, den Mantel zu drapieren (s.o. M 9.2 Mantel der Frau). Eine besteht darin, den Mantel der Breite nach zu entfalten und so über die linke Schulter zu legen, dass der Zipfel bis zur Hüfte oder etwas tiefer reicht. Die vordere Schmalkante hängt über den angewinkelten linken Unterarm. An der Oberkante bildet man Falten, die man schräg über den Rücken und unter dem rechten Arm durchführt. Das Ende wirft man über die linke Schulter oder legt es über den angewinkelten Unterarm.

M 9.4 Der Peplos
Er lässt sich sowohl über dem Überschlag (links) wie auch darunter (rechts) gürten. Der Peplos war das traditionelle griechische Frauengewand. In der Kaiserzeit wurde es nicht mehr häufig getragen, doch hin und wieder besonders von Mädchen.

Herstellung
Der Peplos besteht wie der Mantel aus einem rechteckigen Stück Stoff von zwei auf drei Metern. Falls die Trägerin sehr groß ist, wird mehr Stoff benötigt. Die Trägerin steht in der Mitte der auf die Hälfte gefalteten Stoffbahn. Zwei Helfer machen einen Überschlag. Seine Länge hängt von der Größe der Trägerin ab, denn das Gewand soll ungefähr bis an die Knöchel gehen. Auf beiden Schultern wird das Gewand mit zwei Fibeln zusammengehalten. In der Taille wird das Gewand über dem Überschlag oder darunter je nach Länge gegürtet.

M 9.5 Kurzer Reisemantel (lacerna) oder längerer Militärmantel (sagum)

M 9.6 Die Toga

Herstellung
Das Maß der Schmalseite ergibt sich aus der Größe des Trägers und dem Geschmack, wie kurz oder wie lang der Reisemantel sein soll. Nimmt man das ermittelte Maß der Schmalseite – von der Schulter des Trägers bis zum Ansatz oder bis zur Mitte des Oberschenkels – etwa 2 1/2 mal, so erhält man das Maß für die Längsseite.
Anlegen: Die Länge der Stoffbahn wird zusammengelegt. In die so entstandene „Hülle" steckt man den Träger. Auf seiner linken Körperseite ist das Gewand geschlossen, auf seiner rechten Seite ist es offen. Man hält den oberen Rand des Gewandes waagerecht in Schulterhöhe, schiebt den Träger nach links in die „Hülle" hinein, so dass rechts reichlich Stoff übersteht. Auf dieser Seite wird der obere Rand mit einer Fibel zusammengesteckt (vgl. M 9.2).
Danach muss der Mantel noch drapiert werden. Auf der linken Schulter des Trägers formt man aus dem oberen Rand des Stoffes einen „Kragen", indem man die Stoffmasse mehrmals locker nach außen umschlägt. Man kann die offenen Teile nach hinten und vorne in Falten legen.
Eine andere Möglichkeit besteht darin, den Mantel so zu drehen, dass die Fibel vorne am Hals sitzt und die Gewandenden zurückgeschlagen werden, während die Stoffmasse nach hinten fällt. Diese Art, das Gewand zu tragen, kann man bei römischen Soldaten beobachten. Das Gewand war dann häufig aus schwerem Wollstoff oder Filz, was den Regen abhielt. Außerdem konnte man den „Kragen" im Notfall auch zum Schutz über den Kopf ziehen.

Wenn er das Haus verließ, trug der freie römische Bürger über der Tunika die Toga. Sie war vermutlich aus Wolle gewebt, je nach Jahreszeit in dickerer oder dünnerer Qualität. Sie zeichnete ihn vor Fremden und Sklaven aus. Die Senatoren hatten das Recht, einen breiten eingewebten Purpurstreifen in der Toga zu tragen, den Rittern stand nur ein schmaler Purpurstreifen zu. Frauen trugen schon seit der Republik keine Toga mehr, doch Mädchen und Jungen durften sich in die Toga kleiden. Allerdings bestand die Toga aus sehr viel Stoff.

Wie schützte man sich bei Kälte?
Selbstverständlich wurde es auch im Mittelmeerraum kalt. Die Römer schützten sich davor, indem sie im Winter dickere Wollstoffe trugen. Das allein hätte nicht ausgereicht. Daher zogen sie mehrere Tuniken übereinander. Darüber kam dann noch die Toga oder der Mantel aus dickem Wollstoff.
Der Schriftsteller Sueton berichtete in seiner Lebensbeschreibung des Kaisers Augustus folgendes:
„Im Winter schützte sich Augustus durch vier übereinander getragene Tuniken und eine dicke Toga, dazu durch ein Unterhemd, ein wollenes Leibchen und durch Binden um Schenkel und Waden."
Die Römer kannten auch die Fußbodenheizung, die sog. Hypokaustheizung. Da nur wenige Räume damit ausgestattet waren und Fußbodenheizung aus technischen Gründen nur im Erdgeschoss möglich war, behalfen sich die Römer bei strenger Kälte mit tragbaren Kohlebecken.

M 9.7 .Schnittmuster einer Toga

In der Kaiserzeit wurde die Toga noch fülliger. Es wurde immer komplizierter, die Stoffmassen in Falten zu legen. Ohne zwei Helfer mit viel Zeit und Geduld konnte das nicht mehr bewerkstelligt werden. Daher ist es für uns heute durchaus verständlich, wenn wir immer wieder von Erlassen der Kaiser hören, die verlangten, dass wenigstens die Magistrate zu ihren Amtshandlungen oder die Senatoren zu den Senatssitzungen in der Toga erscheinen sollten.

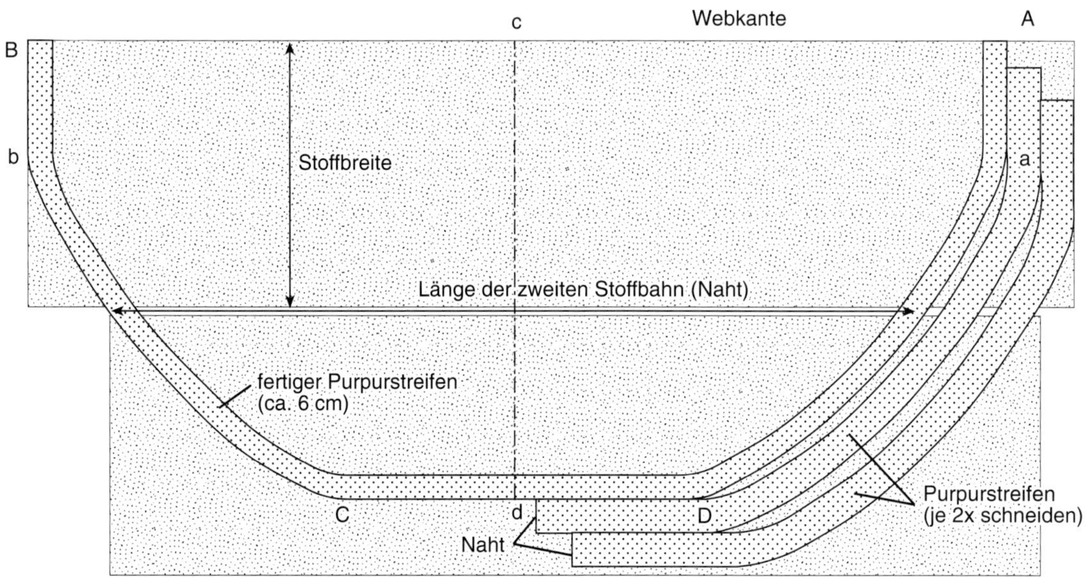

Grundmass = Körperhöhe vom vorderen Halsansatz zum Boden

AB = Taillenweite + 2x Grundmass

cd = 1 $^1/_8$ Grundmass

CD = 1x Grundmass

Aa (Bb) = $^1/_3$ Grundmass

Herstellung und Anlegen

Da bereits die republikanische Toga viel Stoff erfordert und wesentlich einfacher zu drapieren ist als eine kaiserzeitliche Toga, schlagen wir vor, die Toga, wie sie uns in der Bronzestatue in Florenz, dem sog. Arringatore (Redner) überliefert ist, nachzuschneidern. Allerdings empfiehlt es sich, das Herstellen der Toga jemandem zu überlassen, der sich mit Schneidern auskennt. Das Anlegen der Toga kann nur mit Hilfe einer zweiten Person gelingen. Günstig ist, wenn noch eine dritte Person dabei ist, die dafür sorgt, dass die Stoffmassen nicht auf dem Boden schleifen. Der Träger muss darauf achten, dass er beim Anlegen und möglichst solange er die Toga anhat, den linken Arm mit nach vorn gestrecktem Unterarm in der Taille angewinkelt hält, damit ein Teil der Stofffülle darauf ruhen kann. Der Helfer platziert die Toga mit der geraden Kante gegen den Hals auf der linken Schulter des Trägers, dass der vordere Zipfel bis zur Mitte des Schienbeins reicht. Er benutzt dazu beide Hände und legt zugleich den Stoff in Falten. Das Handgelenk muss freibleiben. Der Helfer bildet dann an der Oberkante weitere kleine Falten, so dass ein kleiner Wulst entsteht. Diesen führt er über den Rücken, unter dem rechten Arm durch und schräg über die Brust zur linken Schulter, wo der Wulst abgelegt wird. Auf dem Arm wird der Stoff ebenso in Falten gelegt wie in der unteren Schicht. Der hintere Zipfel sollte gerade und senkrecht über den Rücken hängen und in der Länge der unteren Schicht entsprechen. Die rechte Armöffnung kann entsprechend verengt oder erweitert werden.

M 10.1 Das Kastellbad von Walldürn, Grundriss und Rekonstruktion; Holzpantoffeln, Schaber und Salbfläschchen zum Gebrauch im Bad

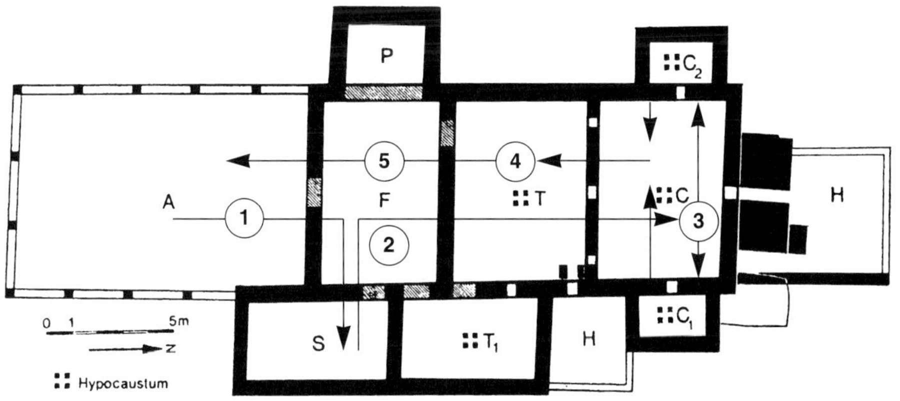

A – Auskleideraum (Holzbau
F – Kaltbad
P – Kaltwasserwanne
T – Lauwarmer Raum
T_1 – Nebenraum zu T
S – Schwitzraum
C – Warmbad
C_1 u. C_2 – gemauerte Wannen
H – Heizräume zur Bedienung der Heizung

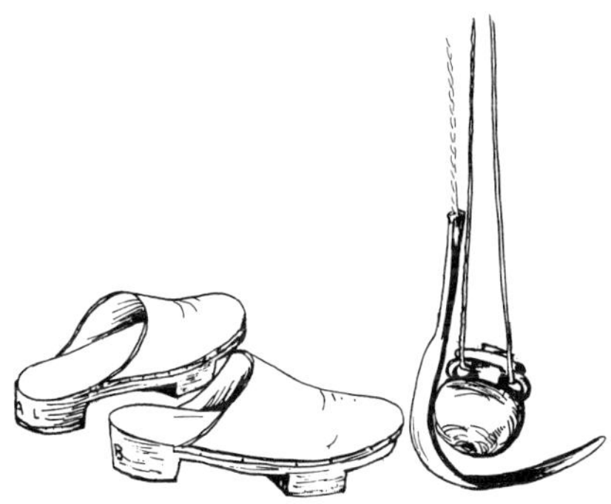

Aufgaben

a) In welcher Folge wurde gebadet?

1. ______________________

2. ______________________

3. ______________________

4. ______________________

5. ______________________

b) Vergleiche mit heutigen Bademöglichkeiten!

c) Weshalb benutzten die Besucher des Bades Holzpantoffeln?

M 10.2 Schema einer Hypokaustanlage

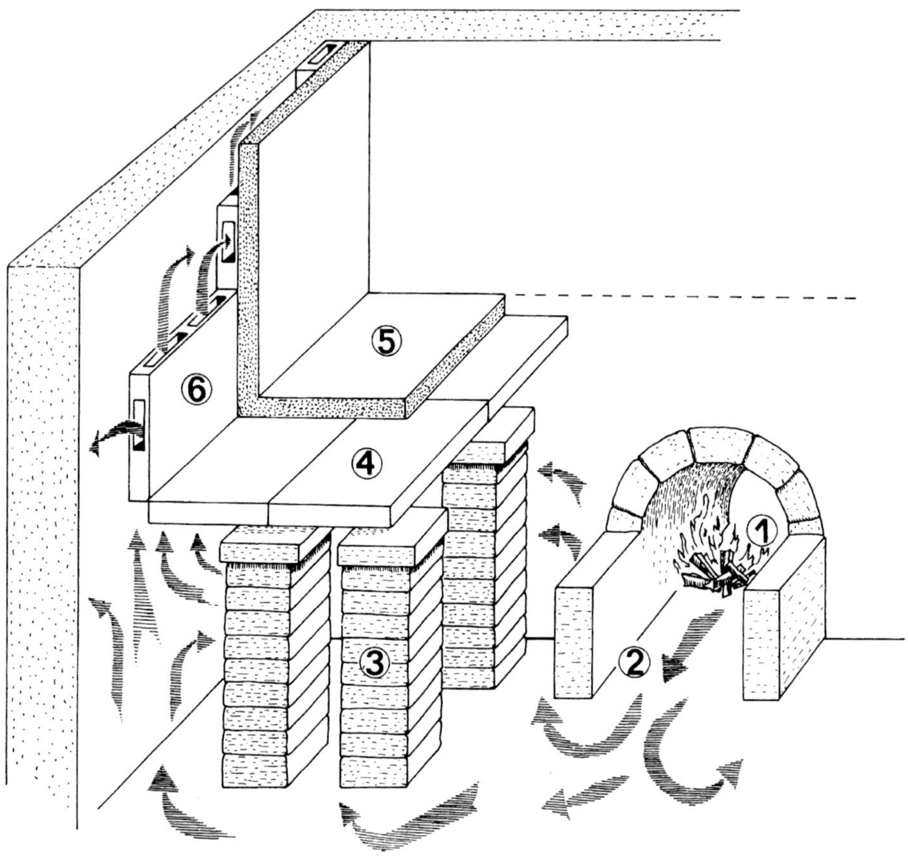

1 Feuerungsraum,
2 Heizkanal,
3 Hypokaustpfeiler,
4 Platten (Ziegel oder Naturstein)
5 Fußboden,
6 Hohlziegel

Worterklärung
Hypokaustum – antike Fußbodenheizung

Aufgaben

a) Schildere anhand des Schemas, wie die römische Fußboden- und Wandheizung funktionierte!
b) Gibt es heute noch ähnliche Heizungsanlagen?

M 10.3 Das Bad als Ärgernis

Ein anschaulicher Bericht, wie es in den Thermen zuging, stammt vom Philosophen Seneca (ca. 4 v. – 65 n.Chr.), der aus dem beliebten Badeort Baiae in der Nähe von Neapel in einem Brief schrieb:

Ich wohne oberhalb des Bades. Stelle dir alle Arten von Geräuschen vor, die einen dazu bringen können, dass man seine Ohren verwünscht. Wenn die Kraftprotze sich üben und Gewichte stemmen, wenn sie sich anstrengen oder so tun, als ob sie sich anstrengen, dann höre ich Gestöhn; wenn sie aber die zurückgehaltene Atemluft wieder ausstoßen, dann höre ich Zischen und heftiges Atemrasseln ... Wenn nun gar ein Ballspieler dazukommt und anfängt, seine Bälle zu zählen, dann ist es ganz aus. Denke dir hierzu noch die Zänkereien und das Geschrei um die Ergreifung eines Diebes und einen Badegast, der sich beim Baden gern singen hört ... stelle dir weiter die Badenden vor, die ins Badebassin springen und sich dabei mit lautem Klatschen aufs Wasser aufschlagen lassen. Denke dir dazu noch die verschiedenen Rufe des Pastetenverkäufers, den Würstchenhändler, den Zuckerbäcker und die Kellner aus den Garküchen, die ihre Ware jeweils in einem bestimmten, auffallenden Tonfall anpreisen.

M 10.4 Spielsteine; verschiedene Spiele
Das Relief stammt von einem Grabmal in Trier.

A

B

C

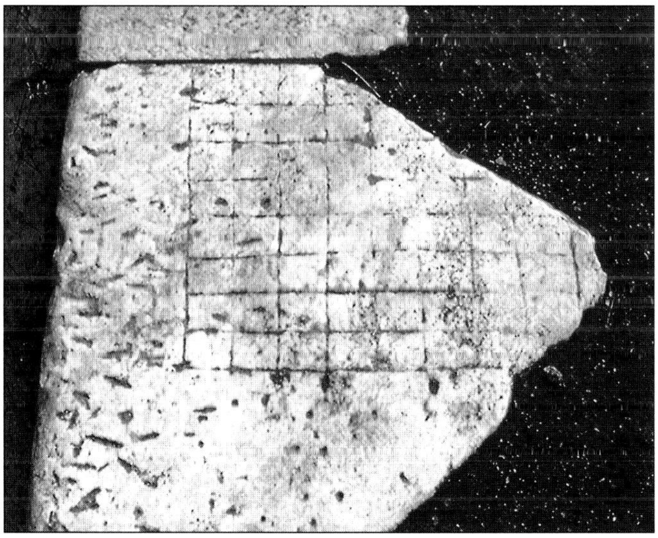

D

E

Aufgabe
a) Welches Spiel erkennst du aus der Abbildung A?
b) Welche Spiele könnte man auf den Brettern D und E spielen?

M 10.5 Nüssespiele
Von einem unbekannten Dichter stammt ein Gedicht über den Nussbaum, in dem mehrere Spiele geschildert sind:

Nur vier Nüsse, nichts weiter, schon hat man ein Wurfspiel beisammen,
wenn sich auf untere drei legt eine weitere Nuß.
Über ein Schrägbrett lässt rollen ein andrer und wünscht sich,
antippen möge so viel, wie es nur geht, seine Nuß.
Wieder ein andrer rät die Zahl, ob grad oder ungrad,
wer es vorhersagt, streicht ein den erratenen Schatz.
Oder man malt als Kreidefigur den griechischen vierten Buchstaben,
so wie dort droben ein Sternbild sich zeigt.
Ist die Figur dann untergeteilt, erbeutet ein Treffer,
was er an Streifen berührt, so viele Nüsse für sich.
Oft auch stellt man ein Hohlmaß in einigem Abstand, wohin dann,
leicht mit der Hand gezielt, fallen soll einzeln die Nuß.

Erklärung:
Der vierte griechische Buchstabe heißt Delta = Δ; Sternbild: möglicherweise das „Sonnendreieck“, bestehend aus den Sternen Wega, Atair und Deneb

M 10.6 Relief aus dem 3. Jahrhundert n.Chr.

Aufgaben
a) Wieviele und welche Nüssespiele sind in dem Gedicht versteckt?
b) Welches der Spiele ist abgebildet?
c) Spielt die oder einige der Spiele nach!

M 10.7 Schreibgerät

Geschrieben wurde auf Holztäfelchen, die mit einer Wachsschicht überzogen waren. Mit einem Griffel aus Bein oder Bronze wurden die Buchstaben eingeritzt. Mit dem stumpfen Teil des Griffels konnte das Geschriebene wieder gelöscht werden. Sobald sie abgeschabt war, wurde die Wachsschicht wieder erneuert. Teurer war das Schreiben auf Papyrus oder Pergament. Darauf wurde mit Tinte und Rohr- oder Gänsefeder geschrieben.

Worterklärungen
Papyrus: Schreibmaterial. Das Mark der Papyrusstaude wurde in feine Streifen geschnitten und aufeinander gepresst.
Pergament: dünn geschabte und geglättete Tierhaut, die beschrieben wurde.
Rohrfeder: wie die Gänsefeder musste auch ein dünnes, gerade gewachsenes Stück Rohr vorne zugespitzt und eingeschnitten werden, damit es als Feder dienen konnte.

M 10.8 Schulrelief aus Neumagen an der Mosel

Aufgaben
a) Schreibt zu dem Bild eine Spielszene!
b) Stellt eine römische Schreibtafel her und versucht auf ihr zu schreiben!

M 10.9 Ein Schultag

In einem lateinisch-griechischen Schulbuch, um 210 n.Chr. entstanden, wird der Tageslaufs eines Schülers beschrieben:

Bei Tagesanbruch wache ich auf, rufe meinen Sklaven und lasse ihn das Fenster aufmachen. Er tut es sofort. Ich richte mich auf und setze mich an den Bettrand. Ich bitte um Socken und Schuhe, denn es ist kalt. Nachdem ich die Schuhe anhabe, nehme ich ein Handtuch. Man bringt mir ein sehr sauberes. Man bringt mir Wasser in einem Topf für meine Toilette. Ich gieße es mir über die Hände, das Gesicht, in den Mund. Ich reibe Zähne und Zahnfleisch. Ich spucke, schneuze mich und trockne mich ab, wie es sich für ein gut erzogenes Kind gehört.

Ich ziehe mein Nachthemd aus, ich nehme eine Tunika und ziehe einen Gürtel um. Ich parfümiere mir den Kopf und kämme mich. Ich schlinge ein Halstuch um den Hals. Ich binde meine weiße Pelerine darüber fest. Ich verlasse das Zimmer mit meinem Pädagogen und mit meiner Amme, um Papa und Mama zu begrüßen. Ich begrüße sie beide und umarme sie.

Ich suche mein Schreibzeug und meine Schreibtafel und gebe sie dem Sklaven. Nun ist alles fertig, und ich mache mich, von meinem Pädagogen gefolgt, auf den Weg, durch die Säulenhalle, die zur Schule führt.

Meine Kameraden kommen mir entgegen. Ich begrüße sie und sie erwidern meinen Gruß. Ich komme zur Treppe und steige sehr ruhig, wie es sich gebührt, die Stufen hinauf. In der Vorhalle lege ich meinen Mantel ab. Ich streiche mit dem Kamm über die Haare, trete ein und sage: „Ich grüße Euch, mein Lehrer." Er umarmt mich und grüßt mich wieder. Der Sklave reicht mir Täfelchen, Schreibzeug und Lineal.

„Grüß euch, Kameraden. Macht mir Platz (meine Bank, mein Schemel)! Rück ein wenig! – Komm her! – Ich hatte ihn vor dir!" Ich setze mich und mache mich an die Arbeit.

Ich bin mit dem Lernen meiner Lektion fertig. Ich bitte den Lehrer, mich nach Hause gehen zu lassen, um zu essen. Er lässt mich gehen. Ich sage ihm Lebewohl, und er gibt mir meinen Gruß zurück. Ich kehre nach Hause zurück. Ich nehme Weißbrot, Oliven, Käse, getrocknete Feigen und Nüsse. Ich trinke frisches Wasser. Nachdem ich gegessen habe, gehe ich wieder in die Schule. Ich treffe den Lehrer beim Lesen an. Er sagt: „An die Arbeit!" Ich muss zum Baden gehen! – Ja, die Zeit ist da. Ich gehe hin, nehme Handtücher und folge meinem Diener. Ich laufe denen entgegen, die ins Bad gehen und sage allen und jedem: „Wie geht's?" Gutes Bad! Gutes Abendessen!

Erklärungen

Pädagoge – wörtlich Kinderführer, häufig ein gebildeter Sklave, der für die Erziehung der Kinder zuständig war.
Pelerine: Umhang

Aufgaben:

a) Was kommt dir bei diesem Text ganz fremd vor?
b) Was gefällt dir am römischen Tagesablauf, was nicht?
c) Was ist damals und heute gleich?

10.10 Gründung einer höheren Schule in Comum (Como)

Der Senator Plinius der Jüngere, der 62 – ca.114 n.Chr.lebte, schrieb zur Gründung:

Als ich kürzlich in meiner Heimatstadt (Comum) war, kam der Sohn eines Landsmannes von mir, der noch nicht die Männertoga trägt, zu Besuch. Ich fragte ihn:

„Gehst du zur Schule?" – Er antwortete: „Ja!" – „Wo denn?" – „In Mediolanum"(Mailand). – „'Warum denn nicht hier?" Da entgegnete mir sein Vater, der dabei war und den Knaben zu mir gebracht hatte: „Weil wir hier keine Lehrer haben". „'Warum denn nicht? Es müßte ja doch euch als Vätern" – und glücklicherweise hörten mehrere andere Väter zu – „recht viel daran liegen, dass euere Kinder gerade hier die Schule besuchen. Wo könnten sie denn lieber sein wollen als in der Heimatstadt, wo könnten sie besser in Zucht gehalten werden als unter den Augen ihrer Eltern, wo würden sie weniger Kosten machen als zu Hause? Es müßte doch eine Kleinigkeit sein, Geld zusammenzulegen und Lehrer anzustellen und das, was ihr jetzt für Unterkunft, Zehrgeld und die Einkäufe auswärts aufwendet, für das Gehalt der Lehrer zuzuschießen. Wenn ich selbst noch keine Kinder habe, so will ich mich doch nicht ausschließen und bin bereit, für unser Gemeinwesen ... ein Drittel von dem beizusteuern, was ihr aufbringen wollt. Ich würde sogar den ganzen Betrag in Aussicht stellen, hätte ich nicht Angst, dieses mein Geschenk könnte einmal durch irgendwelche Umtriebe missbraucht werden, wie ich es vielfach erlebe an Orten, wo Lehrer öffentlich angestellt werden. Diesem Übelstande kann man nur dadurch vorbeugen, wenn man den Eltern allein das Anstellungsrecht überlässt und ihnen durch die Notwendigkeit des Kostenbeitrages die Verpflichtung auferlegt, die Lehrer sorgfältig auszuwählen. Denn die gleichen Leute, die vielleicht mit anderer Leute Geld leichtfertig umgehen, werden sorgfältig achthaben auf das, was mit ihrem eigenen Gelde geschieht ... Die Kinder, die hier geboren sind, sollen auch hier aufgezogen werden und sollen gleich von Jugend an sich daran gewöhnen, ihren Heimatboden zu lieben und gern darauf zu wohnen".

Aufgaben

a) Heute herrscht bei uns Schulgeldfreiheit. Wer bezahlt Schulen und Lehrer?
b) Auch Plinius kannte Schulen ohne Schulgeld. Was hielt er von ihnen?
c) Die Entfernung Comum (heute Como) – Mailand beträgt etwa vierzig Kilometer, d. h. diese Strecke war so groß, dass die Schüler nicht mehr zu Hause wohnen konnten. Stell dir vor, du müsstest in einer so weit entfernten Stadt zur Schule gehen und bei fremden Leuten wohnen!

M 11.1 Viele Götter – oder ein Gott?

Alle Völker der alten Welt außer den Juden kannten und verehrten eine Vielzahl von Göttern. Sie waren überzeugt, dass „alles voll von Göttern“ sei, wie ein griechischer Philosoph lehrte. Die Römer achteten sehr darauf, dass an bestimmten Feiertagen die Opfer in althergebrachter Weise dargebracht wurden, sie beachteten auch Vorzeichen wie Vogelflug und Blitz. Weil die Römer eine Vielzahl von Göttern kannten, ließen sie die anderen Völker an ihren eigenen Gottheiten festhalten. Oft versuchten sie, die fremden Götter mit ihren eigenen gleichzusetzen. So war schon recht früh Zeus, der höchste Gott der Griechen, mit Iupiter, dem höchsten Gott der Römer, gleichgesetzt worden. Aus diesem Grunde wurden auch orientalische, keltische und germanische Götter von den Römern verehrt. Die Römer setzten, wo es möglich war, zu ihrer Gottheit noch den fremden Namen. So wurde in ehemals keltischem Gebiet Apollo Grannus verehrt. Da die Römer den Apollo auch als Heilgott verehrten, bot es sich an, den keltischen Heilgott Grannus mit Apollo gleichzusetzen. Aus dem Bereich des Schwarzwaldes bis in die Stuttgarter Gegend stammen Zeugnisse des Kultes der Diana Abnoba. Diana war bei den Römern die Herrin und Beschützerin der Pflanzen und Tiere, insbesondere des Wildes und schließlich Göttin der Jagd. Mit mons Abnoba wurde von antiken Schriftstellern der Schwarzwald bezeichnet. Somit war Abnoba bei den Kelten wohl die Göttin des Schwarzwaldes. Eine Gleichsetzung mit Diana war naheliegend. Aber auch, wo dies nicht möglich war, wurden nichtrömische Gottheiten von den Römern verehrt. Die Hauptsache war, alle sahen Iupiter als den höchsten Gott an und erwiesen dem Kaiser die übliche Verehrung.

M 11.2 Matronenstein aus Bonn

Der Stein ist drei weiblichen Gottheiten gewidmet, die Matronen (von lat. Mater, Mutter) genannt werden. Ihre Verehrung war besonders im Rheinland weit verbreitet. Sie tragen stets örtliche Beinamen (hier: Aufaniabus), die meist unerklärt sind. Wir wissen auch nicht genau, warum sie verehrt und in welchen Notlagen sie um Hilfe angerufen wurden. Die Inschrift lautet:
Matronibus/ Aufaniabus/ Q(uintus) Vettius Severus/
Quaestor CCAA / Votum Solvit L(ibens) M(erito)/
Macrino et Celso Cos

Übersetzung:
Den Aufanischen Matronen. Quintus Vettius Severus, Stadtkämmerer in Köln, erfüllte wegen der (ihm erwiesenen) Wohltat gerne sein Gelübde. (Im Jahre der) Konsuln Macrinus und Celsus (d. h. 164 n. Chr.).
Der römische Name von Köln setzt sich wie folgt zusammen:
Colonia: Bezeichnung für eine römische Gründungsstadt mit besonderem Recht
Claudia: von Kaiser Claudius, der Köln im Jahre 50 n.Chr dieses Stadtrecht verlieh
Ara: Altar
Agrippinensium: Die Gemahlin des Claudius, Agrippina, war in Köln geboren. Sie veranlasste die Rangerhebung ihrer Heimatstadt. Fortan nannten sich die germanischen Ubier, deren Stammesheiligtum (ara) in Köln lag, meistens Agrippinenser.

Aufgaben

a) Woran erkennst du, dass eine der Göttinnen keine Mutter ist?
b) Versuche, die drei Frauen in eine Beziehung zueinander zu setzen!
c) Die Matronen wurden wohl vor allem um Gewährung von Fruchtbarkeit angerufen wurden. Was spricht dafür?
d) Wen stellen die Personen im Hintergrund vermutlich dar und warum sind sie viel kleiner als die Göttinnen? Worin könnte die Erfüllung des Gelübdes bestanden haben?
e) Der Stifter des Steins war, wie man aus seinem Namen und Beruf erkennen kann, ein Römer. Warum durfte er nichtrömische Gottheiten verehren?
f) Auf welche Weise entstand aus dem römischen der heutige Stadtname?
g) Warum können wir die Inschrift gut lesen?
h) Erkläre, weshalb der Steinmetz so viele Abkürzungen verwendete (aber nicht in den Matronennamen)!

M 11.3 Der Kaiser – ein Gott?

In Griechenland und im Osten des römischen Reiches war es üblich, Menschen, die etwas Besonderes leisteten, göttliche Kräfte zuzuschreiben. Dieser Brauch kam auch nach Rom. So kam es, dass dem Kaiser bereits zu seinen Lebzeiten göttliche Ehren erwiesen wurden. Für die Römer war das Opfer für den Kaiser auch Ausdruck ihrer Treue gegenüber dem römischen Reich. Wer Iupiter, dem höchsten Gott, und dem Kaiser opferte, zeigte damit, dass er ein zuverlässiger Bewohner des römischen Reiches war. Wer das nicht tat, missachtete den Staat und die Götter und erregte nach römischer Vorstellung damit den Zorn der Götter. Es war den Römern bekannt, dass das Volk der Juden seit jeher nur einen Gott verehrte. Außerdem hatten sich die Juden immer um die Erlaubnis bemüht, nur ihren Gott anzubeten, und hatten sie auch erhalten. Die Christen hatten diese Genehmigung nicht. Außerdem waren sie kein Volk, sondern wollten gemäß ihrem Glauben die christliche Lehre in der ganzen Welt verbreiten.

Aufgabe

– Welchen Verdacht erregten die Christen nach römischer Vorstellung, wenn sie dem Kaiserkult fernblieben?

M 11.4 Christliche Zeichen

a) Grabinschrift aus Trier, 4. Jh.; b) Christusmonogramm; c) Silbermedaillon Konstantins des Großen aus dem Jahre 315 aus Ticinum, auf dem Helm das Christusmonogramm; d) Frühchristlicher Brotstempel.

Die Anfangsbuchstaben des Namens Christus X griech. = Ch; P griech. = R; A u. Ω griech. = A u. O (Anfangs- und Endbuchstabe des griechischen Alphabets).

a)

b)

c)

d)

Aufgaben

a) Warum wurde das Christusmonogramm wohl auf verschiedenen Gegenständen angebracht?
b) Versuche die Grabschrift zu lesen! Der Steinmetz hat statt fidelis „fedelis“ geschrieben; so wurde offenbar damals in Trier gesprochen.
c) Was kannst du außer der Schrift erkennen?
d) Wofür stehen die griechischen Buchstaben Alpha und Omega?
e) Die Übersetzung der Inschrift lautet: Der gläubige (oder: getreue) Euticianus (ruhe) in Frieden. Wahrscheinlich haben seine Angehörigen ihm diesen Grabstein gesetzt. Was lässt sich daraus entnehmen?

M 11.5 Vorwürfe gegen die Christen

Tertullian, ein Jurist aus Nordafrika (ca. 160 – 220 n. Chr.), versuchte die christliche Lebensweise gegenüber der heidnischen Umwelt zu verteidigen:

> Doch noch ein anderer Vorwurf wird gegen uns erhoben: man sagt nämlich, wir seien unnütz für den Handel. Inwiefern? Wir sind Menschen, die mit euch zusammenleben, wir bedienen uns derselben Nahrung, Kleidung, Wohnung, haben dieselben Lebensbedürfnisse. Wir sind ja doch nicht Brahmanen oder indische Fakire, nicht Waldbewohner oder lebensflüchtig ... Wir verschmähen keine Gottesgabe, nur dass wir sie mit Sinn und Verstand benutzen. So kommt es, dass wir nicht ohne euer Forum, nicht ohne euren Fleischmarkt, nicht ohne eure Bäder, Läden, Werkstätten, Gasthäuser und Wochenmärkte und sonstigen Handelsplätze mit euch zusammen in dieser Welt leben. Auch fahren wir mit euch zur See, sind Soldaten und Bauern, und ebenso treiben wir mit euch Handel; unser Können, unsere Erzeugnisse stellen wir euch allen zur Verfügung... Aber wir besuchen nicht eure religiösen Feste ... und wir kaufen keine Kränze für das Haupt ... Schauspiele besuchen wir nicht ... und wir kaufen allerdings keinen Weihrauch... „Auf jeden Fall", erklärt ihr, „nehmen die Einkünfte der Tempel von Tag zu Tag ab" ... Wir geben lieber aus Barmherzigkeit den Armen auf der Straße, als ihr aus Ehrfurcht den Tempeln. Doch die andern Steuern können sich bei den Christen für die gewissenhafte Bezahlung ihrer Schuld bedanken, da es uns fernliegt, einen andern zu betrügen; wollte man daher eine Rechnung aufmachen, wieviel den Steuern durch den Betrug eurer falschen Angaben verloren geht, so könnte die Bilanz mühelos ausgeglichen werden.

Erklärungen
Brahmanen: Angehörige einer indischen Priesterkaste
Fakire: Büßer, Asketen
Forum: Marktplatz

Aufgabe
– Stelle in einer Tabelle die Vorwürfe der Gegner und die Antworten der Christen gegenüber!

Gegner der Christen	**Christen**
Die Christen sind:	Die Christen sind:

M 11.6 Ein Prozess gegen Christen

(Am 17. Juli 180) wurden im Gerichtssaale zu Karthago vorgeführt Speratus, Nartzalus und Cittinus, Donata, Secunda, Vestia.
Prokonsul Saturninus: Ihr könnt euch die Nachsicht unseres Herrn, des Kaisers, verdienen, wenn ihr wieder zur rechten Gesinnung zurückkehren wollt.
Speratus: Wir haben niemals Böses getan, haben vielmehr gedankt, wenn wir schlecht behandelt wurden; deshalb erweisen wir unserem Kaiser Ehre.
Saturninus: Auch wir sind religiöse Menschen und unsere Religion ist lauter, und wir schwören beim Genius unseres Herrn, des Kaisers, und flehen [mit Opferspenden] für sein Heil; eben dies müßt ihr auch tun.
Speratus: Wenn du mir ruhiges Gehör schenkst, so will ich dir das Geheimnis unserer Aufrichtigkeit sagen.
Saturninus: Sobald du anfängst, unseren Kultus schlecht zu machen, werde ich dir kein Gehör schenken; schwör lieber beim Genius unseres Herrn, des Kaisers!
Speratus: Ich kenne keine Herrschaft dieser Welt, ich diene vielmehr jenem Gotte, welchen keiner von uns Menschen gesehen hat und mit diesen Augen auch nicht sehen kann. Diebstahl habe ich nicht begangen, im Gegenteil, bei jedem Geschäfte zahle ich die Steuer, denn ich kenne meinen Herrn, den König der Könige und Herrscher aller Völker.
Saturninus zu den übrigen: Lasset ab von dieser Überzeugung.
Speratus: Eine schlechte Überzeugung ist es, Menschenmord zu begehen und falsches Zeugnis abzulegen.
Saturninus: Gebt diesen Wahnsinn auf!
Cittinus: Wir haben keinen anderen, den wir fürchten, als den Herrn, unseren Gott, der im Himmel ist....
Vestia: Ich bin Christin.
Secunda: Was ich bin, eben das will ich sein ...
Saturninus: Wollt ihr nicht etwa Bedenkzeit haben?
Speratus: In einer so gerechten Sache gibt es nichts zu bedenken...
Saturninus: Ihr sollt eine Frist von 30 Tagen haben, um euch die Sache zu überlegen.

Speratus sagte zum zweiten Mal: Ich bin Christ; und alle stimmten mit ihm überein. Der Prokonsul Saturninus verlas von einer Tafel das Urteil: Speratus, Nartzalus, Cittinus, Donata, Vestia und Secunda, welche bekannt haben, nach dem christlichen Religionsbrauch zu leben, sollen mit dem Schwert hingerichtet werden, weil sie, obwohl ihnen die Möglichkeit angeboten wurde, zu Sitte und Art der Römer zurückzukehren, hartnäckig bei ihrer Religion verblieben sind.
Speratus sagte: Wir danken Gott."

Erklärung
Genius: Schutzgeist

Aufgaben
a) Ist Saturninus ein böswilliger Richter?
b) Wie lässt sich die Bereitschaft zum Tode bei diesen frühen Christen verstehen?

M 11.7 Der Sieg des Christentums im römischen Reich

Aus einer Verordnung des Kaisers Galerius:

> Unter den übrigen Anordnungen, die wir immer zu Nutz und Frommen des Gemeinwesens treffen, waren wir bisher willens gewesen.... auch dafür Sorge zu tragen, dass auch die Christen, welche die Religion ihrer Väter verlassen hatten, zu vernünftiger Gesinnung zurückkehrten. Denn aus irgendeinem Grunde hatte ... diese Christen ... eine solche Torheit ergriffen, dass sie nicht den Einrichtungen der Alten folgten. . . , sondern sich nach eigenem Gutdünken und Belieben Gesetze schufen... Nachdem dann von uns der Befehl ergangen war, zu den Einrichtungen der Alten zurückzukehren, sind viele in Anklagen auf Leben und Tod verwickelt, viele auch von Haus und Herd vertrieben worden. Und da die meisten auf ihrem Vorsatz beharrten und wir sahen, dass sie weder den Göttern den gebührenden Dienst und die schuldige Verehrung erwiesen noch auch den Gott der Christen verehrten, so haben wir in Anbetracht ... unserer immerwährenden Gepflogenheit, allen Menschen Verzeihung zu gewähren, diese unsere ... Nachsicht auch auf die Christen ausdehnen zu müssen geglaubt, so dass sie von neuem Christen sein und ihre Versammlungsstätten wiederherstellen dürfen, jedoch so, dass sie nichts gegen die öffentliche Ordnung unternehmen. Daher wird es ... Aufgabe der Christen sein, zu ihrem Gott zu beten für unsere Wohlfahrt, für die Wohlfahrt des Staates und ihre eigene.

Nach dem Tod des Galerius gingen die Christenverfolgungen weiter. Erst die Vereinbarung, die Kaiser Konstantin mit seinem Mitkaiser 313 schloß, dem Mailänder Edikt, beendete die Verfolgung dauerhaft. Konstantin ging aber weiter als Galerius. Er duldete die Christen nicht nur, sondern begünstigte sie.

Aufgaben
a) Inwiefern und warum hat Kaiser Galerius kapituliert?
b) Was besagt seine Formulierung „aus irgendeinem Grunde" für sein Verständnis des Christentums?
c) Wie begründete Galerius seine Sinnesänderung?
d) Inwiefern lässt sich daraus auf die Zahl der Christen im Römischen Reich schließen?

M 11.8 Das Christentum als Staatsreligion

380	Nur eine christliche Glaubensrichtung wird erlaubt; alle anderen Richtungen werden verboten. (Bekenntnis von Nicaea von 325)
381	Für alle heidnischen Kulte wird zu opfern verboten.
382	Den Anhängern bestimmter christlicher Glaubensrichtungen wird die Todesstrafe angedroht, falls sie sich nicht zum „rechten" Glauben bekennen.
391	Heidnische Tempel dürfen nicht betreten werden, um zu opfern.
392	Ein weiteres Mal werden alle heidnischen Kulte verboten; Opfernde werden mit der Todesstrafe bedroht, ihr Vermögen wird eingezogen.
393/94	Die Olympischen Spiele zu Ehren des Zeus werden verboten.

Aufgaben
a) Was bedeutete das Gesetz von 391?
b) Warum mussten die Verbote mehrmals wiederholt werden?
c) Seit 1896 gibt es wieder Olympische Spiele. Wodurch unterscheiden sie sich von den antiken Spielen?

M 12.1 Die Bedrohung des römischen Reiches im 3. Jh.

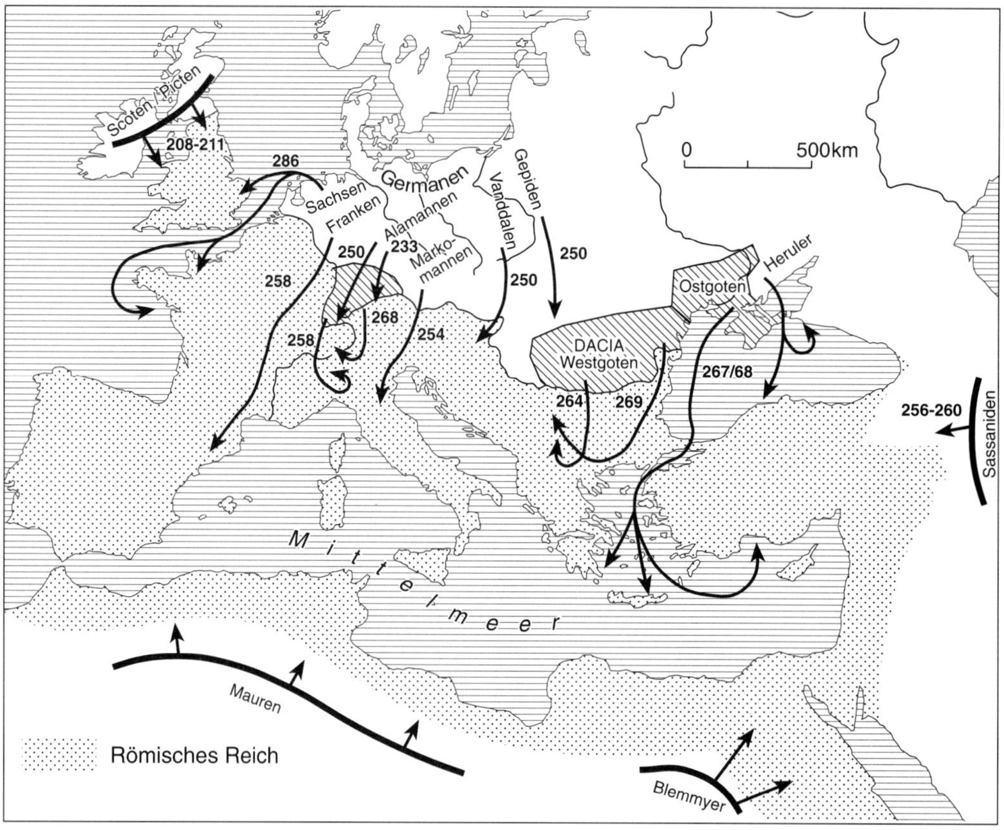

M 12.2 Völkerwanderung und Reichsgründungen 3.– 6.Jh.

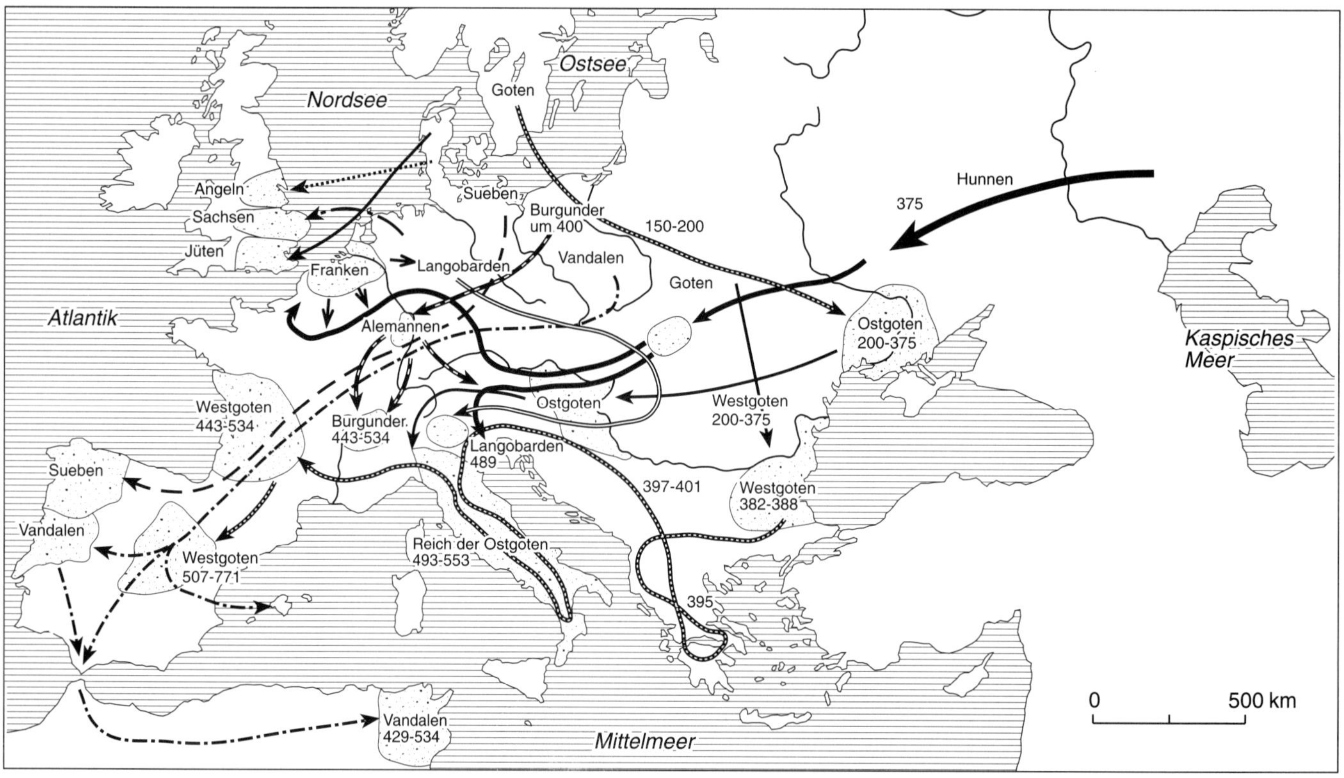

Aufgabe:
– Beschreibe die Veränderungen im Römischen Reich!

M 12.3 Die unsichere Lage der Bewohner
Der Kirchenvater Hieronymus (um 348 – 420) schrieb 409 in einem Brief folgendes:

> Nur einiges will ich aus dem Elend der Gegenwart erwähnen ... Zahllose Völkerschaften, und zwar solche von äußerster Wildheit, haben ganz Gallien in Besitz genommen. Alles Land zwischen den Alpen und den Pyrenäen, zwischen dem Ozean und dem Rhein haben Quaden, Vandalen, Sarmaten, Alanen, Gepiden, Heruler, Sachsen, Burgunder, Alamannen und – o du armer Staat! – die pannonischen Feinde (d. h. die Hunnen) verwüstet. ...
> Mainz, die einst hochberühmte Stadt, ist erobert und zerstört und in der Kirche viele Tausende von Menschen niedergemetzelt! Vangiones (Worms) ist durch lange Belagerung vernichtet. Die mächtige Stadt der Remer (Reims), Ambiani (Amiens), Atrebatae (Arras) ... Tornacus (Tournai), Nemetae (Speyer), Argentoratus (Straßburg) sind Teile Germaniens geworden. In Aquitanien ist alles verwüstet. Selbst Spanien, das schon, ja, schon seinem Untergang entgegeneilt, ist jeden Tag in Angst.

Victor Vitensis, Bischof von Vita in Afrika, schrieb 486 eine „Geschichte der Verfolgung der Provinz Nordafrika zur Zeit der Vandalenkönige Geiserich und Hunerich".

> Die Feinde fanden eine in Ruhe und Frieden lebende Provinz vor, ein Juwel der ganzen blühenden Erde, brachen überall mit ihren ruchlosen Heerhaufen ein, verwüsteten und verheerten alles und verödeten durch Mord und Brand das Ganze. Nicht einmal die Obstbäume und Rebenpflanzen verschonten sie, damit sich nicht etwa Menschen, die sich in den Höhlen der Berge oder in Abgründen oder in anderen Verstecken verborgen hatten, nach ihrem Abzug davon nähren könnten ... Wie viele hochwürdige Bischöfe und angesehene Priester sind damals von ihnen durch verschiedene Arten von Martern gemordet worden, damit sie ihnen auslieferten, was sie an Gold oder Silber als ihr Eigentum oder als Kirchengut besäßen!

Aufgaben
a) Suche die genannten Städte und Landschaften im Atlas! Aquitanien = Guyenne, in Südwestfrankreich
b) Welche Maßnahmen der Feinde empfindet Victor Vitensis als besonders schlimm?

M 12.4 Evakuierung
Der Mönch Eugippius beschrieb das Leben des heiligen Severin, der wohl seit 460 in Norikum und Raetien wirkte und 482 starb.

> Zur selben Zeit verließen die Bewohner der Stadt Quintanis (Künzing), die infolge der unaufhörlichen Einfälle der Alamannen schon ganz erschöpft waren, ihren heimatlichen Wohnsitz und übersiedelten in die Stadt Batavis (Passau). Aber ihr Zufluchtsort blieb diesen Barbaren nicht verborgen; die Sache erhielt für sie deshalb einen noch größeren Anreiz, weil sie glaubten, in einem einzigen Überfall die Bevölkerung zweier Städte ausplündern zu können. Doch der selige Severin verharrte unermüdlich im Gebet, ermunterte die Romanen oftmals durch Hinweis auf heilsame Beispiele und verkündete, sie würden zwar die Feinde mit Gottes Hilfe jetzt besiegen, aber nach dem Siege würden diejenigen umkommen, die seine Mahnungen missachteten. Gestärkt durch die Vorhersage des heiligen Mannes und in der Hoffnung auf den verheißenen Sieg, stellten sich also alle Romanen zum Kampf gegen die Alamannen ...
> Als die Alamannen in diesem Kampfe besiegt waren und die Flucht ergriffen, hielt der Mann Gottes an die Sieger folgende Ansprache: „Meine Söhne, schreibt den Sieg in diesem Kampfe nicht euren Kräften zu, denn ihr müßt wissen, dass ihr mit Gottes Hilfe jetzt deshalb befreit wurdet, damit ihr innerhalb kurzer Zeit, die euch gewissermaßen als Waffenstillstand bewilligt ist, von hier abziehen könnt. Geht deshalb geschlossen mit mir in die Stadt Lauriacum hinunter."
> Viele schlossen sich dem Heiligen an. Einige blieben zurück und wurden noch in derselben Woche bei einem Einfall der Thüringer gefangen oder getötet.

Erklärung
Lauriacum: heute die Stadt Lorch bei Enns

Aufgaben
a) Welche Rolle spielte der heilige Severin für die Bevölkerung?
b) Wie beurteilst du seine Anweisungen?

MATERIALIEN

M 12.5 Urteile über die anderen Völker

Ammianus Marcellinus (um 330–400), Offizier, schrieb in seiner „Römischen Geschichte" die die Zeit von 96–378 n. Chr. umfasst, über die Hunnen:

> Bei ihrer reizlosen Menschengestalt sind sie durch ihre Lebensweise so abgehärtet, dass sie keines Feuers und keiner gewürzten Speise bedürfen, sondern von den Wurzeln wilder Kräuter und dem halbrohen Fleisch von jedwedem Getier leben, das sie zwischen ihre Schenkel und den Pferderücken legen und etwas erwärmen. Sie kennen niemals den Schutz von Gebäuden, meiden solche vielmehr wie Gräber, die vom allgemeinen Verkehr völlig abgeschieden sind. Auch kann man bei ihnen nicht einmal eine mit Rohr gedeckte Hütte finden. Sondern ruhelos schweifen sie durch Berge und Wälder und sind von klein auf gewöhnt, Kälte, Hunger und Durst zu ertragen. Nur wenn äußerste Notwendigkeit sie zwingt, gehen sie in der Fremde unter ein Dach, denn sie glauben, unter Dächern nicht sicher zu sein ... Wie Tiere, die keinen Verstand haben, kennen sie keinen Begriff von Ehre und Ehrlosigkeit ... und unterliegen keinem Einfluss von Ehrerbietung vor einer Religion oder auch nur einem Aberglauben. Doch brennen sie von unmäßiger Begierde nach Gold.

Aufgaben

a) Gibt es heute noch Völker, die vergleichbar leben? Wie werden sie genannt?
b) Wir wissen heute, dass vieles von dem, was Ammianus Marcellinus über die Hunnen berichtete, falsch war, besonders das über ihre Ehrbegriffe und ihre Haltung zur Religion. Wie konnte der Autor zu seinen Fehlurteilen kommen?

Salvianus (Mitte des 5. Jh.) war ein Mönch aus Trier, später war er Priester in Marseille. Er schrieb über die Lage der Bevölkerung folgendes:

> Ja, es ist so weit gekommen, dass viele von ihnen, und zwar solche aus nicht niedrigem Geschlecht und mit guter Bildung, zu den Feinden fliehen, um nicht unter dem Druck der staatlichen Verfolgung zu sterben. Sie suchen bei den Barbaren die Menschlichkeit der Römer, weil sie bei den Römern die barbarische Unmenschlichkeit nicht ertragen können. Und obwohl sie von denen, zu denen sie flüchten, in Gebräuchen und Sprache abweichen, ja sogar schon, wenn ich so sagen darf, durch den üblen Geruch der Leiber und der Barbarenkleider sich abgestoßen fühlen, wollen sie doch lieber bei den Barbaren unter der ungewohnten Lebenshaltung leiden als bei den Römern unter wütender Ungerechtigkeit. Deshalb wandern sie scharenweise entweder zu den Goten oder zu den Bagauden oder zu anderen Barbaren, die ja allenthalben herrschen; und es reut sie nicht, hinübergewandert zu sein.

Erklärungen

Unmenschlichkeit der Römer: Damit sind die zwangsweisen und unnachsichtigen Steuereintreibungen gemeint, die häufig nicht in die Staatskasse, sondern in irgendeine Privatkasse flossen.
Bagauden: verarmte Bauern und Räuber
Barbaren: ursprünglich „die unverständlich Redenden", dann die Völker außerhalb des Reiches

Paulinus von Pella, ein durch die Völkerwanderung verarmter Grundbesitzer aus Gallien, Beamter unter dem Westgotenkönig Athaulf, verfasste 459 n. Chr. einen Bericht über seine Erlebnisse. Darin hieß es:

> Wir wissen, dass manche Goten mit größter Menschlichkeit darauf bedacht waren, ihren Gastgebern zu nützen ... Ich selber suchte nicht etwa den Schutz des Gotenkönigs, sondern nur Frieden mit den Goten – einen Frieden, den sie selbst wünschten und der bald mit Geld erkauft wurde und niemanden reute, da sich in unserem Lande bereits viele Leute gotischer Gunst erfreuten, nachdem sie vorher viel Schweres durchgemacht hatten. Auch ich gehörte zu ihrer Zahl, nachdem ich alle meine Habe verloren und den Ruin meiner Heimat überlebt hatte.

Aufgaben

a) Wie haben die Römer den Untergang des Reiches erlebt?
b) Was bewog die Goten und andere germanische Völker, mit den unterworfenen Römern in Frieden zu leben?
c) Im südlichen Belgien, in fast ganz Frankreich, in Teilen der Schweiz, in Portugal, Spanien und Italien werden heute romanische Sprachen gesprochen, die aus dem Lateinischen entstanden sind. Wie konnte das geschehen, obwohl in all diesen Ländern germanische Völker ihre Herrschaft errichteten?
d) Warum geschah das nicht in den römischen Provinzen am Rhein und in Süddeutschland?

G Quellennachweis

M 1.1 Karte des römischen Reiches zur Zeit seiner größten Ausdehnung
Entwurf: K. Lampe

M 1.2 Die Sage von der Gründung Roms
Livius, Römische Geschichte, I 4, 4 - 6; I 6, 3 - 7, 3; übersetzt von Hans Jürgen Hillen, München und Zürich: Artemis Verlag 1987 (Sammlung Tusculum)

M 1.3 Altar aus dem 2. Jahrhundert n. Chr.
Edward Tripp, Reclams Lexikon der antiken Mythologie, Stuttgart: Philipp Reclam jun., 5. Aufl. 1991, S. 468

M 1.4 Kapitolinische Wölfin (a)
Willy Zschietzschmann, Kleine Kunstgeschichte der Griechen und Römer, Stuttgart: W. Kohlhammer Verlag, 2. Aufl. 1957, S. 209, Abb. 154.
Silbermünze (b)
Heinz Kähler, Rom und seine Welt. Bilder zur Geschichte und Kultur. München: Bayerischer Schulbuchverlag 1958, Tafel 33

M 1.5 Archäologische Zeugnisse
– Hüttenboden auf dem Palatin
R. Ross Holoway, The Archaeology of Early Rome and Latium, London/New York: Routledge 1994, S. 56
– Begräbnisurne in Form einer ovalen Hütte
R. Ross Holoway, The Archaeology of Early Rome and Latium, London/New York: Routledge 1994, S. 31

M 2.1 Sallust: Ein Brief des Königs Mithridates von Pontos
Sallust, Historien 4, 69
Walter Arend, Altertum, Geschichte in Quellen, Bd. 1, München: Bayerischer Schulbuch-Verlag 3. Aufl. 1978, S. 505 f.

M 2.2 Diodor über die Ausdehnung Roms
Diodoros 32, 4, 4
Walter Arend, Altertum, Geschichte in Quellen, Bd. 1, München: Bayerischer Schulbuch-Verlag 3. Aufl. 1978, S. 456.

M 2.3 Pausanias über die Zerstörung Korinths
Pausanias, 7, 16,
Walter Arend, Altertum, Geschichte in Quellen, Bd. 1, München: Bayerischer Schulbuch-Verlag 3. Aufl. 1978, S. 455.

M 2.4 Vergil über die Bestimmung der Römer
Vergil, Aeneis VI 847 - 853,
übersetzt von Rudolf Alexander Schröder, Berlin und Frankfurt: Suhrkamp 1952, S. 174.

M 2.5 Auswirkungen der Eroberungen auf die römische Gesellschaft
Cato, Über seine Ausgaben, 171,
Friedrich Klingner, Römische Geisteswelt, München: Ellermann 4. vermehrte Aufl. 1961, S. 47 f.

M 2.6 Weitere Folgen der Kriege Roms
Plutarch, Tiberius Gracchus, 9,
übersetzt von Walther Wurmann, München: dtv 1980, S. 245 f.

M 3.1 Wer herrschte ursprünglich in Rom?
Text der Autorin

M 3.2 Missstände in der späten römischen Republik
Text der Autorin

M 3.3 Die Behandlung der eroberten Gebiete
Cicero, Gegen Verres II 49, 120; III 89, 207;
Walter Arend, Altertum, Geschichte in Quellen, Bd. 1, München: Bayerischer Schulbuch-Verlag 3. Aufl. 1978, S. 500 f.

M 3.4 Wie kam Augustus an die Macht?
Augustus, Tatenbericht, Kap. 34,
übersetzt nach F. Gottanka, München: Heimeran Verlag 1944 (Tusculum-Buch)

M 3.5 Eine andere Schilderung der Vorgänge
Cassius Dio 53, I ff
Walter Arend, Altertum, Geschichte in Quellen, Bd. 1, München: Bayerischer Schulbuch-Verlag 3. Aufl. 1978, S 504 f.

M 3.6 Die Verwaltung der Provinzen
Text der Autorin

M 3.7 Die senatorischen Provinzen
Entwurf: K. Lampe

M 3.8 Die Haltung der Provinzbewohner
Sueton, Augustus, 98
übersetzt v. Rudolf Till, Leipzig: Kröner 1936.

M 4.1 Ein Gedicht des römischen Dichters Horaz
Horaz, Epoden 7, 1 - 4; 13 - 20
übersetzt v. Hans Färber, München: Heimeran Verlag 1964.

M 4.2 Relief vom Altar des Augustusfriedens
Paul Zanker, Augustus und die Macht der Bilder, München: Beck 2. durchges. Aufl. 1990, S. 179

M 4.3 Brustpanzer und Schema des Brustpanzers einer Statue des Augustus
– Brustpanzer der Statue: Paul Zanker, Augustus und die Macht der Bilder, München: Beck 2. durchges. Aufl. 1990, S. 194
– Schema des Panzers: Kurt Fina, Geschichtsmethodik, München 1973, S. 205
– Augustustext: Augustus, Tatenbericht, 29, übersetzt nach F. Gottanka, München: Heimeran Verlag 1944 (Tusculum-Buch)

M 4.4 Eine Lücke im Tatenbericht des Augustus
Text der Autorin

M 4.5 Das Urteil des Tacitus
Tacitus, Annalen I, 2
übersetzt v. August Horneffer, Stuttgart: Kröner 1964.

M 5.1 Das römische Straßennetz und die Schiffahrtslinien
Geschichte und Gegenwart, Bd. 1: Von den Anfängen der Menschheit bis zum Ende des Mittelalters, Paderborn: Ferdinand Schöningh 1980, S. 76

M 5.2 Römische Schiffe
– Graffito eines Frachtschiffes (a)
Ursula Baumer u.a., Neue Forschungen zum antiken Schiffsfund von Mahdia (Tunesien), in: In Poseidons Reich. Archäologie unter Wasser, Mainz: Philipp von Zabern 1995 (Antike Welt; Sondernummer), S. 72-81, S. 53, Abb. 6.
– Lastschiff mit Weinladung (b)
Geschichte und Gegenwart Bd. 1: Von den Anfängen der Menschheit bis zum Ende des Mittelalters, Paderborn: Ferdinand Schöningh 1980, Bd. 1, S. 74

M 5.3 Ein Schiffsfund
Text der Autorin

M 5.4 Gesetzgebung über Straßenbau
Rudolf Düll, Das Zwölftafelgesetz. Texte, Übersetzungen und Erläuterungen, München und Zürich: Artemis 6. Aufl. 1989, Tafel 7,7.

M 5.5 Der Aufbau römischer Straßen
Geschichte und Gegenwart, Bd. 1: Von den Anfängen der Menschheit bis zum Ende des Mittelalters, Paderborn: Ferdinand Schöningh 1980, S. 75

M 5.6 Römischer Reisewagen
Gerold Walser, Die römischen Straßen und Meilensteine in Raetien, Stuttgart: Württembergisches Landesmuseum 1983 (Kleine Schriften zur Kenntnis der römischen Besetzungsgeschichte Südwestdeutschlands Nr. 29), Abb. 1

M 5.7 Die römische Straßenstation von Friesenheim
Gerd Biegel/Elisabeth Erdmann, Wie lebten die Soldaten im römischen Reich?, Freiburg: Museum für Ur- und Frühgeschichte der Stadt Freiburg 1981, S. 27, Abb. 43

M 5.8 Meilenstein von Cannae di Battaglia, Italien
Helmut Bender, Römische Straßen und Straßenstationen, Stuttgart: Württembergisches Landesmuseum 1975 (Kleine Schriften zur römischen Besetzungsgeschichte Südwestdeutschlands Nr. 13), S. 38, Abb. 9.

M 5.9 Römische Straßenkarte (Folie in Farbe)
Geschichte und Gegenwart, Band 1: Von der Urgeschichte bis zum frühen Mittelalter, hg. von Hans Georg Kirchhoff und Klaus Lampe, Paderborn: Verlag Ferdinand Schöningh 1990, S. 150

M 6.1 Das römische Heer
Text der Autorin

M 6.2 Das Kastell Quintana (Künzing)
– Grundriss: Elisabeth Erdmann, Leben unter römischer Herrschaft, Villingen-Schwenningen: Neckar-Verlag 1986, S. 26
– Modell: Ausgrabungen in Deutschland, Römisch-Germanisches Zentralmuseum Mainz, 2. Aufl. 1975, Teil 3, S. 336

M 6.3 Grundriss und Innenraum einer Baracke für eine Centurie
– Grundriss: Anne Johnson, Römische Kastelle des 1. Und 2. Jahrhunderts n. Chr. In Britannien und in den germanischen Provinzen des Römerreiches, Mainz: Philipp von Zabern 1987, S. 190, Abb. 127
– Innenraum: Anne Johnson, Römische Kastelle des 1. Und 2. Jahrhunderts n. Chr. In Britannien und in den germanischen Provinzen des Römerreiches, Mainz: Philipp von Zabern 1987, S. 195, Abb. 131

M 6.4 Wie hoch war der Sold der Soldaten?
Text der Autorin

M 6.5 Arbeit für die Soldaten
– Arbeitsgeräte aus Eisen: Gerd Biegel/Elisabeth Erdmann, Wie lebten die Soldaten im römischen Reich?, Freiburg: Museum für Ur- und Frühgeschichte der Stadt Freiburg 1981, S. 24, Abb. 39
– Bruchstücke von Ziegeln: Gerd Biegel/Elisabeth Erdmann, Wie lebten die Soldaten im römischen Reich?, Freiburg: Museum für Ur- und Frühgeschichte der Stadt Freiburg 1981, S. 28, Abb. 45

M 6.6 Inschrift eines Weihaltars
Werner Hilgers, Römische Straße, Köln: Rheinland Verlag 1979, S. 36

M 6.7 Der obergermanische und der rätiscche Limes in ihrem jeweils letzten Bauzustand
– Obergermanischer Limes: Gerd Biegel/Elisabeth Erdmann, Wie lebten die Soldaten im römischen Reich?, Freiburg: Museum für Ur- und Frühgeschichte der Stadt Freiburg 1981, S. 23, Abb. 36
– Rätischer Limes: Gerd Biegel/Elisabeth Erdmann, Wie lebten die Soldaten im römischen Reich?, Freiburg: Museum für Ur- und Frühgeschichte der Stadt Freiburg 1981 S. 23, Abb. 37

M 6.8 Der Limes am Ende des 2. Jh. n. Chr.
Gerd Biegel/Elisabeth Erdmann, Wie lebten die Soldaten im römischen Reich?, Freiburg: Museum für Ur- und Frühgeschichte der Stadt Freiburg 1981, S. 20, Abb. 32

M 6.9 Abwehr eines kleineren Überfalls am Limes
Dietwulf Baatz, Der römische Limes, Berlin: Mann 1974, S. 45, Abb. 27

M 7.1 Plan der CUT
Landschaftsverband Rheinland, Archäologischer Park Xanten. Kurzführer, Köln: Rheinland Verlag, 6. Aufl. 1991, S. 9

M 7.2 Das Hauptforum in Augst bei Basel
– Grundriß: Rudolf Laur-Belart, Führer durch Augusta Raurica, Nachdr. der 4. Auflage von 1966, Basel 1973, Plan zwischen S. 38 und 39
– Modell: Rudolf Degen, Antike Religionen, Frühes Christentum, in: Ur- und Frühgeschichtliche Archäologie der Schweiz, Bd. V: Die römische Epoche, Basel: Schweizer Gesellschaft für Ur- und Frühgeschichte 1975, S. 134, Abb. 19.

M 7.3 Kaiserthermen in Trier
Foto der Autorin

M 7.4 Theater
heutiger Zustand und Rekonstruktion des Marcellus-Theaters in Rom
Herbert Alexander Stützer, Römische Kunstgeschichte von der Frühzeit bis zum Endes des weströmischen Reiches, Freiburg i. Br.: Herder 1973, Abb. 52; 53

M 7.5 Vergnügungen in der Stadt
– Amphitheater in Trier: Foto der Autorin
– Gladiatorenkampf im Amphitheater: Die Römer in Rheinland-Pfalz, hrsg. v. Heinz Cüppers, Stuttgart: Theiss 1990, S. 598, Abb. 531
– Modell des Circus Maximus in Rom: Karl-Wilhelm Weeber, Panem et circenses, Mainz: Philipp von Zabern 1994, S. 61, Abb. 90
– Relief mit der Darstellung eines Wagenrennens: Heinz Kähler, Rom und seine Welt. Bilder zur Geschichte und Kultur, München: Bayerischer Schulbuch-Verlag 1958, Tafel 237

M 7.6 Wohnen in einer römischen Stadt
– Vornehmes Haus am Kölner Dom: Heinz Günter Horn (Hg.), Die Römer in Nordrhein-Westfalen, Stuttgart: Konrad Theiss Verlag 1987, S. 205, Abb. 136
– Dionysosmosaik: Römisch-Germanisches Museum Köln
– Modell mehrstöckiger Mietshäuser in Rom: Geschichte und Gegenwart, Bd. 1: Von den Anfängen der Menschheit bis zum Ende des Mittelalters, Paderborn: Ferdinand Schöningh 1980, S. 84
– Innenraum eines römischen Mietshauses im Erdgeschoß mit Hängeboden: David Macaulay, City, München: Artemis (London) 1975, S. 107

M 8.1 Die römischen Gutshöfe im Gebiet zwischen Oberrhein und Limes
Geschichte und Gegenwart, Bd. 1: Von den Anfängen der Menschheit bis zum Ende des Mittelalters, hg. von H. U. Rudolf und E. Walter, Paderborn: Ferdinand Schöningh 1980, S. 94

M 8.2 Ludwigsburg-Hoheneck, Rekonstruktionsversuch der Hofanlage
Philipp Filtzingern u.a., Die Römer in Baden-Würtemberg, Stuttgart/Aalen: Theiss 1976, S. 130, Abb. 33

M 8.3 Römisches Wissen in der Landwirtschaft: Pflanzenbau
Text der Autorin

M 8.4 Landwirtschaftliche Geräte
Die Römer in Baden-Würtemberg, hg. von Philipp Filtzingern, Stuttgart/Aalen: Theiss 1976, Tafel 41, nach S. 144

M 8.5 Ein Aufsehen erregender Neufund
Antike Welt, 29, 1998, H. 3, S. 259 (Mainz: Philipp von Zabern)

M 8.6 Pachtzahlung. Reliefquader eines Grabmals aus Neumagen
Landesmuseum Trier, Führer durch die vorgeschichtliche und römische Abteilung, Trier 2. Auf. 1972, Abb. 140

M 8.7 Ein vornehmer Landwirt
Plinius d. Jüngere, Briefe 9, 36 (an Fuscus), übersetzt von M. Schuster, S. 63 f.
Walter Arend, Altertum, Geschichte in Quellen, Bd. 1, München: Bayerischer Schulbuchverlag 3. Aufl. 1978, S. 884

M 9.1 Die einfachste Arbeitskleidung
Statuette eines Fischers. London, Brit. Museum 1765
Margarete Bieber, Entwicklungsgeschichte der Griechischen Tracht von der vorgeschichtlichen Zeit bis zum Ausgang der Antike, Berlin: Mann 2. durchges. Auflage 1967, Taf. 37,1

M 9.2 Die Tunika
Römisches Ehepaar, Handwerker und Sklave. Rekonstruktionszeichnung von P. Conolly nach antiken Abbildungen und Funden im Römisch-Germanischen Zentralmuseum Mainz
Elisabeth Erdmann, Römische Zivilisation an Rhein und Donau. Begegnungen zwischen Römern, Kelten und Germanen, Paderborn: Ferdinand Schöningh 1980 (Geschichte. Politik), S. 26, Nr. 81

M 9.3 Der Mantel
Römische Marmorkopie des Demosthenesbildnisses des Polyeuktos
Vagn Poulsen, Griechische Bildwerke, Königstein i.T.: Köster 1962, S. 102

M 9.4 Der Peplos
– Athena des Myron. Römische Marmorkopie: Vagn Poulsen, Griechische Bildwerke, Königstein i.T.: Köster 1962, S. 60
Herakles stützt das Himmelsgewölbe. Athena unterstützt ihn. Vor ihm Atlas. Vom Zeustempel in Olympia:
Vagn Poulsen, Griechische Bildwerke, Königstein i.T.: Köster 1962, S. 42

M 9.5 Kurzer Reisemantel oder längerer Militärmantel
Margarete Bieber, Griechische Kleidung, Berlin-Leipzig: de Gruyter 1928, S. 23, Abb. 24

M 9.6 Die Toga
Bronzestatue in Florenz (Arringatore), 2. Jh. v. Chr.
Willy Zschietzschmann, Kleine Kunstgeschichte der Griechen und Römer, Stuttgart: W. Kohlhammer Verlag, 2. Aufl. 1957, S. 215, Abb. 158

M 9.7 Schnittmuster der Toga
Verena Müller-Vogel, Römische Kleider zum Selbernähen, Augst: Römermuseum Augst 1986 (Augster Blätter zur Römerzeit 5), S. 77, Abb. 4.
– Sueton, Caesarenleben, neu hrsg. u. erl., mit einer Einleitung v. Rudolf Till, Leipzig: Kröner 1936, Augustus 82.

M 10.1 Das Kastellbad von Walldürrn; Holzpantoffeln
– Grundriss des Kastellbades: Elisabeth Erdmann, Römische Zivilisation an Rhein und Donau, Materialheft Paderborn: Ferdinand Schöningh 1980, S. 27
– Rekonstruktion des Bades: Ausgrabungen in Deutschland, Teil 3, Mainz: Verlag des Römisch-Germanischen Zentralmuseums, in Kommission bei Rudolf Habelt, Bonn 1975, S. 337
– Holzpantoffeln, Schaber und Salbfläschen: Dietwulf Baatz, Die Saalburg, Bad Homburg v.d.H.: Saalburgmuseum 3. Aufl. 1972, S. 27

M 10.2 Schema einer Hypokaustanlage
Die Römer in Baden-Würtemberg, hg. von Philipp Filtzingern, Stuttgart/Aalen: Theiss 1976, S. 142, Abb. 41

M 10.3 Das Bad als Ärgernis
Seneca, Moralische Briefe, 56
Walter Arend, Altertum, Geschichte in Quellen, Bd. 1, Bayerischer Schulbuch-Verlag München 3. Aufl. 1978, S. 627

M 10.4 Spielsteine; verschiedene Spiele
– Spielsteine: Anita Rieche, Römische Kinder- und Gesellschaftsspiele, Stuttgart: Württembergisches Landesmuseum 1984 (Schriften des Limesmuseums Aalen Nr. 34, S. 60, Abb. 37 (Bein), Abb. 36 (Keramik und Fensterglas)
– Relief von einem Grabmal in Trier: Anita Rieche, Römische Kinder- und Gesellschaftsspiele, Stuttgart: Württembergisches Landesmuseum 1984, S. 50, Abb. 22
– Ziegel mit Mühlefeld: Anita Rieche, Römische Kinder- und Gesellschaftsspiele, Stuttgart: Württembergisches Landesmuseum 1984, S. 51, Abb. 24
– Spielfeld für Ludus Latrunculorum: Anita Rieche, Römische Kinder- und Gesellschaftsspiele, Stuttgart: Württembergisches Landesmuseum 1984, S. 53, Abb. 28

M 10.5 Nüssespiele
Nux elegia, 75 ff., übersetzt v. H. Rupprecht
Anita Rieche, Römische Kinder- und Gesellschaftsspiele, Stuttgart: Württembergisches Landesmuseum 1984, S. 10 f.

M 10.6 Relief aus dem 3. Jahrhundert n. Chr.
Anita Rieche, Römische Kinder- und Gesellschaftsspiele, Stuttgart: Württembergisches Landesmuseum 1984, S. 35, Abb. 2

M 10.7 Schreibgerät
Elisabeth Erdmann, Römische Zivilisation an Rhein und Donau, Materialheft Paderborn: Ferdinand Schöningh 1980, S. 36, Nr. 107

M 10.8 Schulrelief aus Neumagen
Landesmuseum Trier, Führer durch die vorgeschichtliche und römische Abteilung, Trier 2. Auf. 1972, Abb. 141

M 10.9 Ein Schulalltag
Henri Irénée Marrou, Geschichte der Erziehung im Altertum, München: dtv 1977, S. 497 f.

M 10.10 Gründung einer höheren Schule
Plinius. d. Jüngere, Briefe 4, 13 (an Tacitus)
Walter Arend, Altertum, Geschichte in Quellen, Bd. 1, Bayerischer Schulbuch-Verlag München 3. Aufl. 1978, S. 659

M 11.1 Viele Götter – oder ein Gott
Text der Autorin

M 11.2 Matronenstein aus Bonn
Rheinisches Landesmuseum Bonn, Museum 3/77, Braunschweig: Westermann 1977, S. 35

M 11.3 Ist der Kaiser ein Gott?
Text der Autorin

M 11.4 Christliche Zeichen
– Christusmonogramm und Silbermedaillon Konstantins des Großen aus Ticinum: Geschichte und Gegenwart, Bd. 1: Von den Anfängen der Menschheit bis zum Ende des Mittelalters, Paderborn: Ferdinand Schöningh,1980, S. 110
– Grabinschrift aus Trier: Die Römer in Rheinland-Pfalz, hrsg. v. Heinz Cüppers, Stuttgart: Theiss 1990, S. 257, Abb. 147
– Frühchristlicher Brotstempel, Eisenberg: Die Römer in Rheinland-Pfalz, hrsg. v. Heinz Cüppers, Stuttgart: Theiss 1990, S. 248, Abb. 137

M 11.5 Vorwürfe gegen die Christen
Tertullian, Apologeticum: Verteidigung des Christentums, 42, Übersetzung: Carl Becker, München: Kösel 1952

M 11.6 Ein Prozess gegen Christen
Acta Scilitanorum, übersetzt nach Antonie Wlosok, Rom und die Christen, Stuttgart: Klett 1970. S. 43f.

M 11.7 Der Sieg des Christentums im römischen Reich
Toleranzedikt des Galerius bei Lactantius, Von den Todesarten der Verfolger 34,
Otto Bardenhewer, Bibliothek der Kirchenväter, übs. v. A. Hartl, Kösel 1919, S. 34.

M 11.8 Das Christentum wird Staatsreligion
Zusammenstellung von der Autorin

M 12.1 Die Bedrohung des römischen Reiches im 3. Jahrhundert
Geschichte und Gegenwart, Bd. 1: Von den Anfängen der Menschheit bis zum Ende des Mittelalters,
Paderborn: Ferdinand Schöningh 1980, S. 107

M 12.2 Völkerwanderung und Reichsgründungen 3. - 6. Jahrhundert
Treffpunkt Geschichte, Band 1: Von der Antike bis zur Schwelle der Neuzeit, hg. Von Harro Brack und Dieter Brückner,
Bamberg: C. C. Buchner 1994, S. 71, B 20

M 12.3 Die unsichere Lage der Bewohner
– Hieronymus, ep 123, 16 f.: W. Capelle: Das alte Germanien, Jena: Eugen Diederichs Verlag 1929, S. 386
– Victor Vitensis, Geschichte der Verfolgung der Provinz Afrika 1,1 f., übs von W. Capelle, Völkerwanderung, S. 63 f.
Arend, Altertum, Geschichte in Quellen, Bd. 1, Bayerischer Schulbuch-Verlag München 3. Aufl. 1978, S. 793

M 12.4 Evakuierung
Eugippius, Das Leben des Heiligen Severin, Lateinisch und Deutsch von Rudolf Noll, Berlin: Akademie Verlag 1963, Gedenkschrift, Kap. 27, 1, 2

M 12.5 Urteile über die anderen Völker
– Amminianus Marcellinus, Römische Geschichte, Lateinisch und Deutsch, von Wolfgang Seyfarth, Berlin, 2. berichtigte Auflage 1978, Buch 31, 2, 3 f., 11
– Salvianus, Von der Weltregierung Gottes 5, 5, Arend, Altertum, Geschichte in Quellen, Bd. 1, München: Bayerischer Schulbuch-Verlag 3. Aufl. 1978, S. 803
– Paulinus von Pella, Eucharisticos S. 289 ff., Arend, Altertum, Geschichte in Quellen, Bd. 1, München: Bayerischer Schulbuch-Verlag 3. Aufl. 1978, S. 792

Unterricht GESCHICHTE

Diese Buchreihe für den Geschichtsunterricht der Sekundarstufe I aller Schularten zeichnet sich durch **optimalen Service** aus und bedeutet spürbare **Arbeitsentlastung**. Jeder Band enthält alles, was für ein Unterrichtsthema benötigt wird. Voran stehen die **Sachinformationen** (Einleitung, Basiswissen, Chronik und Glossar). Daran schließt sich der **unterrichtspraktische Teil** an, der didaktische und methodische Hinweise zu den Inhalten des Basiswissens enthält und – ein ganz besonderer Service – eine **Fülle kopierfertig aufbereiteter und kommentierter Materialien** (mit Lösungen) auf 40 bis 50 Seiten. So vielfältig wie die Materialien sind auch die entsprechenden Anforderungen an die Schüler. Sie reichen von der Bild-, Karten-, Lied- und Textinterpretation über Rollenspiel, Illustration und Tabellenlesen bis hin zum tieferen Verständnis von Karikaturen. „Unterricht Geschichte": Eine gelungene Konzeption für einen wirklich erfolgreichen Unterricht!

MATERIALIEN

M 1.2 Die griechischen Götter im Bild

1 2 3 4 5 6 7 8 9 10 11 12

Aufgaben

a) Verseht die Götter und Göttinnen mit ihren richtigen Namen! Wichtig sind dabei die Gegenstände, die sie in der Hand halten.
b) Welchem Gott brachte der Seemann Opfer dar, welchem der Schmied? Suche weitere Beispiele!
c) In der griechischen Religion gab es eine Art Arbeitsteilung unter den Gottheiten. Während z. B. Deméter für den Ackerbau zuständig war und die Menschen sie um eine gute Ernte baten, fiel der Weinanbau in den Zuständigkeitsbereich des Diónysos. Kennst Du Ähnliches in heutigen Religionen?
d) Wo gibt es auch heute noch Abbildungen griechischer Gottheiten?

56

▲ *Musterseite aus Reihe A, Band 3: Griechenland, stark verkleinert. Originalformat A4.*

Unterricht GESCHICHTE im Überblick:

Alle Bände im DIN-A4-Format mit Spiralbindung.

„Unterricht Geschichte" gliedert sich als Gesamtwerk in zwei Abteilungen. Reihe A folgt dem chronologischen Gang durch die Geschichte, während Reihe B wichtige historische Themen im Längsschnitt behandelt.

Bereits erschienen:

Reihe B, Band 1: Geschichte des Islams
von H. G. Kirchhoff und M. Blochmann
Best.-Nr. 335-01533, 104 S., 97 Abb., 8 Farbfolien.

Reihe A, Band 1: Ur- und Frühgeschichte
von Klaus Lampe
Best.-Nr. 335-01611, 116 S., 205 Abb., 4 Farbfolien.

Reihe A, Band 3: Griechenland
von E. Münster-Schröer und A. Wieber-Scariot
Best.-Nr. 335-01881, 128 S., 220 Abb., 3 Farbfolien.

Reihe A, Band 7: Entdeckungen und Kolonialismus
von Klaus Lampe
Best.-Nr. 335-02105, 112 S., 130 Abb., 4 Farbfolien.

Reihe A, Band 4: Rom
von E. Erdmann
Best.-Nr. 335-02273, 106 S., 130 Abb., 2 Farbfolien.

In Vorbereitung

(**Reihe A – Chronologisch**):

Frühe Hochkulturen ☐ Spätantike und Frühmittelalter ☐ Hoch- und Spätmittelalter ☐ Das Zeitalter der Glaubenskämpfe ☐ Absolutismus ☐ Französische Revolution ☐ Liberalismus und Nationalstaat ☐ Imperialismus und Erster Weltkrieg ☐ Die Weimarer Republik ☐ Nationalsozialismus ☐ Bundesrepublik und DDR bis 1990

(**Reihe B – Längsschnitt**):

Die Vereinigten Staaten von Amerika ☐ Russland/Sowjetunion ☐ Der Nahe Osten ☐ „Dritte Welt" ☐ Geschichte der Frau ☐ Umweltgeschichte ☐ Europa

AVD 9410/B

Wünschen Sie ausführliches Informationsmaterial? Dann fordern Sie unseren Spezialprospekt an!

AULIS VERLAG DEUBNER & CO KG
Antwerpener Straße 6–12 · 50672 Köln · Tel. (02 21) 95 14 54-20
Fax (02 21) 51 84 43 · E-Mail: vertrieb@aulis.de